21세기 설교 시리즈 1권

상상이 담긴 설교
- 마음의 화랑에 말씀을 그려라!

워렌 W. 위어스비 지음
이장우 옮김
이동원 추천

요단출판사

21세기 설교시리즈 1권
상상이 담긴 설교
마음의 화랑에 말씀을 그려라!

제1판 1쇄 발행·1997년 2월 28일
제1판 23쇄 발행·2024년 10월 10일

지은이   워렌 W. 워어스비
옮긴이   이장우
펴낸이   김용성
펴낸데   요단출판사

주소   07238 서울특별시 영등포구 국회대로 76길 10
기획   (02)2643-9155
보급   (02)2643-7290   Fax (02)2643-1877
등록   1973. 8. 23. 제13-10호

ⓒ 1997. 요단출판사 all rights reserved.

값 15,000원
ISBN 978-89-350-0218-4 03230

이 책의 한국어판 저작권은 요단출판사가 소유하고 있습니다.
출판사의 사전 승인 없이 책의 내용이나 표지 등을 복제·인용할 수 없습니다.

Preaching & Teaching with Imagination:
The Quest for Biblical Ministry

Warren W. Wiersbe

VICTOR BOOKS
A DIVISION OF SCRIPTURE PRESS PUBLICATIONS INC.
USA CANADA ENGLAND

Unless otherwise noted, all Scripture quotations are taken from the *Holy Bible, New International Version®*. Copyright © 1973, 1978, 1984 by International Bible Society. Used by permission of Zondervan Publishing House. All rights reserved. Other quotations are taken from *The Holy Bible, The New King James Version* (NKJV) Copyright © 1979, 1980, 1982, Thomas Nelson, Inc., Nashville, Tennessee; the *New American Standard Bible*, (NASB) © the Lockman Foundation 1960, 1962, 1963, 1968, 1971, 1972, 1975, 1977; *The New Testament in the Language of the People* by Charles B. Williams (WMS). © 1966 by Edith S. Williams. Used by permission of Moody Press, Moody Bible Institute of Chicago; and the *Authorized (King James) Version* (KJV).

Copyediting: Miriam Mindeman, Robert N. Hosack
Cover Design: Scott Rattray

Library of Congress Cataloging-in-Publication Data

Wiersbe, Warren W.
   Preaching and teaching with imagination: the quest for biblical ministry / by Warren W. Wiersbe.
   p. cm.
   Includes bibliographical references and index.
   1. Preaching. I. Title.
BV4211.2.W474 1994
251—dc20   94-1710
                                                                                                                                  CIP

© 1994 by Victor Books/SP Publications, Inc.
All rights reserved. Printed in the United States of America.

1 2 3 4 5 6 7 8 9 10 Printing/Year 98 97 96 95 94

No part of this book may be reproduced without written permission except for brief quotations in books and critical reviews. For information write Victor Books, 1825 College Avenue, Wheaton, Illinois 60187.

내가 목회했던 세 교회 교인들에게
감사와 애정을 가지고 이 책을 헌정한다.
그 교회에서 나는 참으로 기쁨으로 목회할 수 있는 특권을 누렸다.
이는 다 그 교인들 덕분이다.

인디아나, 이스트 시카고, 센츄럴 뱁티스트 교회
켄터키, 커빙톤, 갈보리 뱁티스트 교회
일리노이, 시카고, 무디 교회

나의 설교를 들어주고 함께 기도하며
격려를 아끼지 않았던 교인들이 항상 내 곁에 있었다.
나는 더 훌륭한 설교를 했으면 하고 생각한다.
그러나 나는 적어도 복음의 길에서
벗어나지 않았다는 것을 알고 있다.

추천의 글

오래 전 일이긴 하지만, 내가 위어스비 목사님의 세미나에 참석하여 강의를 들은 다음에 "목사님, 저는 개인적으로 목사님에게서 많은 것을 배웠고, 또 많은 영향을 받았습니다"라고 말씀드렸던 기억이 난다. 그 말을 들은 위어스비 목사님이 매우 기뻐하시면서 나를 격려해 주시던 모습이 지금도 생생하다.

나는 참으로 설교라는 영역에서 위어스비 목사님으로부터 많은 것을 배웠고 익혔으며, '설교자 이동원'의 길에서 위어스비라는 위대한 설교자는 우뚝 서 있는 하나의 이정표와 같다. 물론 위어스비가 전부는 아니겠지만 그만큼 '설교의 나그네길'에서 내게 커다란 가르침과 통찰력을 제공했다는 말이다. 그런 '길표'가 없이 어찌 우리가 그 황량한 길을 혼자서 터벅터벅 갈 수 있단 말인가?

조금 과장해서 말하자면, 위어스비 목사님은 미국에서 가장 많이 책을 읽는 분이시라는 느낌을 준다. 그분의 강의를 들을 때면 '어쩌면 저렇게 막힘이 없이 해박하게 잘 설명하실 수 있을까' 하고

상상이 담긴 설교

놀랄 정도이다. 지금까지 나는 그런 분을 본 적이 없다.

설교 세계에서 위어스비 목사님은 단순한 설교 이론가가 아니다. 그분은 평생을 몸으로 부딪치면서 설교 한가운데서 사신 분이다. 또한 자신뿐 아니라 모든 설교자들이 어떻게 하면 '설교라는 봉우리'를 수월하게 올라갈 수 있는지를 연구하여 도움을 주는 분이시다.

설교를 잘 하는 것과 설교를 가르치는 일은 별개의 일이다. 그러나 위어스비 목사님은 설교를 잘 하시는 설교의 거장(巨匠)일 뿐 아니라, 설교를 잘 하도록 설교자들을 돕는 일에도, 설교를 가르치는 일에도 탁월한 분이시다.

이 책이 설교자들의 '설교행로'에 도움이 되리라 믿는다. 우리는 또한 이 책에서 그의 탁월한 가르침의 솜씨를 볼 수 있다.

이 책은 지금까지 설교의 영역에서 거의 주목하지 않았던 문제를 다룬다. 그것은 사람들이 어떻게 설교를 듣고 어떻게 설교를 삶에 적용하는가 하는 청중에 대한 분석과 이해에서 시작된다. 청중들은 설교를 머리로 듣는 것이 아니라, 마음으로 듣는다고 말할 수 있다. 지금껏 대부분의 설교 이론은 어떻게 하면 사람들이 설교를 잘 들을 수 있는가 하는 문제에 집중했다면, 이 책은 어떻게 하면 설교를 삶 가운데 체험할 수 있도록 할 것인가에 주목하고 있다고 할 것이다.

위어스비 목사님은 설교가 단지 말로써 이루어지는 것이 아니라 '그림'으로 그려져야 한다고 말한다. 상세하게 그림으로 그려줄 때 사람들이 그림을 마음으로 보고, 체험하여 변화를 받음으로써 설교가 비로소 삶에 적용된다는 것이다. 사람들은 설교를 들으면서 우

추천의 글

측뇌로(또는 마음으로) 그림을 그린다. 설교자는 설교를 통해서 설교를 듣는 사람들이 마음으로 그림을 그릴 수 있도록 해야 한다. 이 말은 독자들이 본서를 자세하게 읽으면서 공감할 수 있는 부분이라고 믿는다.

설교를 성도의 마음에 부어주기 위해서 설교자가 설교에 상상력을 담아야 한다는 말은 지금 이 시대에 가장 적절한 말이라고 생각한다. 이 책을 통해서 새로운 차원의 설교가 설교자들에게 펼쳐지기를 기도한다.

지구촌교회 담임 목사

이동원

저자 서문

우선 이 책을 쓰는 데 여러 가지 면에서 도움을 주고 격려를 아끼지 않은 아내 베티에게 감사를 드린다. 많은 사람들은 이런 말을 서문 다음에 집어넣지만 이 책은 상상력에 관한 책이 아닌가! 나는 독자들에게 내가 얼마나 창조적이고 상상력이 풍부한 사람인가를 보여주기 위해 이 말을 처음에 집어넣은 것이다.

이 책은 하나님의 말씀을 어떻게 설교하고 가르칠 것인가에 대한 저술이다. 따라서 '하나님의 말씀을 어떻게 선포하여야 하나님의 백성들이 그 말씀을 잘 들을 수 있겠는가?' 하는 것이 이 책의 목표이다. 그렇게 선포된 하나님의 말씀은 청중들로 하여금 하나님의 진리의 능력을 체험케 하고 그들의 삶을 바꾸어놓을 것이다.

나 역시 설교자라는 직책이 무거운 짐을 져야 하는 것임을 잘 알고 있다. 설교자들은 교회에 앉아 있는 청중들이 피곤에 지쳐 떨어진, 뼈만 앙상하게 남은 자들임을 잘 알고 있다. 나는 설교자 동지들에게 설교를 학문으로 취급하는 신학교에서 벗어나서 사람들이 우글거리는 시장바닥으로 들어가라고 도전한다. 그들은 그곳에서 하나님께서 그의 말씀을 전달하신 방법 그대로 하나님의 진리를 전달해야 할 것이다. 우리는 성경을 분석하고 요약하여 성경을 죽은 시체와 같이 만들어 버리고 말았다. 이제 우리는 그 말씀을 살아 있는 말씀으로 해방시켜 궁핍한 이 세계 내에서 그 말씀의 엄청난 힘을 보여주어야 한다.

나는 이 책에서 여러 가지 학문적 통찰력을 끌어모아 어떻게 성서적 설교를 할 것인가에 초점을 맞추어 설명하고자 한다. 이런 시도 가운데 아마추어적인 시도가 있으리라 생각하지만 독자들의 양해를 구한다. 성서적 설교는 성서 진리의 선포 이상이어야 한다. 성서 진리 그 자체가 중요하다고 하더라도 말이다. 성서적 설교는 하나님의 진리를 선포하는 것이고, 더 중요한 것은 하나님께서 그 진리의 말씀을 선포하신 대로 선포하는 것이다. 나는 이것을 '상상력을 가지고' 하나님의 진리를 선포하는 것이라고 믿는다.

또한 이 책은 아마추어의 저술이라는 것을 강조하고 싶다. 나는 여러 가지 다양한 학문들을 전공한 사람은 아니다. 기호학, 해석학 그리고 현대 문학 비평이론 이런 것들을 완전히 통달한 다음에 이 책을 쓰려 했다면 이 책은 결코 이 세상에 나올 수 없었을 것이다.

나는 우선 이 책을 이 세상에 내보내기로 했다. 나는 나보다 더 잘 훈련받은 다른 학자들을 믿는다. 그리고 그 사람들은 내가 이 책에서 저지른 잘못들을 나름대로 바로잡아 주리라고 생각한다. 어쩌면 그들은 하나님의 진리의 말씀을 더 잘 설교할 수 있도록 우리를 가르쳐 줄 것이다. 우리는 방법이라는 측면에서 그들에게 더 많은

저자 서문

것을 배워야 한다. 이 책은 설교학에서 무시된 많은 측면들을 초보자가 시도한 용기 있는 저술이라고나 해야 할 것이다. 기도하기는 더 많은 가르침들이 나타나기를 바란다.

일리노이 주에 있는 트리니티 복음주의 신학교의 박사 코스 담당자인 워렌 S. 벤슨 박사는 나에게 이 주제를 탐구하도록 처음으로 도전을 주었다. 그리고 나서 그는 그 학교의 목회학 박사 프로그램에서 이 내용을 가르치도록 하였다. 그의 격려가 이 책을 낳았다. 강의 시간에 여러 가지 반응을 보여주고, 날카로운 질문을 하여 미궁에서 빠져나올 수 있도록 도와준 학생들에게 감사를 드린다. 내가 그들을 가르쳤다기보다 그들이 나를 가르쳤다고 해야 할 것이다. 그러나 우리 모두가 배움의 도상에 있는 자로서 정직한 토론 가운데 '주고받음'이 어찌 없을 수 있겠는가! 물론 벤슨 박사와 그 학생들은 이 책의 잘못에 대해 아무런 책임이 없다. 그러나 이 책의 훌륭한 점이 있다면 그들의 몫이리라.

이 책의 출판을 위하여 여러 면에서 수고한 빅터 출판사의 친구 마크 스위니에게 심심한 감사를 표한다. 그는 불분명한 내용과 어려운 문장들을 더 잘 쓸 수 있도록 도움을 주었다. 어떤 출판사는 저자가 가야 할 길을 잘 알려주지 못한다. 그러나 마크는 예외이다.

나의 아들 데이빗 W. 위어스비 목사는 원고를 세심하게 읽고 날카로운 제안을 해 주었다. 나이 먹은 사람은 젊은 사람들의 아이디어와 통찰력을 계속 공급받아야 한다는 사실을 절감하였다. 데이빗이 바로 이런 일을 해 준 것이다. 많은 친구들이 이런 일에 직간접적으로 도움을 주었다. 어찌 그들에게 감사의 말을 빼놓을 수 있겠는가?

한 가지 주의 사항이 있다면, 이 책에서 중요한 것은 먼저 이론적이고 성서적인 근거를 잘 이해해야 한다는 것이다. 그러므로 실제적인 부분에 들어가기에 앞서서 앞부분을 잘 습득하도록 하라! 그러면 당신은 하나님 말씀의 능력 있는 전달자가 될 것이다. 당신이 청중에게 은혜를 끼치는 설교를 하기 위하여 무척 애쓰고 있는 목사라면 이 책이 틀림없이 도움을 주리라 믿는다. 그러면 나도 이 책에 대해 만족할 수 있을 것이다.

워렌 위어스비

역자 서문

　　번역은 예로부터 반역이라는 말로 자기 번역의 엇갈림을 변명하곤 하는데, 번역 자체가 나를 사로잡아 그 번역 안에서 넘놀다가 번역을 마치는 희귀한 경우도 있다. 번역이라는 따분한 작업에 무슨 기쁨이 있으리오마는 이 책의 번역은 그렇지 않았다는 고백이다. 번역 가운데서 기쁨을 찾아내기가 쉽지 않으리란 생각이 들지만, 이 책은 번역의 기쁨을 듬뿍 주었으니 번역 마침이 더 여유롭다.

　　설교란 무엇인가? 라는 물음은 우리 목사들의 생각을 떠나지 않는 그야말로 화두(話頭)가 아니었던가? 목사는 설교에 파묻혀서 사는 사람이다. 설교 때문에 기쁘고, 설교 때문에 나락을 경험하고, 설교 때문에 사는 맛을 알고, 설교 때문에 희열을 느끼기도 한다. 설교는 목사의 존재 이유(raisondetre)이다.

　　나는 이 책을 읽으면서 설교가 새롭게 한 장(場)을 마련해서 독자적으로 그 세계를 펼쳐내는 힘을 보았다. 설교자 위어스비의 놀라운 설교 강의는 설교가 목사에게 얼마나 기가 막힌 장르인지 알게 해 준다. 그리고 설교의 세계에서 생을 이어가는 목사들이 얼마나

상상이 담긴 설교

자긍심을 느껴도 좋은지 알게 해 준다.

위어스비가 생각하는 설교는 사람의 머리를 겨냥하는 것이 아니라, 사람 전체를 염두에 두는 설교이다. 사람 전체가 움직일 수 있게 하는 설교, 사람 그 자체가 몰두하는 설교를 말한다. 머리만이 아니다! 우리는 설교를 대체로 논리 게임으로 생각하는 경향이 있다. 사람은 논리적 존재라는 전제 때문일 것이다. 그러나 논리는 사람을 변화시키지 못하고, 사람을 감동시키지 못한다. 설교를 듣고 고개를 끄덕인다고 해서 설교의 목표가 이루어지지 않는다. 그 사람 존재 자체가 '끄덕여야' 한다. 사람 전체를 겨냥한 설교, 사람을 뒤집어 놓는 설교, 이는 '상상력 설교' 라고 이름붙일 수 있는 설교이다.

사람은 머리에 의해서 설득을 당하지만, 여전히 그의 몸은 움직이지 않는다. 설교를 이해하지만, 여전히 그 자리에 그대로 앉아 있다. 사람은 설교를 원하지 않는다. 단지 체험을 원한다. 사람은 설교를 통해서 '체험' 을 원한다는 게 위어스비 목사의 핵심이다. 설교를 듣는 사람은 하나님의 말씀이 그의 몸을 관통하는 체험을 원한다. 이런 설교체험을 위하여 이 책이 있다.

위어스비가 제시하는 것은 '상상력' 으로 가득찬 설교, '상상력' 으로 사람의 마음을 건드리는 설교, '상상력' 으로 사람의 감정을 뒤흔드는 설교를 말한다. 이는 단지 머리를 끄덕이는 설득을 당하는 설교가 아니라, 온 몸을 들썩이게 하는 설교를 말한다. 이 설교의 길을 배우면 우리가 교인들을 변하게 할 수 있으리라는 믿음을 가진다.

1997년 봄, 학위논문을 거의 마치고
새 교회에 부임하면서…
이장우

차 례 1

제1부 상상력과 삶

제1장 두 설교가 이야기 · 21

제2장 후새가 알았던 것: 사람 · 31

제3장 후새가 알았던 것: 주변 세계 · 45

제4장 후새가 알았던 것: 말 · 57

제5장 설교자여, 내게 얘기 하나 들려주시오 · 71

제6장 강단에 춤추는 해골, 좌석에 늘어진 송장 · 79

제7장 숨은 파괴자들 · 93

제8장 은유의 신비 · 109

차례 2

제2부 상상력과 성서적인 설교

제 9 장 당신이 성경에게 말을 건네지 않으면,
         성경도 당신에게 말을 하지 않을 것이다 · *123*
제 10 장 자르기와 합치기: 분석과 종합 · *153*
제 11 장 상상력과 인물설교 · *181*
제 12 장 상상력과 위로 · *203*
제 13 장 특별한 날을 위한 메시지 · *215*
제 14 장 상상력, 유머, 설교 · *235*
제 15 장 상상력과 복음적인 설교 · *243*
제 16 장 상상력과 창조력 · *257*
제 17 장 성서적인 설교 · *277*

각주 · *285*
참고문헌 · *349*

제1부
상상력과 삶

"…상상력은 신앙을 성장시키는
본질적인 사역 중 하나이다".

유진 피터슨

"많은 설교들이 그림으로 묘사하기보다는
개념들로 꽉 차 있기에 안타까울 뿐이다…"

조지 버트릭

"하나님께서 전도의 미련한 것으로 믿는 자들을
구원하시기를 기뻐하셨도다".

고린도전서 1:21

제1장
두 설교가 이야기

하나님의 메시지를 전하는 일이 가벼운 일은 결코 아니다. 사실 설교는 사람이 사느냐 죽느냐 하는 심각한 문제이다. 메시지를 전하는 방식과 결과에서 완전히 달랐던 두 사람을 생각해 보자. 한 사람이 전한 메시지는 사람들이 받아들이지 않았다. 그래서 그 사람은 밖에 나가 자살하고 말았다. 반면 다른 한 사람이 전한 메시지는 사람들이 잘 받아들였고, 그 결과 반란이 진압되고 왕은 목숨을 건질 수 있었다.

이 이야기는 사무엘하 17장에 나온다. 다윗 왕의 아들 압살롬은 반란을 일으켜 아버지의 왕좌뿐 아니라, 후궁들과 군대 통수권마저 거머쥐었다. 다윗 왕은 예루살렘을 빠져나와야 했다. 압살롬으로서는 엄청난 성공을 거둔 셈이나 그에게는 여전히 결정지어야 할 문제가 남아 있었다. 그것은 광야로 달아난 아버지 다윗을 어떻게 처리할 것이냐 하는 문제였다.

압살롬이 모사 아히도벨에게 이 문제를 묻자 그의 대답은 이러했다.

> 아히도벨이 또 압살롬에게 이르되 이제 나로 하여금 사람 일만 이천을 택하게 하소서 오늘밤에 내가 일어나서 다윗의 뒤를 따라 저가 곤하고 약할 때에 엄습하여 저를 무섭게 한즉 저와 함께 있는 모든 백성이 도망하리니 내가 다윗 왕만 쳐죽이고, 모든 백성으로 왕께 돌아오게 하리니 무리의 돌아오기는 왕의 찾는 이 사람에게 달렸음이라 그리하면 모든 백성이 평안하리이다(삼하 17:1-3).

압살롬과 다른 모사들이 처음에는 다 이 말을 옳게 여겼다. 만약 그 말대로 실행했더라면 그날로 당장 다윗을 추적하여 그의 군대를 궤멸시킬 수 있었을 것이다. 그런데 압살롬은 후새의 의견이 어떠한지 듣기 원했다. 후새는 사실 다윗 왕의 편이었다. 다윗은 반란 세력에 모사 아히도벨이 있음을 알고, 하나님께서 "아히도벨의 모략을 어리석게 하옵소서"(15:31)라고 기도를 드린 바 있다. 압살롬에게 후새가 한 말은 다음과 같다.

> 후새가 압살롬에게 이르되 이 때에는 아히도벨의 베푼 모략이 선치 아니하니이다 하고, 또 말하되 왕도 아시거니와 왕의 부친과 그 종자들은 용사라 저희는 들에 있는 곰이 새끼를 빼앗긴 것같이 격분하였고, 왕의 부친은 병법에 익은 사람인즉 백성과 함께 자지 아니하고 이제 어느 굴에나 어느 곳에 숨어 있으리니, 혹 무리 중에 몇이 먼저 엎드러지면 그 소문을 듣는 자가 말하기를 압살롬을 좇는 자 가운데서 패함을 당하였다 할지

라, 비록 용감하여 사자 같은 자의 마음이라도 저상하리니 이는 이스라엘 무리가 왕의 부친은 영웅이요 그 종자들도 용사인 줄 앎이니이다 나의 모략은 이러하니이다 온 이스라엘을 단부터 브엘세바까지 바닷가의 많은 모래같이 왕께로 모으고 친히 전장에 나가시고, 우리가 그 만날 만한 곳에서 저를 엄습하기를 이슬이 땅에 내림같이 지의 위에 덮여 저와 그 함께 있는 모든 사람을 하나도 남겨두지 아니할 것이요, 또 만일 저가 어느 성에 들었으면 온 이스라엘이 줄을 가져다가 그 성을 강으로 끌어들여서 그곳에 한 작은 돌도 보이지 않게 할 것이니이다 하매(삼하 17:7-13).

후새의 말을 들은 압살롬과 그 휘하 사람들의 마음이 변했다. 인간적으로 말하면, 그 바람에 다윗 왕은 목숨을 건질 수 있게 된 것이다. 물론 압살롬의 마음이 바뀌게 한 것은 하나님이시다(14절; 잠 21:1). 그러나 그 마음을 바꾸기 위한 수단 또한 하나님의 장중에 있었다고 봐야 한다. 이 이야기의 경우, 압살롬이 아히도벨의 의견을 버리고 후새의 의견을 택한 이유는 후새의 언변 때문이었다. 후새의 언변을 통해서 역전이 발생한 것이다.

위의 이야기에서 두 사람이 펼친 언변을 한번 눈여겨 보라. 그러면 그 두 사람이 제각기 다른 접근 방법을 택하고 있다는 사실을 알 수 있다. 후새의 말이 아히도벨의 말보다 양적으로 세 배가 된다는 사실 외에도(물론 그럴 만한 이유가 거기엔 있다), 두 사람의 접근 방식이 전혀 다르다. 오늘날 용어로 말하자면, 아히도벨은 사람들의 지성에 호소하는 '왼쪽뇌' 접근 방식을 택했고, 후새는 감정에 호소하는 '오른쪽뇌' 접근 방식을 택한 것이다. 압살롬이 아히도벨의 말은 '들었지만', 후새의 말은 '보고 느꼈다'고 말할 수 있다. 사실 아히도벨의 모략은 훌륭했으나 사람들은 후새의 말을 받아들였다. 비참해진 아히도벨은 결국 스스로 목숨을 끊고 만다. 한편 후새의 말은 군사 전략적 측면에서 좋지 않았음에도 불구하고 사람들은 이를 받아들였고, 이 때문에 압살롬의 반란은 실패로 끝나고 만다.

노만 커즌스(Norman Cousins)는 『인간 선택』(Human Options)이라는 책에서 이렇게 말한다. "우리가 뭔가 배워야 할 게 있다면, 그것은 다른 방법이 다 실패로 끝난 자리에서도 시인이나 예술가들의 말은 먹힐 수 있다는 점이다."[1] 사실 역사를 움직이고 뒤흔든 사람들은 후새처럼 귀로 들은 말을 마치 '눈으로 보듯 보고 느끼게 함'으로써 적극적으로 응답하게 만들었던 인물들이다.

1960년대 미국에서 월남전이나 인권 운동 등에 관한 정부 시책을 바꾸는 데 의회에서 행한 의원들의 연설은 사실 별로였다. 차라리 "플라워 피플"(the flower people - 즉 히피족을 말한다 - 역자주)이 만들어 부른 포크송이 더 큰 공헌을 했다고 해야 한다. 왜? 후새의 말이 그러했듯 이 포크송들은 듣는 사람이 어떤 그림을 떠올리도록 상상을 자극하는 노래였기 때문이다. "꽃들은 다 어디로 갔을까?" (Where Have All the Flowers Gone?)라든지 "바람만이 아는 대답" (Blowin' in the Wind) 같은 당시의 노래들은 백악관의 기자회견에서 나온 어떤 얘기들보다 훨씬 대중의 마음을 움직였고 힘이 있었다.

물론 나는 '오른쪽뇌'가 어떻고 '왼쪽뇌'가 어떻다 하는 이론에 과학자들의 견해가 일치하지 않는다는 사실을 알고 있다. 그럼에도 불구하고 인간의 어떤 접근 방식과 행동을 논하는 데 이런 용어가 상당한 도움을 준다. 생리학자나 심리학자들은 인간 두뇌의 좌우 양편은 제각기 다른 기능을 수행한다고 한다. 비록 그 기능이 어느 한쪽으로만 완전히 치우치지 않고 겹치기도 하지만, 대체로 그렇게 말할 수 있다는 뜻이다. 예컨대 '오른쪽뇌'는 보다 예술적인 일들, 즉 시를 쓴다든지 그림을 그리는 것같은 창의성을 발휘하는 기능을 수행하는 데 반해, '왼쪽뇌'는 언어나 수, 과학 개념 같은 보다 인식적이고 논리적인 기능을 수행한다. 그러니까 음악가나 예술가들이 오른쪽뇌를 많이 쓰는 데 반해, 과학자나 건축가들은 왼쪽뇌의 기능에 많이 의존하는 사람들이다.[2]

여기서 아히도벨의 말을 다시 한 번 음미해 보면서 '왼쪽뇌' 기능의 특성을 살펴보도록 하자. 아히도벨은 네 번이나 "내가…하겠다"는 투의 말을 한다. 즉 자신을 어떤 권위 있는 인물로 제시하고 있는 말투다. 그는 이러한 말투를 통해 다윗 왕과 그를 따르는 백성들을 어떻게 추격하여 죽이겠다는 논리적인 제안을 한다. 아마 그대로 따랐다면 압살롬이 성공했을 제안이었다. 하지만 아히도벨의 제안은 마치 바깥 풍경을 보고 싶다는데 지도를 보라고 들이미는 격이었다. 오늘날 많은 설교가 그렇듯 아히도벨의 말은 권위와 정확성, 논리 및 지혜를 담고 있었다. 그러나 그의 말에는 사람들로 하여금 '눈으로 보고 느껴 마음으로 따르고 싶게 하는' 요소가 들어 있지 않았다.

이번에는 후새의 말을 한번 살펴보자. 우선 아히도벨의 "내가"라는 말투와는 달리 후새의 말은 말하는 자 중심이 아니라 듣는 자 중심의 말투였다. 즉 그는 압살롬을 향해 직접적으로 "왕께서는" 혹은 "왕도 아시거니와" 하는 식의 말투를 사용한 것이다. 그래 놓고 끝부분에 가서는 슬그머니 주어를 "우리가"라는 식으로 바꿔 마치 압살롬 뒤에는 '온 이스라엘'이 있다는 느낌을 갖게 한다. 이와같은 말은 압살롬으로 하여금 온 이스라엘 군대 머리 위에 있는 자신을 상상 속에 바라볼 수 있도록 부추기는 말이다. "온 이스라엘을…바닷가의 많은 모래 같이 왕께로 모으고 친히 전장에 나가시고"(11절). 도대체 압살롬이 전투에서 군대를 이끄는 일에 대해 아는 게 무엇일까? 모르긴 해도 그리 많지 않았을 것이다. 그런데도 후새는 압살롬으로 하여금 할 수 있다는 생각을 갖게 했으며, 상상 속에서 이미 승리의 주인공이 된 자신을 그려 볼 수 있게 했던 것이다.

후새는 그림을 그리듯 언어를 사용했다. 그가 사용한 직유 및 은유를 한번 살펴보자. "들에 있는 곰이 새끼를 빼앗긴 것같이", "용감하여 사자 같은 자", "저상(沮喪)하리니", "바닷가의 많은 모래같이", "이슬이 땅에 내림같이" 등이다. 이러한 표현은 듣는 압살롬으로 하여금 상상의 눈을 통해 후새가 하는 말을 마치 그림을 보듯 떠올릴 수 있게 하는 말들이다. 압살롬에게는 특히 "바닷가의 많은 모래"(11절), "이슬이 땅에 내림같이"(12절) 등의 표현이 효과적이었다. 바닷가의 많은 모래를 상상하면서 압살롬은 그릇된 안전감을 느꼈을 것이며, 땅에 내리는 이슬을 생각하면서 일을 쉽게 해치울 수 있을 것같은 기분에 도취되었을 것이다.

후새의 말은 말하자면 도피해 있는 다윗에게 압살롬이 어떻게 최후의 일격을 가해야 할 것인지를 제시하는 말이다. 좌우간 이 말이 끝났을 무렵에는 압살롬이 이미 왼쪽뇌 기능은 꺼버리고, 오른쪽뇌 기능만 한껏 고양돼 마치 최후의 승리자가 된 듯한 착각 속에 빠졌을 법하다.

후새의 연설이 아히도벨보다 세 배쯤 긴 데는 이유가 있다. 라디오와 텔레비전 연속극으로 유명한 "새끼 용"(Dragnet)에서 주인공

조 프라이데이(Joe Friday) 경사가 한 말이 있다. "사실만, 사실만 말하십시오, 부인." 말하자면 아히도벨은 이같은 사고방식에 충실한 인물이었다. "여기 계획이 하나 있는데 아주 논리적입니다. 틀림없이 통할테니 따르기만 하십시오!" 경찰에서 하는 일의 성격으로야 프라이데이 경사의 말이 최선이었다. 그러나 설교를 준비하고 이를 전달하는 일에 있어서 그런 말은 최선이 아니다.³

그림을 그리는 데는 시간을 들여야 한다. 우리말을 듣는 사람들이 그림을 떠올리고 그 상상의 그림 속에 자신을 집어넣는 일도 마찬가지로 시간을 들여야 한다. 성경본문에서 그같은 증거를 찾긴 힘들지만, 내 생각으로 후새는 아주 신중한 태도로 말했을 것이다. 그리고 비유를 쓸 때마다 사람들이 그 그림을 떠올릴 여유를 갖도록 말의 리듬을 한 박자씩 늦추었을 것이다. 그래서 마지막 말을 마쳤을 때는 압살롬이 고개를 끄덕이며 얼굴에 미소 띠는 모습을 볼 수 있었을 것이다. 압살롬은 이미 상상 속에서 온 이스라엘 군대를 이끌고 왕년의 영웅인 자기 아버지를 궤멸시키는 장면을 즐겼을테니까 말이다.

내 생각으론 오늘날 전문가연하는 태도로 말하는 사람들이 지나치게 많다고 본다. 학교 선생들도 그렇고 정치가, 대학 교수들에다 설교가들마저 그렇다. 이들은 메시지를 전달한다는 일에 대해 그릇된 관념을 갖고 있다고 생각한다. 마이클 레디(Michael J. Reddy)가 "수도관 은유"(the conduit metaphor)라 칭한 것을 우리는 너무나 자주 무의식중에 받아들이고 있다. 우리는 말할 때 자신은 상수도관과 같은 지식의 원천으로 생각하면서, 듣는 상대방은 텅빈 수도관처럼 우리가 알고 있는 것을 마냥 받아들이기만 한다고 생각한다. 다시 말하면, 우리가 입을 열어 말할 때, 우리말을 듣는 사람들 간에는 보이지 않는 수도관 같은 것이 있어서, 전달하는 정보가 자동적으로 한 사람의 마음에서 다른 사람의 마음으로 공급되면서 의사 소통이 성공적으로 이루어진다고 믿는다. 이런 '수도관' 유형의 사고를 하는 사람들에게 생각은 '말' 이라는 용기에 담겨지는 '물건' 이며, 내뱉어진 말을 통해 다른 사람들의 '정신' 에 전달되는 무엇으로 여겨진다. 레디 박사는 이 관점을 "언어는 수도관 구실을 하며 수도관이 물을 한 곳에서 다른 곳으로 전달하듯, 한 사람의 생각을 다른 사람에게 기계적으로 전달하는 기능을 한다"[4]는 말로 요약한다.

그런데 이같은 관점이 상당히 설교에 적용되고 있다. 설교에서나 주일학교 강의중에 "이 말을 그냥 흘려듣지 마셨으면 합니다" 하는 식의 말을 했다면, 여러분은 자신도 모르게 "수도관 비유"를 적용한 셈이다. 혹은 "이 생각이 잘 전달되었으면 합니다" 라든지, "여러분 마음에 이 생각을 잘 넣어드리고 싶습니다"와 같은 표현들도 마찬가지로 의사소통에서 "수도관" 접근 방식을 적용한 것들이다. 스스로를 파멸시킨 아히도벨의 말도 사실은 이같은 접근 방식을 사용한 것이다.

어떤 설교를 '수도관' 으로 본다는 말이 잘 이해되지 않는 분은 '컨베이어 벨트' 를 생각해 보시라. 설교 한 편을 작성하기 위해 일주일 내내 열심히 연구하고, 주석 작업을 하고, 해석학의 온갖 법칙을 적용한 데다 각종 보조 자료까지 활용하여 교인들에게 전달하고픈 내용을 이끌어냈다 치자. 그러면 설교자는 그 내용을 컨베이어 벨트 위에 조직적으로 잘 올려놓아 주일날 성가대의 특송이 끝나자마자 스위치를 넣고 벨트를 돌리기 시작한다. 벨트 위에 놓인 훌륭한 내용들은 설교라는 벨트가 강단에서 교인들 좌석으로 연결돼 돌아가는 동안 교인들은 그것들을 집어들어 자기 것으로 만들면 된다. 그러나 중요한 것은, 현실은 그런 식으로 돌아가지 않는다는 것이다. 이게 중요하다!

어느 목회자 모임에서 질의 응답 시간이 있었다. 한 목회자가 자리에서 일어나 청중을 헤집고 마이크 앞에 서서 숨을 한번 깊이 들이쉬더니 말했다. "제 설교는 무슨 주석을 읽는 것 같습니다! 나 자신이 멍청하다고 느낄 때가 한두 번이 아니에요! 내용이야 물론 성경적인 것으로 그득하지만 거기엔 생명이 없습니다! 이럴 땐 어떻게 해야 하는 겁니까?" 설교를 '수도관' 혹은 '컨베이어 벨트'로 보는 데서 생기는 문제다. 이 고민 많은 설교자 동지가 알아야 할 점은, 메뉴가 식사가 아니고 지도가 곧 여행 자체는 아니듯, 설교에서 개요를 잔뜩 늘어놓는다고 메시지가 되지는 않는다는 사실이다.

후새로부터 우리 설교자들은 무엇을 배워야 할까? 다음 장에서 이 점을 살펴보겠다.

"신학자는 하나님을 진지하게 생각한다…
시인은 언어를 진지하게 생각한다…
목사는 사람을 진지하게 생각한다…"

유진 피터슨

"인간을 가장 고통스런 존재로
만드는 것이 무엇인지 아는가?
그것은 인간이 한 발은 무한한 곳에 디디고
다른 한 발은 유한한 곳에 디디고 있는 것이다.
그리고 인간은 이 두 세상 사이에서
갈피를 잡지 못하고 있다."

익명

제 2 장
후새가 알았던 것: 사람

후새는 인생의 중요한 세 영역-사람, 세상, 말-의 기본적 진리를 알았다. 그리고 그 진리들을 적용해서 아히도벨을 제치고 압살롬을 설득시킬 수 있었다. 그러한 후새야말로 훌륭한 의사 전달자라고 보아야 한다.

후새가 사람에 대해 알았던 진리는 무엇일까? 사람들은 그림을 떠올려서 생각하고, 머리뿐 아니라 가슴으로 반응한다는 사실이었다. 아마 후새는 파스칼의 유명한 말, "가슴은 이성이 알지 못하는 그 자신의 이성이 따로 있다"[1]는 말에 동의할 것이다.

그러면 후새가 세상에 대해 알았던 진리는 무엇인가? 세상은 하나의 커다란 무대로서 우리가 배우고 또 가르치는 진리가 드라마를 통해서 늘 상연되는 곳이라는 사실이다. 이 점에 있어서 후새는 다른 사람 아닌 다윗과 마음이 통했을 것이다. 다윗은 "하늘이 하나님의 영광을 선포하고 궁창이 그 손으로 하신 일을 나타내는도다"(시 19:1) 하고 노래한 바 있다.

그렇다면 말에 대해서는? 말은 언제나 그림으로 시작되기 때문에 늘 은유적이어서 우리 주변 세계와 우리 내면 세계의 다리 역할을 한다는 사실이다. 이 점에서 후새는 모든 예언자들과 시편 기자, 사도들 및 주님과도 의견이 일치한다. 왜냐하면 이들은 모두 말의 그림을 통해 영적 진리를 전달하였기 때문이다.

이상 세 가지 진리를 이해하면 우리가 의사소통이라 부르는 '기적'을 가능케 하는 데 큰 도움이 된다. 시드니 해리스(Sidney J. Harris)라는 사람은 이렇게 썼다. "사람들이 흔히 '정보'란 말과 '의사소통'이란 말을 구분없이 쓰는데, 이 둘은 전혀 다르다. 정보는 그냥 주고 끝나는 일이지만, 의사소통이란 상대방의 이해를 끌어내야만 발생한다." 아히도벨은 자기 생각을 그냥 주는 것으로 끝났지만, 후새는 사람들의 공감과 동의를 이끌어냈다. 아히도벨은 수도관을 통해 물을 공급하는 것처럼 말을 사용했지만, 후새는 말로써 그림을 그려냈던 것이다.

정신 - 우리 내면의 화랑(畵廊)

다음의 말을 음미해 보자. 우리는 언어를 가지고 말하고 쓰는 일을 하지만, 생각을 할 때는 언제나 영상이나 그림을 통해서 한다. 『인간 상황』(The Human Situation)이라는 책에서 맥닐 딕슨(W. Macneile Dixon)은 이렇게 말한다.

역사를 일구는 가장 큰 힘이 뭐냐? 이에 대해서 나는 비유, 즉 형상을 그리는 그림의 표현이라 대답하겠다. 그게 무슨 정신 나간 소리냐고 말할 사람도 있을 것이다. 그러나 인간이 살아가는 것은 늘 상상을 통해서이다. 따라서 상상이야말로 우리의 삶을 결정적으로 지배하는 요소다. 인간 정신은 철학자들이 뿌려놓은 그릇된 인상처럼 토론장이 아니라 차라리 화랑(畵廊)이라고 해야 한다. 이 화랑에는 우리의 모든 비유와 개념들이 그림처럼 걸려 있다… 비유란 종교와 시의 본질이기도 하다.[2]

"인간 정신은 토론장이 아니라 차라리 화랑"이라는 말을 좀 더 생각해 보자. 이는 우리가 우리의 생각을 논리적으로 구성해서 전달해야 한다는 당위를 부인하는 말은 아니다. 사도 바울도 "모든 것을 적당하게 하고 질서대로 하라"(고전 14:40) 하지 않았던가! 얘기인즉슨, 그저 합리적으로 정연하게 - 그러니까 왼쪽뇌만 주로 사용해서 - 말하는 것만으로는 말하는 목적을 달성하는 데 부족하다는 뜻이다.

하나님께서는 우리 인간에게 상상할 수 있는 능력, 즉 정신의 화랑을 선물로 주셨다. 주실 때에야 사용하라고 주신 것이지 묵혀 두라는 게 아니다. 위에서 딕슨은 "상상이 우리 인생을 지배하는 결정적인 요소"라 했다. 사실은 나폴레옹도 "상상이 세계를 지배한다"는 말을 했다. 그런데 오늘날 설교자들이(그리고 이 설교자들을 가르친 선생들이) 이 기본적 진리를 망각했기 때문에, 해석학은 그저 분석이나 하고, 설교는 분석한 내용을 정돈 배열해서 설교시간에 마냥 가르치기만 하면 되는 걸로 전락하고 말았다. 그러니 설교라는 것이 그저 논리적인 개요로 떨어져 신학 강의처럼 그저 설명하고 적용할 것만 전달하면 듣는 청중이 그 내용을 상상으로 바라보는 일은 전혀 일어나지 않는다. 우리는 정신과 의지를 잇는 가교는 바로 상상이며, 이 상상을 통해 내면화되지 않은 지식은 진정한 지식이 아니라는 사실을 망각하고 있다. 핼포드 루콕(Halford Luccock)은 "설교의 목적은 듣는 사람이 설교의 합리성을 인식하게 하는 데 있는 것이 아니라 그 설교를 통해 어떤 비전을 보게 하는 데 있다"[3]고 했다.

필요한 것 - 건강한 상상

상상은 정신이라는 인간 내면의 화랑에 어떤 상(像)을 만들어 내는 정신 작용이다. 이 정신의 화랑에서 우리는 상상을 통해 그림도 그리고 상도 조각하고 고안하며 어떤 것은 지워 버리기도 한다. "하나님이야말로 최고의 예술가시다"라고 클라이드 킬비(Clyde S. Kilby)는 말한다.[4] 우리 인간은 바로 이 하나님의 형상을 따라 지음 받았으며, 우리는 그분을 닮은 창조 능력을 지니고 있다. 이 창조 능력 혹은 창의력의 대부분이 바로 상상력 안에 들어 있다.

> 상상은 정신이라는 인간 내면의 화랑에 어떤 상(像)을 만들어내는 정신 작용이다. 이 정신의 화랑에서 우리는 상상을 통해 그림도 그리고 상도 조각하고 고안하며 어떤 것은 지워 버리기도 한다.

드와잇 스티븐슨(Dwight E. Stevenson)은 상상을 이렇게 정의한다. "친숙하고 새로울 것 없는 것들, 그전에는 서로 무관하던 것들을 새로운 관점 안에서 새롭게 연결시켜 볼 수 있는 능력".[5] 릴랜드 라이캔(Leland Ryken)은 "상상이란 새로운 것을 창조할 뿐만 아니라 익숙하고 낯익은 것도 신선한 방식으로 새롭게 보고 느낄 수 있게 하며, 예로부터 내려오는 진리를 새롭게 표현하여 인생에 새롭

후세가 알았던 것: 사람

게 적용할 수 있게 하는 작용"[6]이라고 정의했다.

이들은 상상의 주요 기능을 기억해서 인지하고 다시 연결시키는 것을 꼽았고, 또한 새로이 만들어내는 것을 추가로 꼽고 있다. "상상은 인간이 지닌 크나큰 특권 가운데 하나"라는 말을 한 사람은 다름 아닌 찰스 다윈이다. 그는 "인간은 이 작용을 통해 이전까지 얻은 모든 그림과 사고를 의지와는 독립적으로 연결시켜서 굉장한 결과를 획득한다"[7]고 했다. 지금 우리가 살고 있는 집이며 앉아 있는 의자, 몰고 다니는 자동차며 읽고 있는 책, 컴퓨터 등등이 애당초는 누군가의 상상 속에 먼저 등장했던 것들이다.

상상이란 말하자면 어떤 예스러운 것을 집어넣으면 새것을 낳아 주는 자궁과도 같다 하겠다. 또 이 상상을 통해 우리는 우리 주변 세계를 우리 내면의 세계와 연결하는 가교를 짓는다. 상상은 우리의 왼쪽뇌와 오른쪽뇌를 연결해서 마음의 스크린에 비친 것을 감독해 몽상으로 떨어지지 않게 하는 다리 구실도 한다. 사실 이 작용이 없이는 프랑스의 윤리학자 조세프 쥬베르가 말한 대로 "상상만 하고 지식이 없는 사람은 날개만 있지 발은 없는 사람"이 되고 말 것이다.

그런데 소위 정통신앙을 가졌다는 기독교인들이 상상 얘기만 나오면 겁부터 먹는다.[8] 그 이유는 많은 선량한 신앙인들이 상(像)을 공상, 혹은 환상과 혼동하기 때문이 아닌가 싶다. 물론 이들은 설교자가 이상한 백일몽이나 공상 속을 헤매는 걸 원치 않는다. 사도 바울도 설교자들에게 "망령되고 허탄한 신화를 버리라"는 경고를 하고 있다(딤전 4:7). 대신 "말씀을 전파"하는 것이 이들의 사명이라는 것이다(딤후 4:2).

사실 공상이나 환상은 상상이 빚어내는 한 부분에 불과하다.

월트 디즈니며 톨키언 같은 사람들이 공상을 통해 즐거운 오락 세계를 만들어 냈다는 사실은 분명하며, 우리도 이런 사람들을 존중해 줘야 한다. 하지만 상상과 공상은 같은 것이 아니다. 상상은 기본적으로 현실에 깊이 있게 들어가 그것을 더 잘 이해하게 하는 기능을 한다. 반면에 공상은 현실로부터 잠시 피난하여 쉴 수 있는 짬을 만들어 줄 뿐이다. 공상은 현실을 대체할 만한 가공의 세계를 제공한다(지하 세계며 오즈의 마법사가 사는 세계, 걸리버 여행기에 나오는 소인국 같은). 물론 이 가공의 세계는 이런저런 식으로 현실 세계의 어떤 측면을 반영한다. 하지만 상상은 우리가 몸담고 있는 현실 세계의 깊이를 들여다보게 한다.[9] 사무엘 존슨(Samuel Johnson)이 1774년에 보스웰에게 이같은 편지를 썼다. "공상을 친구로 삼아도 좋지만, 안내자로 따라야 할 것은 이성이다."[10]

씨 에스 루이스(C. S. Lewis)는 "나한테는 이성이 진리의 자연스런 기관이라 여겨진다. 하지만 상상은 의미에 속한 기관이다. 새로운 비유를 창출해 내거나 옛것을 새롭게 되살리기도 하는 이 상상이 진리를 낳는 원인은 되지 못하나 그 조건은 될 수 있다"[11]는 말을 했다. 다시 말하면, 건강한 상상이란 우리가 한 진리와 다른 진리가 어떻게 서로 연결되며 또한 우리 인생에 연결되는지 이해하는 데 있어 필수 불가결하다. 『리어 왕』에 담긴 의미를 이해하기 위해서는 사전과 문법 이상이 필요하고, 요한계시록을 이해하기 위해서는 킷텔의 『신약성서 신학사전』(Theological Dictionary of the New Testament)과 로버트슨의 『헬라어 문법책』(Shorter Greek Grammar)이 있다고 끝나는 게 아니다.

또 하나 상상과 관련해 많은 신앙인들이 갖고 있는 오해는 "어떻게 설교를 개선시킬 것인가" 혹은 "창조적인 목회 비결" 운운의 책들에 곧잘 나타나는 것이다. 이런 책들은 상상을 고작 무언가를 잘 꾸며 눈에 띄게 만드는 정도로 말한다. 그러니까 상상을 잘 이용해서 사람들의 주의를 끌 만한 설교 제목을 만든다든지, 기찬 예화며 지루하지 않은 설교 개요를 짜라는 식이다. 여기서 상상은 무슨 화장법 비슷한 것으로 등장한다. 그게 없어도 맛에는 별 변함이 없지만 어쨌거나 장식을 잘 하면 예쁜 케이크 장식이 되는 것처럼 말이다. 그러나 설교에 있어 상상이란 새로이 배워야 할 어떤 기법이 아니다. 그것은 완전히 새로운 태도요 처음부터 다시 길러내야 할 '시선'(전망) 또는 '바라보는 눈'과도 같은 것이다. 그러므로 이 책을 통해 무슨 상상을 통한 설교 기법 여섯 가지 운운하는 따위를 기대하는 독자가 있다면 일찌감치 책을 덮는 게 낫다. 시간 낭비로 끝날테니 말이다.

하나님의 성령의 인도하심을 받아 건강한 상상을 길러내서 목회에 사용하는 일이 어째서 그토록 중요한가? 그 노력을 통해 우선 자신부터 한 인간으로서 본질적인 유익을 얻고, 나아가서 내 목회, 내가 위해서 일하는 사람들에게 혜택이 돌아갈 것이기 때문이다.

우선 한 인간으로서 나 자신에게 건강한 상상이 의미하는 바가 무엇인지부터 살펴보자. 우리는 모두 하나님의 형상을 따라 지음받은 존재들이다. 하나님은 창조적인 상상력이 무궁무진한 분이시다. 우리는 하나님께서 창조하신 것들을 보살피고 그분의 교회를 돕는 일을 하도록 지음 받았다. 그리고 우리는 하나님께서 예술적으로 생각해서 능력의 손으로 지으신 그 모든 것을 누리며 살도록 되어 있다. 또한 우리는 우리의 속사람-상상력을 포함해서-을 키워서 하나님의 영광을 위해 사용해야 마땅한 존재들이다.

그러므로 상상을 잘 경작하지 못하거나 이를 무시하는 사람은 하나님께서 그를 위해 마련해 주신 것을 충분히, 제대로 누릴 수가 없다. 거룩한 상상을 통해 그러한 문을 열 수 없는 사람은 그 아름다움과 풍요를 제대로 누릴 수 없는 사람이 되고 만다. 그런데도 많은 신자들이 무얼 놓치며 사는지조차 자각하지 못한다. 호레이스 부쉬넬(Horace Bushnell)은 "하나님께서는 인간에게 상상을 주셔서 그 문을 통해 인간과 접촉하신다"[12]고 했다. 영국의 시인이자 신비가인 토마스 트래헌(Thomas Traherne)은 『명상의 시대』(Centuries of Meditations)라는 책에서 "하나님께서는 인간에게 정신 안에서 세계를 창조할 능력을 부여하셨는데, 이렇게 창조된 인간 내면세계를 하나님께서는 당신이 창조한 세계보다도 더 귀하게 여기신다"[13]고 썼다. 하나님에 대한 우리 생각, 그분의 말씀 묵상, 우리가 바치는 기도, 이 모든 활동은 다 상상과 연결되어 있으며 우리로 은혜 안에 자라도록 돕는 것이다. 물론 여기서 내가 말하는 것은 상상이지 공상이 아니다. 하나님에 대해 공상을 하면서 이를 즐기는 것은 우상을 빚어 놓고 그 앞에 절하는 것과 마찬가지로 우상숭배다.

정신과 감성을 잘 길러야 하듯 상상도 잘 길러야 한다. 윌리엄 템플(William Temple)은 '예배'를 "하나님의 거룩하심으로 우리 양심을 날카롭게 하고, 그분의 진리로 우리 정신을 먹이고, 그분의 아름다움으로 우리 상상을 정화시키며, 그분의 사랑에 우리 가슴을 열고, 그분의 뜻에 우리 의지를 복종시키는 것"[14]이라 정의한다. 여기서 드러나듯 상상은 말씀 안에 나타난 하나님의 아름다움에 사로잡혀 정화되어야 하는 무엇이다. 만약 상상이 하나님의 아름다움에 사로잡히지 않으면, 그보다 덜한 어떤 아름다움에 취하게 될 것이고, 그것은 종국에 우상숭배에 이르는 길이 되고 만다.

설령 우리가 목회자가 아니라 하더라도 하나님의 형상을 지닌 한 인간으로서 완성되려면 우리는 상상을 잘 길러야 한다. 하물며 목회에 종사하는 사람들로서는 더욱이 하나님의 진리와 아름다움에 우리 상상을 열어야 할 것이 아니겠는가? 목회자는 하나님의 진리를 다른 사람들에게 전달하는 사람이다. 목회에서 상상이 얼마나 큰 비중을 차지하는지 제대로 이해하지 못하고서는 효과적으로 목회를 할 수 없다. 여기서도 아히도벨과 후새의 접근 방식과 같은 차이가 나타난다.

성경 연구라는 측면에서 한번 이 문제를 생각해 보자. "성경은 지금까지 기록된 그 어느 책보다도 상상력이 뛰어난 작품"이라고 클라이드 킬비는 말한다.[15] 성경을 오직 왼쪽뇌 위주로 연구하는 사람들은 이 놀라운 책에서 얼마나 많은 것들을 빼먹고 있는 것인지 모른다. 이런 사람들은 마치 요한복음에 등장하는 사람들, 즉 예수께서 영적인 진리를 말씀하셔도 아예 상상이 작동되질 않아서 도무지 이해할 수 없었던 사람들을 닮았다. 예수께서 자신의 부활을 가리켜 말씀하시는데 유대인들은 성전 재건으로 오해했다(요 2:19-21).

니고데모는 예수께서 거듭나야 한다고 하니까 그저 어리둥절하기만 했다(3:1-12). 사마리아 여인은 예수께서 대체 어디서 물을 가져다 주시겠다는 건지 의아하기만 했다(4:1-15). 제자들은 예수께서 어떤 음식을 드신다는 건지 이해할 수 없었다(4:31-33). 유대 군중들은 자기 살과 피를 먹고 마셔야 한다는 예수의 말씀이 거슬리기만 했다(6:52-59).[16] 이상의 예만 보더라도 성경의 보물을 캐는 데 그저 분석과 주석을 하는 것으론 충분치 않다는 사실을 짐작할 수 있다. 데일(R.W. Dale)은 "우리가 적극적으로 상상력을 발휘하며 성경을 읽는다면 뜻이 명료하지 않을 부분은 한 장도 없다"[17]고 했다.

그렇다면 우리가 놀라야 할 사실은 이렇다. 최근 주석 및 해석학 책 중에 상상력에 관해 언급하는 책이 거의 없다는 사실이다. 이 책들은 성경의 형상적인 언어에 어떻게 접근해서 그 유형과 상징들을 어떻게 다뤄야 하는지는 말하지만, 정작 부분을 전체로 모아 저자가 말하고 있는 바를 환히 보게 하는 데 상상이 얼마나 중요한 역할을 하는지를 설명하지 못한다. 핼포드 루콕의 말을 다시 인용해 보자.

> 연구를 하면 할수록 오히려 나쁜 결과를 얻는 비극이 종종 발생한다. 연구하는 내용에 마음이 완전히 포로가 되어 그 교과서 투의 문체에 한번 길이 들고나면 연구자는 조개 껍데기같이 딱딱해져 버린다. 그러면 그 언어와 말투도 무슨 갑각류같이 뻣뻣해지고 만다. 설교자로서 시와 소설, 드라마 및 자연주의자들의 작품을 읽을 여유가 없다면, 그건 설교자들이 너무 지나치게 바쁜 것이다. 설교자들이 어떻게 그런 것들을 놓칠 수 있는가? 설교자가 그저 칸트며 존 듀이, 칼 바르트, 혹은 칼 맑스나 철학자들의 책에 몰두하면, 그는 정작 하나님의 백성들에게 그들이 이해할 만한 말로 말할 수 있는 기회를 반드시 잃게 될 것이다.[18]

성경 안에는 온갖 종류의 문학이 다 들어 있다. 이야기(narrative)며 시, 잠언, 수수께끼, 노래, 비유, 상징, 드라마, 역설, 풍자 등등. 따라서 성경의 숨은 보화를 캐내려면 다양한 문학 장르들을 알고 접근해야 한다. 예를 들면, 시편 23편을 읽을 때처럼 상상의 나래를 활짝 펴고 로마서 8장의 엄숙한 신학을 읽기란 곤란하다.[19] 열린 마음, 애정, 순종하는 마음을 가지고 민감한 상상력을 안고 성경을 연구하는 사람에게 복 있으라! 나는 고우십(A. J. Gossip)이 한 말에 동의한다. 그는 "지혜롭게 잘 훈련된 상상력만큼 설교자에게 덕이 되는 건 없다"[20]고 했다. 헨리 워드 비처(Henry Ward Beecher)가 예일대학에서 설교자들을 모아놓고 강의하면서 이런 말을 했다. "힘있고 성공적인 설교를 하는 데 있어 여러분이 의존해야 할 첫번째 요소가 뭐냐 하면, 듣고 놀랄 분들도 계시겠지만, 그것은 상상력입니다. 한 설교자를 탄생시키는 데 있어 이보다 더 중요한 요소는 없다고 봅니다."[21]

상상력과 목회

상상력이 성경을 정확히 연구하고 그 메시지를 가슴으로 이해하는 데 아주 중요하다는 얘기를 했다. 또한 상상력은 고대에 기록된 이 성경과 오늘날의 사람을 연결하는 가교로서도 필요하다. 우리가 하는 설교는 마땅히 현재형이어야 한다. 그래야 우리 설교가 그저 옛날에 노아에게 무슨 일이 일어났고 다윗과 바울에게 어떤 사건이 벌어졌었는지 하는, 과거에 대한 강의로 떨어지지 않는다. 해리 에머슨 포스딕(Harry Emerson Fosdick)이 좀 비꼰 말은 지금도 사실이다. 즉 그 옛날 헷 족속에게 어떤 일이 일어났는지 알자고 교회에 가는 사람은 아무도 없다.

이제 내가 하는 말은 전에도 종종 신학생들에게 권고하던 말

상상이 담긴 설교

이다. 설교를 작성한 다음 찬찬히 한번 읽어 보라. 그러고 나서 용감하게 "그래서 뭐 어쨌단 말야?" 해 보라. 그 다음 눈앞에 교인들을 떠올려 본다. 회사에서 제법 높은 자리에 있다가 최근 직장을 잃은 사람, 또래 집단에 부대끼고 있는 십대, 애가 아파서 근심하고 있는 젊은 부인, 혼자서 자식을 키우면서 돈걱정에 시달리는 사람들, 쉼없이 유혹과 싸워야 하는 사람들, 후회하면서도 거듭 죄를 짓는 사람들 등등… 이제 내가 작성한 설교가 그 사람들에게 어떤 의미를 줄 수 있을지 물어 본다. 또 내가 그 사람들의 처지에서 이 설교를 듣는다면 어떤 반응을 보이겠는가 상상해 본다. 그래서 어떤 반발이나 혹은 어떤 오해 가능성, 혹시 속으로 아니꼽게 들을 가능성 등등을 상상하여 미리 대비한다.[22] 나는 이런 식으로 과정을 더듬다가 작성한 설교를 다 구겨 버리고 처음부터 다시 쓴 적도 한두 번이 아니다. 그러니 이 방법을 더 자주 쓸 수밖에….

목회적 관점이 개입되는 시점이 바로 여기다. 우리가 섬기는 사람들에 대해 아는 것, 그들이 어떻게 생각할까, 그들에게 필요한 것은 무언가, 그리고 하나님께서 그들에게 원하시는 바가 뭘까 등등을 생각하는 것이다. 오늘날처럼 교회가 대형화되어 목회자가 무슨 큰 회사 중역같이 보이는 시대에 따로이 상담만 말해도 뭣한데 각 사람에 대한 목회적 접근이라니… 이쯤해서 벌써 씩 웃으면서 내가 어디 구석기 시대쯤에서 온 구식 목회자라고 생각할 사람도 없지 않을 것이다. 내가 신학교에 다니던 시절만 해도 교수님들이 "가정을 심방해야 그들이 교인이 된다"고 가르치곤 했다. 40년대, 50년대에는 분명히 그랬으나 오늘날은 그 말이 썩 진리처럼 들리지 않게 됐다. 그러나 이 점만큼은 분명하다. 목자의 심정을 갖고 건강한 상상

후새가 알았던 것: 사람

력을 발휘하는 목회자, 그래서 자기 양을 알고 그들을 사랑하는 목회자! 그들이 상아탑 속에 파묻혀 예수님과는 달리 사람들을 위해 줄 시간이 없는 대학 교수 같은 목회자보다 하나님의 사랑과 진리를 더 잘 전달할 수 있다는 사실이다. 사람들이 서로 관심을 갖는 교회, 그리고 목회자가 강단에서나 생활에서 그 모범을 보이는 교회는 자란다.

후새는 사람들이 어떤 존재인지를 알았다. 그리고 누구나 그러하듯 압살롬의 마음도 하나의 화랑(畵廊)이지 토론장이 아니라는 사실을 알았다. 그래서 그는 새끼 뺏긴 곰이며, 사자, 바다의 모래, 땅에 내리는 이슬, 무너진 성 등과 같은 그림언어를 사용하여 말했다. 후새는 사람들이 상상에 대한 갈증을 갖고 있으며 그 갈증을 축여 줘야 한다는 사실을 알았다. 마찬가지로 오늘날 교회에 다니는 사람들도 상상을 목말라한다. 이러한 기호를 제대로 채워 줄 수 없는 한 이 사람들이 건강한 상상을 할 수 있을 리 만무하다.

나중에 가서 사람들이 상상에 목말라 있다는 비극적인 상황과 교회가 이에 대해 어떤 일을 해야 하는지 말할 것이다. 그러나 다음 장에서는 후새가 알았던 두번째, 즉 그는 주변 세상에 대해 알고 있었다는 점에 대해서 다뤄 보겠다.

"인간이 거대한 돌덩이 안에서
대사원의 이미지(모습)를 보는 순간 돌덩이는
더 이상 돌덩이가 아니다."

안토니 드 세인트 엑스페리

"자연에서 발생하는 모든 것을 - 일출과 일몰,
태양과 별들, 바뀌는 계절들 속에서 - 하나님의 존귀하심과
함께 생각하여 발전시키라.
그러면 당신의 상상은 충격을 느끼는 정도에서
멈추는 것이 아니라, 항상 하나님을 섬기는
수준에 있게 될 것이다".

오스왈드 챔버스

제 3 장
후새가 알았던 것: 주변 세계

후새는 압살롬의 마음의 화랑(畫廊)에 그림을 걸어 주었다. 그런데 그 그림은 후새나 압살롬이 잘 알고 있는 이 세계에서 얻은 것들이다. 새끼 빼앗긴 어미 곰이 어떠하며, 포효하며 싸우는 사자의 용맹함이 어떠하며, 또 바다의 모래는 셀 수 없이 많다는 사실, 이슬이 촉촉이 땅을 적시는 소리 등은 이 세계에 속한 일들이다. 후새는 있지도 않은 세계(공상의 세계)를 공연히 만들지 않았다. 그는 이미 실존하는 세계, 그도 압살롬도 이미 잘 알고 있는 세계를 이용(상상)했을 뿐이다. 후새가 성공할 수 있었던 건 바로 그 때문이다. 캘빈(John Calvin)은 창조된 세계를 "배우지 못한 자를 위한 책"[1]이라 했다. 즉 글을 알지 못해 책을 읽을 수 없는 사람이라도 하늘과 땅의 자연을 통해 하나님께서 어떻게 일하셨는지를 배울 수 있다는 말이다. 『기독교 강요』에서 캘빈은 하나님의 창조를 "찬란한 극장", "가장 영광스러운 무대", "하늘과 땅의 놀라운 공연장"이라 했다.² 다윗과 마찬가지로 캘빈은 하늘과 땅이 하나님의 영광을 선포하고 있다는 사실을 알았던 것이다.

하나님께서는 자연 세계와 영적 세계의 진리 사이에 어떤 관계가 있도록 창조하셨다. 랄프 왈도 에머슨(Ralph Waldo Emerson)은 캘빈주의를 썩 좋아하지 않는 사람이다. 그러나 그도 자연이 "하나님의 극장"이라는 캘빈의 자연관만큼은 수긍했다. 에머슨은 『자연』(Nature)이라는 책에 이렇게 썼다. "자연은 상징적이다. 그리고 자연은 은유로 말한다. 왜냐하면 자연 전체가 인간 정신의 한 은유이기 때문이다."³ 1838년에 하버드 신학부에서 행한 연설에서 에머슨은 다음과 같이 담대한 말을 했다. "한번은 제가 어느 설교를 듣노라니 하도 짜증이 나서 다시는 교회에 다니지 않겠다는 말을 하고픈 충동이 느껴질 지경이었습니다… 눈보라가 몹시 심한 날이었습니다. 그런데 그 눈보라야말로 실재이고 그 설교자는 그저 희미한 유령처럼 느껴졌습니다. 제 시선은 그 설교자 등 뒤 창밖으로 보이는 눈이 들려 주는 아름다운 비유가 엮어내는 슬픈 대조를 줄곧 바라보고 있었답니다."⁴

신명기 29장 29절에 기초한 깊이 있는 설교를 하면서 캠벨 모르간(Campbell Morgan)은 자연 세계와 하나님의 진리 및 본성의 관계를 이렇게 말했다.

> 우리 주님께서 가르치실 때 여러 종류의 형상과 상징을 늘 사용하셨지만 그것들이 실재하는 대상들인지는 한 번도 말씀하신 적이 없다는 사실을 아십니까? 말하자면 주님께서는 보이는 모든 것들은 어떤 것의 상징이라는 사실을 가르치신 셈입니

다. 제가 한 예를 들어 보죠. 예수님께서는 "나는 포도나무다" 하셨습니다. 그런데 이 말을 듣고 예수님께서 그저 포도나무라는 형상을 빌어 자신이 누군가를 가르치신 것이라고 생각한다면 그건 오해입니다. 거기엔 더 깊은 진리가 들어 있습니다. 즉 하나님께서는 이 세상에 포도나무를 심으시고는 그것이 무한하신 예수 그리스도의 모형을 따라 자라도록 하신 것입니다.[5]

우리는 성육신을 통해서 물질이 악하지 않으며, 하나님께서는 물질을 자신과 자신의 진리를 드러내는 도구로 쓰실 수 있다는 사실을 안다. 그러기에 기독교인들은 자연에 대해 성례전적 관점을 갖지 영지주의자들 같은 관점을 취하지는 않는 것이다. 영지주의자들에 의하면, 물질은 그 자체로 이미 악하며, 어떤 사람이 영적이 되면 될수록 물질적인 것에서 멀어져야 한다고 주장한다. 그러나 기독교 신앙의 관점은, 물질은 악한 게 아니라 하나님께서 우리 유익과 배움을 위해 주신 선물이며, 우리가 하나님께 가까이 가면 갈수록 자연 세계 속에서 하나님의 손길을 더 잘 볼 수 있게 된다는 것이다. 그러니까 영지주의자들이 그저 바람에 살랑대는 나뭇가지만 본다면, 우리 기독교인들은 "들의 모든 나무가 손바닥을 치는"(사 55:12) 모습을 보는 차이다.

그런데 불행히도 세상을 비하하는 영지주의적 관점이 기독교 안에도 스며들었다. 그래서 이 세상을 "우리 아버지께서 지으신 세계"로 보기보다는, 사악하고 하나님의 저주 아래 있는, 따라서 가능하면 떨어져 있어야 하는 대상으로 보려 한다. 그러니 시인 제라드 맨리 홉킨스(Gerard Manley Hopkins)가 "이 세상은 하나님의 위엄으로 가득차 있다!"고 노래하거나 "얼룩덜룩한 것들을 지으신 하나님께 영광!" 하고 시를 쓰면 석연찮은 눈빛이 될 수밖에….

　　1858년 7월 25일 주일날 아침, 찰스 하돈 스펄전은 런던에 있는 자기 교회 교인들 앞에서 좀 뜻밖의 본문을 봉독했다. "내가 여러 선지자에게 말하였고 이상을 많이 보였으며 선지자들을 빙자하여 비유를 베풀었노라"(호 12:10). 그런 다음 스펄전은 이 본문을 놓고 설교했는데, 이는 내가 생각하기로 그의 가장 창조적인 설교 가운데 하나가 아닌가 한다. 그는 이렇게 말했다. "하나님께서는 매일 우리에게 비유를 베풀어 설교하십니다. 우리가 주변에서 보는 것들은 다 하나님의 생각이요 우리에게 베푸시는 하나님의 말씀인 것입니다.

성서적인 설교자가 되는 것이 원하는 바인데, 우리가 그 동안 시를 잊어 왔다는 것이 문제라는 지적을 한 바 있다. 바람에 부드럽게 흔들리는 나뭇가지를 보면서 우리는 오히려 그 나뭇가지를 움직이지 못하게 꼭 붙잡고, 잎과 가지를 과학적으로 분석한다 하면서 그 나무들이 하나님의 영광에 손뼉치며 환호하는 모습은 보지 못했던 것이다.

그러므로 우리가 현명하기만 하다면 하나님의 놀라운 교훈을 발견하지 못하면서 걷는 걸음은 하나도 없으리라는 사실입니다."[6] 그런 다음 스펄전은 이 진리를 인생의 네 부분 - 즉 매일, 연중 사계절, 모든 장소, 모든 직업 - 에 적용해 나갔다. 흥미롭게도 그로부터 몇년 후 스펄전의 친구이자 동료 목사인 조셉 파커(Joseph Parker)가 그의 교인들에게 이런 설교를 한다. "일년 전체, 그러니까 봄부터 겨울까지가 다 하나의 긴 비유이자 흥미진진한 상징이요 하나님의 목적을 놀랍게 드러내 주는 계시입니다. 볼 눈이 있는 사람은 볼 것이요, 들을 귀가 있는 사람은 들을 것입니다."[7]

　　성경을 읽는 사람이라면 누구나 예수님께서 눈에 보이는 이 세상의 이미지들을 취해서 눈에 보이지 않는 세계의 진리를 가르치는 데 사용하셨다는 사실을 알고 있을 것이다. 훌륭한 교사답게 예수님은 아는 것에서부터 시작해서 잘 모르는 것으로 나아간다는 가르침의 원리를 실천하신 셈이다. 그러나 예수님께서 자연의 형상을 사용하신 데는 그 이상의 의미가 있다. 주님께서는 하나님의 진리가 우리 주변에 놀랍게 펼쳐져 있다는 사실을 보셨고, 일상적인 것들을 가져다 거룩하게 만드시는 일도 하셨다. 예컨대 빵과 포도주, 물, 씨앗, 누룩, 포도나무, 출생, 등잔, 개, 참새, 잔, 동전에 종국에는 형틀인 십자가마저도 그렇게 하셨다. 우리 주님이야말로 자연과 세계를 성례전적 관점으로 보신 분이며 "이 모든 것은 내 아버지께서 지으신 세계" 하며 노래하는 분이셨다. 주님께서 거니셨던 이 세계는 과연 "하나님의 위엄으로 가득찬" 곳이었다.

성서적인 설교자가 되는 것이 원하는 바인데, 우리가 그동안 시를 잊어왔다는 것이 문제라는 지적을 한 바 있다. 바람에 부드럽게 흔들리는 나뭇가지를 보면서 우리는 오히려 그 나뭇가지를 움직이지 못하게 꼭 붙잡고, 잎과 가지를 과학적으로 분석한다 하면서 그 나무들이 하나님의 영광에 손뼉치며 환호하는 모습은 보지 못했던 것이다. 성서적으로 설교한다는 것은 성경의 진리를 정확하게 설교하는 것 이상이다. 이 말에는 성경을 제시하되 성경 저자들이 제시한 방식, 즉 상상을 통해 제시한다는 의미도 들어 있다. 우리 주변에 있는 세계도, 우리 앞에 놓인 하나님의 말씀도 모두 "하나님의 위엄으로 가득차" 있다. 그런데도 우리는 이 둘을 하나로 엮어 강단으로 가져가는 데 실패한다. 아히도벨처럼 우리는 그저 무미건조한 사실들을 수도관에 집어넣으면서 어째서 설교를 해도 별다른 일이 생기지 않는지 어리둥절해 한다.

상상력과 영적 전망

토저(A.W. Tozer)는 그의 가장 뛰어난 글 가운데 하나라 할 수 있는 "성화된 상상의 가치"(The Value of Sanctified Imagination)에서 이렇게 썼다.

> 신앙의 영역에서 정화된 상상이 갖는 가치는 자연의 사물 속에서 영적인 것의 그림자를 볼 수 있는 그 힘에서 찾을 수 있다. 이같은 상상을 통해 신앙심 깊은 사람은 모래 한 알에서도 전 세계를 보며 한 시간 안에서 영원을 들여다본다.
>
> 그 옛날 바리새인들의 약점은 상상이 결여되었다는 바로 그 사실에 있다. 그들은 도대체 상상을 신앙의 영역에 들어오도록 허용하지 않았던 것이다. 경전을 읽을 때에도 이미 잘 포장된 신학적 정의를 통해서만 읽었기 때문에 그들은 그 이상을 볼 수 없었다. "강가에 핀 앵초꽃 하나, 그 노란 앵초가 그의 시선을 사로잡았고, 그때부터 그 강에는 다른 아무것도 보이지 않게 되었다네."
>
> 그리스도께서 놀라운 영적 감화력과 도덕적 감수성으로 등장하셨을 때 바리새인들은 그가 새로운 종교를 들고 나왔다고 생각하였다. 사실이 그랬다. 바리새인들이 경전의 몸뚱아리밖에 볼 수 없었을 때 그리스도는 그 경전의 혼을 꿰뚫어 보셨다. 그래서 바리새인들은 율법의 문자와 전통적 해석에 의존해서만 그리스도가 틀렸다고 주장할 수 있었던 것이다.

후새가 알았던 것: 주변 세계

나는 이제 새로운 창조의 아들들 사이에서 지금껏 묶여 있던 상상이 풀려 나와 제자리를 찾는 모습을 갈망한다. 내가 말하는 것은 볼 수 있는 성스러운 은사, 가리운 베일 너머 거룩하고 영원한 아름다움과 신비를 꿰뚫어 볼 수 있는 능력이다.[8]

2장에서 핸포드 루콕이 말한 대로 설교의 목적은 "설교의 합리성이 아니라 설교가 제시하는 전망(방향)을 사람들로 하여금 보게 하는 데" 있다.[9]

위의 글에서 토저 박사는 전통의 족쇄를 깨고 언어를 통해 그림이 드러나도록 한 예로 두 가지 시를 들고 있다. 그 하나는 윌리엄 블레이크(1757-1827)가 쓴 "청정함의 조짐"(Auguries of Innocence)이라는 시의 첫 네 줄이다.

> 모래 한 알갱이에서 세계를 보며
> 한 포기 야생화에서 천국을 보네.
> 무한이 한 손바닥에 움켜지고
> 영원이 한 시간 안에 펼쳐지네.

이 시는 이런 식으로 128행을 더 나가며 동물, 새, 온갖 식물, 사람, 그리고 심드렁하게 바라보는 일상의 일들에 담긴 '내적 의미'를 탐구한다. 에머슨과 마찬가지로 블레이크도 제도 종교와는 별 관련이 없는 사람이다. 에머슨이 그러했듯, 블레이크도 만사를 정의 내리고 제도로 묶어서 질식시키고 하나님의 아름다운 세계를 실험실로 잡아넣는 '제도적 인간'들에게 감정이 썩 좋질 않았다.

1803년에 쓴 한 편지에서 블레이크는 "하나님께서 단일한 시각과 뉴톤의 안식으로부터 그대를 지켜 주시길"이라는 문구를 썼다. 여기서 '단일한 시각'이란 만사를 과학적으로만 접근하려는 태도를 말한다. 우주의 모든 것을 수학과 물리법칙으로 풀어 보려 했던 '뉴톤적 인생관'이라 할 수 있다. 그런데 이 뉴톤적 관점은 사람들로 하여금 거짓된 확신을 갖게 한다. 왜냐하면 사람들이 뉴톤의 공식을 가지고 이 우주를 이해하였고, 자신들이 원하는 대로 우주를 조작할 수 있다는 생각을 갖기 때문이다. 블레이크가 지금도 살아 있다면 뉴톤의 공식이 오늘날 물리학의 최종적인 권위가 되지 못한다는 사실에 기뻐했을는지도 모를 일이다.[10]

    토저가 인용한 두번째 시는 윌리엄 워즈워드(1770-1850)가 쓴 "피터 벨"(Perter Bell)이다. 대학에서 영문학 개론 시간에 이 워즈워드와 그의 친구 코울릿지가 문학에 있어 '낭만주의' 사조를 대표하는 작가들이라는 사실을 배운 기억이 있는 독자도 있을 것이다. 물론 여기서 '낭만'이라 하는 것은 요즘 할리우드 영화나 낮에 방송하는 텔레비전 연속극, 야한 싸구려 소설 따위가 말하는 낭만 운운과는 거리가 먼 것이다. 낭만주의 시대의 작품들이란 과학과 논리, 권위와 형식 등에 강조를 둔, 말하자면 왼쪽뇌 강조의 '계몽주의' 시대에 반발하여 나온 오른쪽뇌적인 저술이라 할 수 있다. 낭만주의 작가들은, 진리는 설명할 수 있을 뿐 아니라 체험할 수 있어야 한다고 했다. 사실 후일 실존주의는 이 토양에서 나왔다고 해도 과언이 아니다. 좌우간 낭만주의 작가들은 자연을 누리지 않으면서 설명하려고만 드는 것은 자연의 힘과 아름다움을 강도짓 하는 것과 다를 바가 없다고 했다. 이 세계는 뉴톤의 법칙에 지배되어 돌아가는 기계나 칸트, 로크의 논리 이상이라는 것이 블레이크를 비롯한 모든 낭만주의자들의 공통된 신념이었다.

후세가 알았던 것: 주변 세계

"피터 벨"과 마찬가지로 워즈워드의 많은 시들은 자연을 심미적으로 경험하는 것, 즉 책만으로는 배울 수 없는 체험으로 초대하는 시들이다. "돌려놓은 탁자"(The Tables Turned)라는 시도 내가 좋아하는 시다.

일어나게, 친구, 일어나게나! 책들은 나 걷어치우세.
틀림없이 곱절로 자라날테니까.
일어나게, 친구, 일어나게나! 그리고 얼굴을 펴세나.
도대체 이 수고와 근심은 다 무어람?
태양은 산머리 위에 걸려
저 길게 널려있는 녹색 벌판으로
신선한 광채를 보드랍게 흩뿌리며
최초의 달콤한 저녁을 노랗게 익혀만 가는데,
책이라니! 이 무슨 멍청하고 끝없는 투쟁인가!
오게나! 와서 저 숲속 홍방울 새 소리를 들어 봐.
세상에, 그렇게 달콤한 음악이 있다니!
책보다 더 많은 지혜가 그 안에 들어 있다네.
맙소사, 개똥지빠귀 노래 소리는 또 어떻구!
그 또한 빈약한 설교자가 아닐세.
와서 이 모든 것이 뿜어내는 빛에 들어가 보세.
자연을 스승으로 삼아,
그녀는 엄청난 부를 이미 갖고 있나니
우리 마음과 가슴이 축복을 받아
건강을 들이쉬며 지혜를 바로 얻을 터이니
기쁨으로 진리를 숨쉬세.
봄의 숲이 일으키는 충동 하나가
그 어느 인간보다, 그 어느 현자보다

상상이 담긴 설교

많은 것을 가르치리니.
자연이 가져다 주는 학문은 얼마나 달콤한가
그런데도 공연히 간섭하기 좋아하는 지식인들이라니
사물의 아름다운 모습을 잘못 그리기나 하고
갈갈이 쪼개어 죽이고 마네.

"갈갈이 쪼개어(분해해서) 죽인다." 얼마나 신랄한 기소장인가! 나 자신도 책을 좋아하는 사람들이 자연을 대하는 방식처럼 성경을 다뤄 왔다는 사실을 고백하지 않을 수 없다. 성경의 살아있는 말씀이 자연스런 방식으로 제 스스로를 표현하게 하기보다, 그 본문을 사정없이 분해하여(쪼개어) '공연히 간섭하기 좋아하는 지식인'의 태도로 오려 붙이고 뒤섞음으로 해서 본래의 아름다움과 힘을 강탈하고 만 적이 한두 번인가!

물론 이렇게 말한다고 해서 가능한 모든 자료를 이용하면서 지성과 경건을 갖춘 비평적인 태도로 성경을 접근하는 것마저 집어치우자는 얘기는 아니다. 나중에 이 얘기를 좀더 하도록 하자. 하지만 혹시라도 이 책을 읽고 심기가 불편할 신학교 교수님이 계시다면, 내가 성경 원어 공부나, 주석, 해석학, 설교학 등을 신학교에서 가르치지 말자는 것이 아니라는 사실을 알아 주셨으면 한다. 내 말은 우리가 오랫동안 외면했던 것에 다시 눈을 돌리자는 것뿐이다. 즉 하나님의 말씀을 연구하고 설교하는 데 성화된 상상을 적절히 이용하자는 주장이다. 책을 공부하는 일은 중요하다. 그러나 자연이라는 책과 인간 본성이라는 책을 공부하는 일도 못지않게 중요하다. 하나님의 말씀에 담긴 진리를 안고 인간 정신의 화랑에 들어가길 원한다면 말이다.

후새가 알았던 것: 주변 세계

후새는 사람과 주변 세계를 알았다. 그는 또한 말에 대해서도 알고 있었다. 말이 내는 소리와 상징이 어떻게 의미를 전달하고 사람들의 생각과 행동에 어떤 영향을 미치는지를 말이다. 이제 우리 관심을 이 말에 기울여 보자.

"태초에 말씀이 계시니라
이 말씀이 하나님과 함께 계셨으니
이 말씀은 곧 하나님이시니라".

요한복음 1:1

"하나님의 진리를 표현하는 성경의
가장 일상적인 방법은 설교나 신학적 진술이 아니라,
스토리이며 시이며 환상이며 편지이며
또는 문학형태이며 상상력의 산물들이다."

릴랜드 라이캔

"말씀은 병든 심령을 위한 의사이다".

에쉴루스

제 4 장
후새가 알았던 것: 말

데이빗 버트릭(David Buttrick)은 그가 쓴 『설교학: 그 움직임과 구조』(Homiletic: Moves and Structures)란 책에서 "설교란 피할 수 없는 은유의 한 작품"[1]이라 했다. 그런데 이 책은 그래디 데이비스(H. Grady Davis)가 『설교의 구상』(Design for Preaching)[2]을 쓴 이래 설교학에서 가장 창의적인 책 중 하나라는 생각이 든다. 버트릭은 또 말하기를 "신학적 의미는 생활에서 끌어온 이미지를 통해서 구현되어야 한다"[3]고 했다. 후새가 버트릭의 설교학 책을 읽은 것도 아니련만, 그는 버트릭이 제시하는 원리를 충실히 따른 셈이다. 후새가 압살롬에게 곰이며 사자, 모래와 이슬 등에 관한 묘사를 한 것도 다 이 원리에 해당하는 얘기다. 후새가 이렇게 생생한 이미지를 통해 자기 생각을 말한 반면 아히도벨은 그저 개념만 표현한 꼴이라 하겠다.

신학자 샐리 맥패그(Sallie McFague)는 이렇게 썼다. "이미지는 개념을 '먹여 살찌우고' 개념은 이미지의 '규율을 잡는다.' 개념이 빠진 이미지는 장님과 같고 이미지가 없는 개념은 불모지와 같다."[4] 한번 이 말을 찬찬히 음미한 다음 아히도벨의 말과 후새의 말을 생각해 보라. 아히도벨이야말로 이미지가 결여된 개념만 전달했기 때문에 불모지처럼 아무 열매도 맺지 못했다. 그러나 후새는 개념을 이미지와 적당히 배합했기 때문에 성공할 수 있었던 것이다.

우리 주변 세계와 우리 내면 세계를 연결시켜 주는 다리는 언어라 부르는 상징 체계다. 그런데 언어는 기본적으로 은유적이다. 즉 언어는 그림을 통해 의사 전달을 하는 것이다. 하나님께서 창조하신 세계는 무대이며 인간 정신은 화랑이라 했다. 우리는 이 둘을 말(언어)로써 연결한다.

"도덕적, 지적 사실을 가리키는 어떤 말이든지 그 뿌리를 추적해 보면 틀림없이 어떤 물질적 형상을 지니고 있는 무엇으로부터 빌어온 말임을 알 수 있다"고 에머슨은 『자연』(Nature)에서 쓰고 있다. 예를 들어, '옳다'라는 말은 '똑바르다'(라틴어 rectus)에서 왔고, '그르다'는 '비틀리다'라는 어원에서 나온 말이다. 또한 '오만한' (supercilious)이란 단어의 라틴어 어원은 '눈썹을 세우다'는 뜻이다. 거드름피우는 사람들이 뭔가를 탐탁치 않게 여길 때 드러낼 법한 표정이다.[5]

"은유란 어떤 정보나 체험을 우리가 이미 세계를 개념화하고 있는 체계에 수용시키고 동화되게 하는 주된 수단"이라고 철학자 에바 페더 키타이(Eva Feder Kittay)는 말한다. 그리고 "전혀 새로운 체험을 수용할 때 동원하는 것이 이 방법이기 때문에, 우리가 무언가 새로 배울 수 있는 능력의 원천이 바로 은유이며 창조적인 사고의 핵심도 여기 놓여 있다"⁶는 것이다. 설교자들이야말로 청중들이 뭔가 배우고 생각하여 새롭고 성숙한 체험을 하기 원하는 사람들이다. 따라서 이들이야말로 은유로 무장되어 있어야 하는 사람들이다.

은유 - 언어가 작용하는 방식

은유란 주제를 놓고 연구한 책이 요즘 폭발적으로 많이 나오고 있다. 그런데 그 중 아무거나 하나 붙들고 읽어 보면, 은유를 구성하는 것이 뭐고 은유는 어떤 식으로 작용하는지를 놓고 언어학자 및 철학자들 간에 의견이 분분하다는 사실을 단박에 알 수 있다. 하지만 어떤 언어학자나 철학자든 은유(메타포)란 말이 희랍어 '메타'(건너편에, 건너서)와 '페레인'(운반하다)의 합성어라는 점은 인정한다. 그러니까 두 말을 합치면 '건너편으로 운반하다' 라는 뜻이 되겠다. 무슨 말이냐 하면, 은유란 얼핏 서로 무관한 두 사물을 '말을 통해 운반하여' 결합시킴으로써 전혀 새로운 어떤 것을 창조하는 기능을 말한다.

> 이렇게 은유적 언어를 씀으로써 사람들이 귀로 들은 것을 눈으로 떠올려 보게 하며 진리를 볼 수 있도록 돕는 것이다. 설교자의 과제란 작가의 과제와 크게 다르지 않다.

어느 학자는 은유를 "한 가지 사물을 언급하지만 사실은 다른 어떤 것을 제시하는 말의 한 형태"⁷라 정의했다. 이사야가 "모든 육체는 풀과 같고…!" 하고 탄식했을 때, 그는 은유를 써서 듣는 자들이 사람과 풀 사이에 어떤 연관성을 생각하게끔 만들고 있는 것이다. 예수님께서 "하나님의 말씀은 씨앗" 이라 하셨을 때도 역시 은유적으로 말씀하신 것이다. 듣는 사람들은 이미 씨앗이 뭐라는 걸 안다. 하지만 그것을 하나님의 말씀과 연결시킬 수 있다는 사실을 안 사람은 그 가운데 몇이나 됐을까?

이렇게 은유적 언어를 씀으로써 사람들이 귀로 들은 것을 눈으로 떠올려 보게 하며 진리를 볼 수 있도록 돕는 것이다. 설교자의 과제란 작가의 과제와 크게 다르지 않다. 소설가 조셉 콘라드(Joseph Conrad)는 "내 과제란…쓰여진 문자의 힘으로 독자로 하여금 듣고, 느끼고, 종국에 가서 보게끔 하는 데 있다"[8]고 했다. 하지만 은유를 사용한다는 것은 그저 교육학의 원리를 따라서 이미 알고 있는 것을 통해 알지 못하는 것을 가르친다는 정도가 아니다. 은유는 단순히 언어의 한 '기능'이 아니다. 은유란 바로 언어가 그렇게 작용하는 방식 자체다. 우리가 직유나 은유를 쓰는 것은 18세기 영국인들이 옷에 레이스를 두르고 신발에 은장식을 붙이듯 잘 '치장해서' 인상이나 남기려고 하는 것이 아니다. 은유는 기본적으로 언어가 그렇게 구조지어진 방식이며, 언어 자체가 그렇게 생겨 먹었기 때문에 우리는 의사 소통 때 불가피하게 은유적 표현을 통해 하고 있다는 것이 오늘날 많은 학자들이 동의하는 정설이다. 마치 40여 년 만에 자기가 줄곧 산문을 쓰듯 말하고 있다는 사실을 깨닫는 몰리에르 연극의 한 사내처럼, 우리도 이제껏 늘 은유를 말하면서 살아 왔건만 깨닫지 못했던 사람들인지도 모른다.[9]

『우리가 기대어 사는 은유』(*Metaphors We Live By*)라는 흥미진진한 책을 쓴 래코프(Lakoff)와 존슨(Johnson)은 우리 일상 생활에서 은유가 어떻게 사용되고 있는지 많은 예를 들고 있다.[10] 예를 들어, 우리는 "설익은 생각"(half-baked ideas)이며 "재탕한 이론"(warmed-over theories)이라는 표현을 곧잘 쓴다. 이때 우리는 사고를 먹는 음

후새가 알았던 것: 말

식에 비교하고 있는 것이다. 혹은 "싹이 트다 만 생각"(the idea died on the vine)이라거나 "마침내 열매 맺은 생각"(the idea finally came to fruition) 같은 표현을 할 때는 사고를 식물에 빗댄 표현이다. "나는 꽉찬 인생을 살았다"거나 "어떤 활동을 더 집어넣을 여지가 없이 산다"는 등의 표현에서는 인생이 무얼 담는 용기처럼 그려진다. 우리는 무심코 이런 표현들을 일상의 대화 속에 쓰고 있지만 이런 것들이 죄다 은유라는 사실은 미처 의식하지 못한다. 워낙 은유로 가득 찬 것이 우리의 대화이기 때문에 그저 당연하게 받아들이며 산다고나 할까?

'수도관 비유'라는 게 있다고 했다. 불행히도 우리 설교와 가르침을 지배하고 있는 그 비유 말이다. "알아들으셨습니까?"(Am I coming across?)라든지 "제 말이 잘 이해되셨습니까?"(Am I getting through?)와 같은 표현을 쓰는 사람은 그 말을 하면서 의사 소통에 있어 일종의 수도관 유형을 생각하고 있는 것이다. 우리가 예사롭게 툭툭 내뱉는 많은 표현이 사실은 이렇게 수도관 비유에 해당하는 말들이다. "대체 내 머리에 무슨 생각을 집어넣으려는 거야?"(What are you trying to get into my head?)라든지 "그 사람 하는 말이 썩 무게 있게 들리지 않는데요"(What he says doesn't carry much weight.) 혹은 "그냥 듣고 흘려 버렸어요"(That idea flew right past me.), "그 여자는 하염없이 말을 쏟아 놓습니다"(Words just keep pouring out of her!), "새로운 생각을 한꺼번에 많이 쏟아 놓으면 어떡해"(Stop throwing out so many new ideas!)와 같은 표현들을 생각해 보라. 이런 말들은 다 생각을 수도관 속에 넣어 듣는 사람들에게 전달할 수 있는 물건처럼 여기는 그림을 전제하고 하는 표현들이다.

이제 아시겠습니까? (Get the point? - 이런 말에서는 생각이 무슨 검이나 화살처럼 표현된다!) 매일 나누는 대화에서도 우리는 늘 은유를 쓴다. 왜냐하면 언어는 처음부터 은유적이기 때문이다. "모든 언어는 은유에서 비롯된다. 문자적 언어란 애초 그림을 바탕으로 해서 형성된 사고를 점차 가지 쳐서 추상화한 것일 뿐이다."[11]

주전 3세기 경에 이미 희랍인들은 은유에 대해 토론을 벌였으며 아리스토텔레스는 『시학』(Poetics)에 이렇게 썼다.

> 언어를 적절히 배합해서, 혹은 아는 단어를 낯설게 해서 시적 형태로 적절히 쓸 수 있다는 건 좋은 일이다. 그러나 가장 중요한 일이 있다면 그것은 은유를 터득하는 일이다. 그런데 은유를 터득한다는 것은 사실 누군가에게 배울 수도 없는 일이라서 천재성의 한 표시라 해야 할 것이다. 좋은 은유란 전혀 같지 않은 둘을 놓고 그 연관성을 직관해 낼 수 있는 데서 탄생하기 때문이다.[12]

은유를 학교에 다녀서 학위를 얻는 것같이 터득할 수는 없다는 이 위대한 철학자의 말에 나도 전적으로 동감한다. 하지만 그의 말이 은유를 이해하고 또 그 용법을 배우는 일이 전혀 불가능하다는 주장이라면 겸손하게나마 반대 의견을 표시하고 싶다. (아리스토텔레스는 『시학』뿐만 아니라 『수사학』(Rhetoric)에서도 은유에 대해서 논하고 있다. 즉 훈련으로 터득할 수 있는 수사학에서 은유를 다루고 있다는 사실은 그가 위의 단호한 표현과는 달리 은유를 배워서 익힐 가능성을 부정하지 않는다는 뜻도 된다.) 사실 어떤 종류의 기법이라도 그것이 작동될 때는 늘 직관과 더불어서만 가능하다. 교육만으론 이런 직관을 갖게 해 줄 수 없다는 뜻에서 은유를 배움으로 터득할 수 없다는 아리스토텔레스의 말은 옳다. 하지만 은유란 상상력을 사용하는 일이며 상상력은 우리 인간 안에 있는 하나님의 형상의 일부분이다. 이렇게 말하고 보면, 우리 모두는 은유의 능력을 개발할 수 있는 기본 재료를 내부에 이미 갖추고 있다는 뜻도 된다. 그리고 하나님의 말씀을 전하는 설교자는 더욱이 은유를 터득해야만 한다. 설교자가 쓰는 언어 자체가 성립되는 방식이 은유이며, 사람들이 사고하는 방식도 은유고, 성경이 기록된 방식도 은유를 통해서이기 때문이다.

능력은 말하는 데 있지 않고 보이는 것에 있다

내가 시카고에 있는 무디 교회에서 목회할 때, 어느 고등학교에서 사회 시간에 "성윤리에 대한 성경적 관점"이라는 제목으로 강의해 달라는 부탁을 받은 적이 있다. 그런 부탁이 하필 나한테 왔다는 사실이야 영광이었으나 정작 강의는 그렇지 못했다. 내가 두 가지 실수를 범한 탓이다. 첫번째 실수는 내가 앞에서 말한 '수도관' 방식으로 온갖 신학을 보따리로 학생들 앞에 풀어놓은 데서 비롯되었다. 불행히도 그 신학의 내용들은 그저 수도관 안만 맴돌았을 뿐 학생들의 마음에 전달되지는 못했다. 두번째 실수는 내 말을 듣는 학생들은 상상력과 감수성이 풍부한, 우뇌적인 학생들이 대다수였는데, 내가 그들을 논리적인, 즉 좌뇌적인 학생들로 전제하고 내 주장을 펼쳐 나간 데서 발생했다. 그러니 그들은 내 말을 듣는 동안 마음은 이미 자리를 걷어 멀리멀리 떠나고 만 것이다.

그 학생들에게 차라리 하나님께서 정하신 성(性)의 영역을 넘어섰던 성경의 인물들을 그림처럼 그려 주는 식으로 말했더라면 형편은 훨씬 나았을 것이다. 예컨대 잠언 5장은 성화된 사랑을 바탕으로 한 성(性)이 신선한 샘물이라면 혼외 정사 같은 것은 거리에 흐르는 하수구라는 식으로 생생한 그림을 통해 말하고 있다.[13] 또한 잠언 6장은 성이란 불과 같다는 그림을 우리에게 준다(27-29절). 그래서 불이 그렇듯 성도 조절이 가능한 때는 아름답고 또 좋은 힘이 되지만, 일단 선을 넘기게 되면 아주 파괴적인 힘이 되고 만다는 교훈을 선명하게 전해 주는 것이다. 잠언 7장 역시 음란한 여인의 유혹에 넘어간 한 젊은이의 어리석음을 도살장에 끌려갈 운명에 놓인 가축에 빗대는 생생한 그림을 내놓고 있다(22-27절). 나단 선지자는 '새끼 암양' 이야기를 통해 다윗에게 혼외 정사란 사람들을 도둑으로 만들어 결국 다른 사람들뿐만 아니라 자신마저도 도둑질하는 결과를 낳는다는 메시지를 전한다(삼하 12:1-6).[14]

그러므로 성(性)에 관한 성경의 얘기를 들어 보면, 결국 우리는 성을 놓고 맑은 샘물 아니면 더러운 하수구, 절제된 불이 주는 따뜻함과 힘 아니면 마구잡이 불이 낳는 파괴적 힘, 사람이냐 아니면 짐승이 되느냐, 자기 것을 잘 사육하느냐 아니면 남의 것을 도적질하느냐의 선택을 해야만 한다는 것이다. 내가 딱딱한 강의를 하는 대신 이렇게 생생한 성경의 그림을 학생들에게 제시했다면, 그들도 더 잘 귀를 기울였을 뿐만 아니라 정말 인생의 변화를 가져올 수 있었을는지도 모른다.

씨 에스 루이스(C. S. Lewis)는 "우리가 아는 모든 진리는, 혹시 모두가 아니라면 적어도 그 대부분은, 은유를 통해서 획득한 것들이다"[15]는 말을 한 바 있다. 리차드 니버(Richard Niebuhr)는 이런 말을 했다. "우리는 우리가 생각하는 이상으로 이미지를 만들고 이미지를 사용하는 존재다… 우리가 사고하고 개념을 형성하는 과정이나 우리에게 와닿은 어떤 신호를 조직하고 이해하는 과정 모두가 우리 정신 안의 이미지를 통해 전개되고 형성된다. 우리가 쓰는 언어란 알다시피 모두가 상징 체계인 것이다."[16]

이제 우리가 알아보고자 하는 핵심 질문을 던져야 할 때가 되었다. 도대체 은유적 언어에 그토록 힘을 부여하는 것은 무엇일까? 모든 그림이 수천 단어의 가치를 갖고 있다고 흔히들 말한다. 하지만 어떤 단어들은 그림 수천 개가 내는 것보다 훨씬 큰 역동성을 드러낼 수 있다는 것도 사실이다. 윈스턴 처칠 경이 대영제국 국민들에게 '피, 수고, 눈물과 땀'을 주겠다 했을 때 어째서 그들은 처칠을 파면시키기는커녕 열렬히 따랐던 걸까? 도대체 어떤 비밀이 그 말에 담겨 있었던 것일까?

아마도 이 물음의 대답은, 은유란 늘 전인(全人)에 영향을 주는 것이지 정신만 건드리는 개념 같은 것이 아니라는 사실에서 그 일부를 찾을 수 있다고 생각한다. 은유란 늘 우리에게 도전하여 우리로 하여금 생각하게끔 만든다. 은유는 우리 호기심을 자극하여 우리 관점을 재조정해서는 두 가지를 동시에 보도록 하는 구실을 한다. 그렇게 되면 우리는 서로 전혀 무관해 보이는 두 가지가 왜 한꺼번에 얽키고 있는지 열심히 생각해야만 하는 것이다. 샐리 맥패그는 "좋은 은유란 충격을 일으키며, 서로 닮지 않은 것을 한데 묶으며, 재래식 관점을 늘 불편하게 만들며, 긴장을 야기시킨다. 그런 의미에서 은유는 늘 혁명적이다"[17]라는 아주 공감이 가는 말을 했다.

청교도 시인 존 밀턴이 바로 이 은유의 힘을 무기로 휘둘렀다는 사실을 기억해야 하겠다. 친구 에드워드 킹이 아일랜드 바다에서 익사했다는 소식을 들었을 때 밀턴은 친구에게 조의를 표하는 뜻으로 『리시다스』(Lycidas)라는 애가를 썼다. 이 애가에서 그는 왜 킹 같은 선한 사람이 젊은 나이에 그렇게 죽어야 하는지, 반면에 불경스럽기 그지없는 어떤 목사들은 오래 살면서 풍요를 누리는지를 묻는다. 그러면서 밀턴은 17세기 영국 교회의 '거짓 목자들'에 대한 생생한 그림을 그려낸다. 즉 그들은 "자기 배만 채우려고 울타리를 슬금슬금 기어들어가 양을 덮치는" 자들이라는 것이다. 아마 밀턴은 요한복음 10장 1절과 빌립보서 3장 19절을 떠올리며 이 표현을 쓰지 않았나 싶다. 하지만 이 애가 119절에 이르러 밀턴은 그 거짓 목자들을 '눈먼 쥐들'이라고 몰아붙인다. 읽는 사람을 흠칫 멈추게 하는 표현이다. 이 대목에 이르면 우리는 잠시 멈춰서 "어째서 쥐가 눈이 멀었다는 거야?" 하는 질문을 하게 된다. 그러면 이 은유는 이미 성공한 셈이다!"[18]

나는 "은유란 정신이라는 방의 가구를 다시 배열하게 한다"[19]는 에바 키타이의 말을 좋아한다. '눈이 멀다'와 '쥐'라는 두 가지, 종전까지 별로 상관없어 보이던 이 두 가지를 한데 묶으니까 거기서 단단한 긴장이 발생하여 읽는 사람의 마음을 사로잡고 감정을 일으키는 힘이 나오는 것이다. 그리고 의지는 이 긴장이 녹거나 사라질 때까지는 꼼짝 못하고 묶여 있어야 한다. 후일에 와서 물리학자이자 소설가인 워커 퍼시(Walker Percy)는 이런 말을 했다. "은유란 아주 이상하다. 일단 두 가지를 하나로 묶으면 그전까지는 발견할 수 없었던 의미를 새삼 발견하게 되는 길이 그것이기 때문이다."[20] 아리스토텔레스도 『수사학』(Rhetoric)에서 이와 비슷한 말을 했다. "이상한 표현은 우리를 혼란스럽게 한다. 정상적인 표현은 우리가 이미 알고 있는 것을 전해 준다. 뭔가 새롭고 신선한 것을 얻게 해 주는 것은 바로 은유다."[21]

은유란 우리가 경험하는 어떤 것이다. 살아 있는 은유를 듣고 해석하는 일을 거래라 치면, 이 거래에는 그저 지성만 관여되는 게 아니다. 인생에 대한 시각 자체를 달라지게 할 수 있는 일이 이 일이다. 일단 그런 일이 발생해야 우리는 설교자를 향해 "아, 당신이 말하는 바가 내 눈에도 보이는군요!" 하는 반응을 할 수 있는 것이다. 그리고 이같은 반응과 아울러 감정적 영적 체험이 일어나는 법이다. 이때라야 어떤 은유에 담긴 진리가 우리 속사람의 일부로 전환된다. 엠마오 도상의 제자들처럼 우리도 비슷한 체험이 발생하는 것이다. "길에서 우리에게 말씀하시고 우리에게 성경을 풀어주실 때에 우리 속에서 마음이 뜨겁지 아니하더냐"(눅 24:32).

그런데 위의 문단에서 나는 '살아 있는 은유'란 표현을 썼다. 이 점에 대해 좀더 설명할 필요가 있겠다. 언어 의미론을 연구하는 학자들은 대개 은유에는 다음과 같은 세 가지가 있다고 말한다. 살아 있는 혹은 생생한 은유, 병든 혹은 창백한 은유, 죽은 혹은 시들은 은유. 여기서 '살아 있는 은유'란 듣는 사람의 마음과 가슴을 단단하게 '연결시켜' 들은 것에 대해 뭔가 하기를 간절히 원하게 만드는 힘있는 은유를 가리킨다. '병든 혹은 창백한 은유'란 정신은 뭔가 영향을 받았는데 감정이나 의지는 별로 움직임이 없는 종류의 은유를 말한다. "죽은 혹은 시들은 은유"란 정신도 지루할 뿐만 아니라 가슴과 의지는 "그래서 뭐 어쨌다는 거야?" 하는 부정적 반응을 보이는 은유를 이르는 말이다. 즉 '죽은 은유'란 너무나 상투적이고 진부해서 듣는 사람이 도리어 그걸 말하는 사람을 동정할 지경인 그런 은유다.[22]

은유에 관한 한 가지 흥미로운 사실은, 은유는 제각기 다른 수준에 있는 다른 사람들에게 제각기 다른 방식으로 가 닿는다는 점이다. 한 어린 아이가 시편 23편에 대해 보이는 반응은 산전수전 다 겪은 선교사가 보이는 반응과는 사뭇 다르다. 그러나 둘 다 그 시편이 전하는 은유에 반응한다는 점에서는 같고, 그 반응이 진지할 뿐만 아니라 당사자에게 유익을 가져다 줄 수 있다는 점에서도 같다. 내가 목회하는 교회의 신자들도 자라난 환경이며 아이큐, 교육 수준, 정서적 영적 성숙도가 다 다르다. 그러나 그들 모두가 어떤 은유에 '플러그를 꽂음'으로 해서 영적인 힘을 얻을 수 있다는 점에서는 다 마찬가지다. 은유란 마치 우리 주님께서 입으시던 통옷과 같다. 그 끄트머리만 건드리고도 삶을 뒤집는 변화를 일으킬 수가 있는 것이다.[23]

다음 장에서 후새처럼 '힘있는 말'을 통해 다윗 왕의 인생을 새롭게 했던 또 한 사람의 설교자를 만나도록 하자.

"이야기로 만들어진 사회는…
모든 대답을 가지고 있다고 확신할 수는 없다.
그렇지만 그 사회는 놀라움과 기이함에 귀를 기울이고,
상상력이 넘치는 새로운 생각에 귀를 기울일 것이다."

필립 킨

"성경 해석가들은 설교나 가르침을
논문이나 강의라고 생각한다.
그러나 설교는 이야기나 시를 쓰는 것이다."

릴랜드 라이캔

"…은유가 낡은 것이며
다른 것으로 바뀌어야 한다는 제안에
넘어가선 안된다."

도로시 새이어스

"상상은 모든 사람이 어느 곳에서든지
할 수 있는 인간의 기본적 자질이다."

필립 킨

제 5 장
설교자여, 내게 얘기 하나 들려주시오

"여호와께서 나단을 다윗에게 보내시니"(삼하 12:1). 우리 같으면 이런 명령을 받고 쉽게 수락할 수 있을까? 어쨌거나 다윗은 간음한 자요, 살인자에다 거짓말까지 한 자다. 그리고 자기 죄가 아무에게도 드러나지 않도록 이모저모로 조치를 취해 놓은 터다. 다윗은 하나님께도 죄를 감추려 했다. 하여튼 다윗은 지금 왕으로서 절대 권력을 갖고 있다. 성경을 보면 다윗은 나발을 죽일 때처럼 가끔 혈기에 치우쳐 충동적으로 일을 벌일 수 있는 사람이다(삼상 25장). 그러니 이런 다윗을 상대해야 하는 나단의 과업은 간단한 게 아니다. 어쩌면 마지막 목회 심방길이 될지도 모르는 일이다.

"자기 설교로 다윗을 일깨워 하나님께로 돌아가도록 할 수 있었던 나단은 행복한 설교자"라고 알렉산더 와잇(Alexander Whyte)은 말한다. "사실 나단은 그날 자기 목숨을 걸었다. 그러나 그 결과로 얻은 상급은 큰 것이었다."[1]

전에 한 번도 들어 본 적이 없는 얘기를 듣는 것처럼 나단이 하는 말을 들어 보자.

> 한 성에 두 사람이 있는데 하나는 부하고 하나는 가난하니 그 부한 자는 양과 소가 심히 많으나 가난한 자는 아무것도 없고 자기가 사서 기르는 작은 암양 새끼 하나뿐이라 그 암양 새끼는 저와 저의 자식과 함께 있어 자라며 저의 먹는 것을 먹으며 저의 잔에서 마시며 저의 품에 누우므로 저에게는 딸처럼 되었거늘 어떤 행인이 그 부자에게 오매 부자가 자기의 양과 소를 아껴 자기에게 온 행인을 위하여 잡지 아니하고 가난한 사람의 양 새끼를 빼앗아다가 자기에게 온 사람을 위하여 잡았나이다 (삼하 12:1-4).

다윗에게 말할 때 나단은 아주 현명한 접근을 한다. 사람들은 대개 이야기 듣는 것을 즐긴다. 왜냐하면 한 이야기를 들으면서 자신과 동일시할 수 있는 대상을 발견하기 때문이다. 한번 어떤 이야기에 매료되면, 그 이야기를 통해 자기 발견의 가능성은 무수하다. 나단의 이야기는 비유였다. 비유는 늘 어떤 그림을 보여 주어서 듣는 사람이 자신을 들여다보게 하는 거울이 되고, 종국에는 새로운 것을 내다보는 창이 된다. 우선 비유가 보여 주는 그림 속에서 우리 인생의 어느 단면을 보는 시력(통찰하는 힘)이 작동하다가, 거울에 비친 자신을 발견하는 통찰력이 생기고, 거기서 새롭게 발견한 계시의 창을 통해 주님을 보는 시야가 트이는 것이다. 왕궁을 향하면서 나단은 기도했을 것이다. 다윗이 눈을 떠서 열린 눈으로 자신을 바라보고 판단하여 주님께 회개하고 돌아서도록 말이다.

설교자여, 내게 얘기 하나 들려주시오

　나단이나 후새나 다 아리스토텔레스한테 은유를 배운 전문가로 학위를 받아도 좋을 사람들이다. 듣는 사람들이 귀로 듣는 것을 눈으로도 듣게 하는 선수들이었으니까 말이다. 알다시피 왕이 되기 전, 다윗은 목동이었다. 그러니 나단이 부자의 양떼와 가축이 어떻고 가난한 자의 새끼 암양이 어떻고 하는 얘기를 할 때 얼마나 눈에 선하게 장면을 연상했겠는가? 자기 팔에 새끼 양을 안았을 때의 느낌이 어떤지 다윗은 알고 있었다. 누군가가 양을 도적질하려 할 때 목자가 어떻게 반응하는지도 잘 알고 있었다. 다윗에게 이렇게 들어맞는 이야기도 드물 지경이다.

　이렇듯 다윗은 그림을 너무도 자세히 볼 수 있었다. 그러나 거울을 보는 일은 선뜻 일어나지 않았다. 나단이 "당신이 바로 그 사람이라!" 할 때까지는 말이다. 좌우간 이때를 계기로 나단은 왕에게 설교한다. 이에 다윗은 백기를 들고 새롭게 열린 창을 통해 하나님의 은혜를 보기 시작한다. "내가 여호와께 죄를 범하였노라"는 다윗의 고백이 비로소 터져 나온다. 설교에서 은유를 사용한다고 해서 "주께서 말씀하시길!"이라는 말씀선포를 제멋대로 바꿔도 좋다는 것은 아니다. 앞에서 샐리 맥패그의 말을 인용했던 것을 기억해 보자. 이미지는 개념에 살을 주고 개념은 이미지를 선도(善導)한다는 말. 그래서 개념 없는 이미지는 장님이며 이미지 없는 개념은 불모지라는 말, 말이다.[2] 나단의 이야기는 다윗으로 하여금 우선 어떤 사람의 죄에 분노하도록 만들었다. 그 다음 그 가증스런 자가 바로 다윗 자신임을 일깨우는 설교를 하여 다윗으로 자기 죄를 시인하게 했다. 이렇듯 말씀의 사역에는 이미지와 개념의 균형이 절대로 중요하다.

　그런데 나단의 이야기 속에 들어 있는 상상력이 내게는 무척 매력 있다. 그러니까 우리아의 아내가 다윗이 껴안아 주고픈 새끼 암양이라는 얘기가 아닌가? 그리고 유혹은 느닷없이 찾아온 방문객에 비유되고 있다. 간음에 비유된 것은 빼앗는 강도짓이다. 성적인 죄가 음식을 먹는 행위에 비유되는 것도 무척 흥미롭다. 하기는 이러한 이미지가 나단의 이야기에만 국한되는 것은 아니다. 성경 다른 곳에서도 자주 등장하는 것들이다.

지적한 대로 밧세바는 사랑스러운 새끼 암양에 비유되었다. 이야기에 나오듯 남편은 아내를 그렇게 사랑스럽게 여겨 자기 집과 식탁과 침대 및 품안을 기꺼이 내 주는 대상이었다. 잠언 5장 19절은 아내를 남편을 만족스럽게 하는 사랑스런 암사슴에 비유한다. 데살로니가전서 4장 4절, 베드로전서 3장 7절은 아내를 늘 깨끗하고 아름답게 보존해야 할 그릇에 비유한다. 조심스럽게 다루지 않으면 자칫 깨지고 말 귀한 그릇처럼 아내를 대해야 한다. 이것이 베드로가 하고 싶은 말이리라. 한편 잠언 5장 15-18절의 내용은 신실한 아내와 나누는 사랑을 맑은 샘에서 길어 마시는 물에 비유하면서, 혼외 정사와 간음은 길에 흐르는 도랑물을 들이키는 것이라고 비유한다.

성경에서 양의 이미지는 낯설지 않다. 이스라엘은 여호와의 양떼요(시 74:1; 79:13; 100:3; 마 15:24), 교회는 예수를 목자로 따르는 양떼다(요 10장; 행 20:28-30; 히 13:20). 죄인들은 잃어버린 양이요(사 53:6; 눅 15:4-6), 믿는 자들은 늘 인도와 보호하심을 받아야 하는 여린 양들과 같다(시 23편; 요 10:1-18; 벧전 2:25). 또한 성경은 곤경을 겪는 하나님의 백성을 도살장에 끌려간 양과 같다고 표현한다(시 44:22; 롬 8:36).

유혹 또한 성경에서 여러 가지 이미지로 등장한다. 가인이 받은 유혹은 문앞에 도사린 주린 맹수에 비유된다(창 4:7). 그래서 하나님께서는 그 유혹에 문을 열어 주지 않음으로 죄를 다스리라고 경고하신다. 또한 야고보는 유혹을 덫에 달린 미끼요, 악을 잉태한 자궁에 비유한다(1:14-15; 또한 시 7:14과 사 59:4, 16을 보라). 하지만 나단의 이야기 속에서 유혹은 어느 날 들린 방문객에 비유되고 있다.

이렇게 유혹을 방문객의 이미지를 통해서 생각해 보면, 유혹이 작동하는 방식이 대단히 교묘하다는 사실을 배우게 된다. 즉 방문객은 원래 손님으로 온 사람이지만, 어느덧 그 집안을 좌지우지하는 주인처럼 되기 십상이다. 오죽하면 주인이 남의 양이라도 빼앗아다가 즐겁게 해 줘야 하겠는가! 유혹이라는 방문객을 환영해 들인 것이 죄와 사망에 이르는 첫걸음이다. 유혹을 즐긴 사람은 의당 그 불순한 잔치를 즐긴 대가를 치르게 돼 있는 것이다.

데살로니가전서 4장 6절에서 말하는 간음이나 강도짓도 마찬가지 일이다. 여기서 '해하다'는 동사는 '속여 빼앗다'는 뜻, 그리고 '남을 자기에게 유리하도록 이용하다'라는 뜻도 된다. 희랍어 동사는 '남의 것을 탐하다'라는 뜻이다. 이렇게 남의 것을 불순하게 탐낸다는 점에서 강도짓이나 간음은 마찬가지 행위이다(엡 4:19; 5:3; 골 3:5). 잠언 6장 30-35절 역시 간음을 강도짓에 비유하면서 그 비극적 결말이 어떻다는 것을 묘사한다.

다윗이 밧세바와 얼마나 쾌락을 누렸는지는 몰라도 하나님께서는 그 행위를 하나밖에 없는 다른 사람의 새끼 암양을 빼앗아 먹어 치우는 강도짓과 마찬가지로 보셨다. 생각해 보면 어쨌거나 썩 유쾌한 그림은 아니다. 성경에서 죄는 종종 먹는 행위와 결부된다. "음녀의 자취도 그러하니라 그가 먹고 그 입을 씻음같이 말하기를 내가 악을 행치 아니하였다 하느니라"(잠 30:20). 욥기에서 소발은 죄인이란 죄의 단맛을 즐기면서, 그것이 가져다 줄 병은 생각하지 못하는 자로 말한다(욥 20:12-19). 엘리바스 역시 "악을 짓기를 물 마심같이 하는" 사람 운운의 표현을 말한다(욥 15:16).

인류 최초의 유혹 또한 보암직하고 먹음직도 한 열매, 즉 먹을 것과 관련되어 있다(창 3:6). "도적질한 물이 달고 몰래 먹는 떡이 맛이 있다"고 어리석은 자는 말한다(잠 9:17; 20:17). 잠언 9장은 지혜와 어리석음을 모두 음식을 준비하는 여인에 비유한다. 그런데 어리석은 여인이 차린 상은 거기서 먹는 사람을 죽게 하는 결과를 낳는다. 간음하는 여인의 입술은 꿀처럼 단 말을 꺼내지만, 결국 그 단맛은 쓴맛으로 바뀌고 만다(잠 5:3-4). 음탕한 여인은 홀리면서 말하기를 "오라 우리가 아침까지 사랑을 깊이 마시자" 한다(잠 7:18, 한글 개역본에는 이 부분이 "오라 우리가 아침까지 흡족하게 서로 사랑하며 사랑함으로 희락하자"로 되어, 먹는 이미지와 죄의 연관성이 잘 드러나 있지 않다. -역자주). 반면 결혼으로 누리는 깨끗한 사랑은 아가 4장 10-15절이 잘 묘사하고 있다. 여기서는 포도주, 꿀, 우유, 물, 향기로운 열매 등이 결혼의 즐거움을 그리기 위해 동원된다.

나단이 말한 비유는 간단하다. 그러나 이 간단한 비유가 다윗 왕의 마음 화랑에 만들어낸 이미지는 풍부하다. 그래서 다윗이 미처 의식하지 못하는 사이에 나단의 이야기는 그의 내면에 조용히 파고들었다. 그 자신 일찍이 목동이었던 탓에 다윗은 얘기를 들으면서 얼른 양을 빼앗긴 사람의 심정을 헤아렸다. 그리고 왕으로서 다윗은 남의 양을 뺏어 죽여 버린 자의 부당한 행위에 격분했다. 남편으로서 다윗은 결혼으로 누리는 사랑의 축복이 어떠한 것인지 모른다 할 수 없었다. 그리고 한 인간으로서, 또한 한때는 광야를 떠돌던 도망자로서 다윗은 배고픔과 갈증이 해소될 때의 기쁨이 어떻다는 걸 안다. 손님을 맞이해서 즐기는 시간이 무엇과 같은지 모르지 않는 다윗이다. 이같은 이미지들이 효과적으로 켜켜이 쌓여 마침내 다윗을 향해 나단은 "당신이 바로 그 사람!"이라고 일갈(一喝)한 것이다.

하지만 나단이 다윗한테 죄가 어떻고 결혼, 불의가 어떻고 하는 주제를 추상적으로 다루는 교리 설교를 했다면 어떻게 됐을까? 그 설교를 듣고 다윗이 회개할 수 있었을까? 모르긴 해도 그런 반응은 나오지 않았을 것이다. 추상적 개념이 다윗의 머리에는 닿았을는지 모르지만, 그의 가슴은 요지부동이었을 가능성이 높다. 나중에 살펴보겠지만 상상은 한 사람을 빚어내고 그 인생을 변화시키는 데 강력한 역할을 한다. 월터 브루그만(Walter Brueggemann)이 한 말이 있다. "딱딱한 윤리를 가르치려면 시적이고 예술적인 말에 의존하지 않으면 안된다. 그래야만 듣는 사람에게 변화를 일으킬 수 있다. 그런 의미에서 순종은 늘 상상과 연결될 때만 일어난다."[3] 옳은 말이 아닐 수 없다.

'듣는 사람에게 변화를 일으킴' 이야말로 설교가 겨냥하는 모든 것이 아닌가? 즉 설교자가 하는 말을 듣되 귀로 들은 것을 '눈으로 봄'으로 청중이 진리를 '보고', 마침내 자기 인생의 변화를 원하도록 하는 것 말이다. 다윗을 회개시키는 일이 간단한 일이 아니었건만 바람직한 변화가 일어났다. 그렇다면 같은 일이 어떤 사람에게도 일어날 수 있다고 믿어야겠다. 하나님의 은혜로…

"단순하게 설명된 사실은 건조하다.
사실 자체는 사람의 관심을 끄는 사람을 위한
수단이어야 한다.
사람이 빵을 달라고 요구할 때,
사실을 단순히 설명하는 것은
돌을 주는 것과 같다."

헨리 데이비드 소로우

"나는 의사소통에 신중을 기한다.
언어가 지식전달만을 위해서 존재하면,
그것은 죽은 것이기 때문이다."

리차드 휴고

제 6 장
강단에 춤추는 해골, 좌석에 늘어진 송장

대처(Thatcher) 할머니는 주일날 아침 늘 앉는 교회 좌석에 앉았다. 피아노가 놓인 쪽으로 뒤에서 다섯번째 줄, 할머니가 30년을 한결같이 가 앉는 자리였다. 좀 불편한 걸음으로 좌석에 가 앉는 동안, 보는 사람마다 할머니에게 안녕하시냐, 어떻게 지내시냐는 등 인사를 했다. 그러면 할머니는 그저 "네, 잘 지내요, 잘 지내고 있습니다" 하는 말을 건성 반복할 따름이다.

그러나 할머니가 실제로 잘 지내는 것은 아니었다. 평상시와 마찬가지로 아직도 교회라고는 아무 관심도 없는 남편이 자기를 놔두고 교회에 간다고 못마땅해 하면서 몇 마디 던진 욕설이 아직도 할머니 귀에 쟁쟁하다. "아예 교회에 가서 살지 그래!" 주일날이면 으레 남편한테 이 말을 들어야 했다. 등뒤에서 문짝이 부서져라 닫히는 소리를 듣는 것이 다음 순서다. 불행히도 그게 다가 아니다. 오

상상이 담긴 설교

늘 따라 몸이 쑤시는 데가 늘었다. 다음 수요일에 의사를 만나면 뭔가 나아지겠지… 할머니는 겨울이 다가오는 게 끔찍하기만 했다. 그저 연료비가 턱없이 오르지 않기만 바랄 따름이다. 주님이 아니었다면, 그리고 큰 글자로 인쇄된 성경과 믿는 친구들이 없었다면, 할머니는 일찌감치 인생을 포기했을지도 모른다.

목사님이 설교시간에 단상에 오르자 대처 할머니는 조용히 속으로 기도했다. "아버지 하나님, 오늘 목사님을 통해서 뭔가 저한테 특별한 말씀을 주셨으면 합니다. 전 지금 그게 필요해요!" 그날 성경 본문은 창세기 9장이었다. 목사님의 창세기 강해 시리즈 스물 두번째 메시지이기도 했다. 목사님은 이 시리즈를 "맨 처음에서 시작하기"(Beginning at the Beginnings)라 붙였다(그러나 어떤 교인들은 목사가 "맨 끄트머리에서 끝나기"를 고려해야 하지 않을까 생각하고 있는 실정이다). 오늘 설교 제목을 보니 "하나님께서 노아에게 말씀하시다"였다. 본문을 낭독한 목사는 자신의 아카데믹한 연구 자세를 좀 자랑하는 듯한 태도로 그날 메시지의 개요를 말하기 시작했다.

1. 나타난 피조 세계의 모습 (9:1-3)
2. 심판의 주요 내용 (9:4-7)
3. 약속된 계약 (9:8-17)
4. 육욕(肉慾)의 사건 (9:18-23)
5. 예언된 사건의 대가 (9:24-29)

몇몇 교인들은 의무감에 떠밀려 주보 뒷면에 이 개요를 받아 적었다. 그러나 할머니는 실망감에 한숨부터 나왔다. "지난주와 비숫한 타령이겠군!' 할머니는 등을 좌석에 기댔다. 그때부터 아예 마음을 꺼버리고 설교를 듣지 않으면서, 남편이 속을 헤집어 놓기 전까지 읽었던 시편을 묵상하기 시작했다.

몇 주 후 목사님이 지방회의에 참석하는 일이 생겼다. 그래서 담임목사 대신 남미 안데스 산맥 인근에서 오랫동안 선교사로 일했던 은퇴한 선교사가 설교를 맡게 됐다. 공교롭게도, 아니면 섭리였든지, 선교사가 택한 설교본문은 창세기 9장이었다. 설교 제목은 "늘 무지개를 찾으라" 였다. 대처 할머니 생각에 설교 제목부터가 제법 흥미로웠다.

선교사는 선교지 어느 산중에서 만났던 지독한 비바람을 얘기하면서 설교를 시작했다. "노아가 우리와 같이 있었으면 싶을 지경이었습니다. 노아라면 그 빗속에서도 뭔가 할 수 있지 않겠어요?" 그의 은근한 농담에 교인들이 쿡쿡거리며 웃었다.

그래놓고 선교사는 우리 인생에 닥치는 비바람에 대해 말하기 시작했다. 그 음성 자체에서 동정심과 이해를 느낀 교인들은 선교사 자신이 인생 풍파를 적잖이 겪은 사람임을 알 수 있었다. "비바람은 우리 인생의 일부입니다. 하나님께서 인생을 그런 식으로 만드셨어요." 그리고는 이렇게 말을 잇는다. "하지만 여러 해 동안 저에게 도움이 됐던 비밀 하나를 저는 터득했습니다. 그 비밀은 지금도 저에게 큰 도움이 되고 있습니다. 그것은 바로 늘 무지개를 찾으라는 것입니다! 이 세상 말에도 궂은 일에서 좋은 면을 찾으라든지 '무지개 저편 어디' 를 말하긴 합니다. 그러나 우리 그리스도인들은 그보다 훨씬 좋은 것을 갖고 사는 사람들입니다. 여러분, 성경에서 무지개를 본 세 사람이 누구누군지 아십니까?"

선교사는 노아를 풍파 이후에 무지개를 본 사람으로 말했다. "어쩌면 여러분 가운데는 지금 비바람 한가운데를 거치고 계신 분들도 있을 겁니다. 도대체 주님은 내 생각을 하기라도 하시는지 의심하면서 말이죠. 그분을 신뢰하십시오! 언젠가 여러분이 무지개를 볼 날, 그래서 주님께서 나를 향한 당신의 계획에 늘 충실하셨음을 깨닫는 그 날이 분명히 옵니다!"

선교사는 교인들에게 에스겔 1장을 펴 보라고 했다. 그리고 비바람 한가운데서 무지개를 본 사람, 에스겔을 말하기 시작했다. 에스겔이 살던 시대는 암울했다. 바벨론으로 포로로 끌려간 형편이요, 예루살렘 성과 성전이 죄다 파괴된 시대였기 때문이다. 그러나 그런 시대에도 하나님은 보좌에 계신 분이셨다. "비바람이 몰아치고 있는데 눈을 감고 안 본다고 해서 비바람이 사라지는 건 아닙니다." 선교사가 말했다. "그러나 그 한가운데서라도 여러분은 무지개를 찾을 수가 있는 겁니다. 무지개는 바로 비바람 한가운데 있더라는 사실입니다!"

무지개를 본 성경의 세번째 인물로 선교사는 요한계시록 4장 1-3절의 본문을 펴서 사도 요한을 가리켰다. "노아가 비바람 이후에 무지개를 봤고 에스겔이 비바람 한가운데서 무지개를 봤다면, 사도 요한은 비바람 이전에 무지개를 본 사람입니다. 봐도 무지개의 휜 일부만 본 것이 아니라 아예 원을 통째로 본 사람이라 할 수 있습니다. 요한은 하나님께서 보좌에 앉으신 모습을 보았습니다. 즉 모든 것이 그분의 손안에 달려 있음을 본 것입니다." 선교사는 요한계시록 6장으로 가서 예수께서 보좌에 앉으신 모습을 말하면서 복음을 설교하기 시작했다.

강단에 춤추는 해골, 좌석에 늘어진 송장

마침내 성경을 덮은 선교사는 열심히 귀기울여 듣는 교인들에게 미소를 지어 보이며 말했다. "사랑하는 여러분, 저와 여러분은 천국에 이를 때까지는 늘 비바람을 경험할 것입니다. 천국에 가서라야 모든 비바람은 그치겠죠. 그러니 여러분, 비바람이 닥치리라 예상하며 살아야겠죠. 그러나 두려워하지는 마십시오. 하나님께서는 늘 신실하시기 때문입니다. 오늘 하나님께서 우리에게 주시는 메시지를 잊지 마시기 바랍니다. 늘 무지개를 찾으라! 변치 않는 하나님께 기대시기 바랍니다. 그분은 어떤 때 비바람 이후에 무지개를 보여 주실 것입니다. 어떤 때는 비바람 한가운데서 보여 주실지도 모르죠. 또한 비바람 이전에 아예 볼 수도 있을 것입니다. 그러나 변치 않는 사실 하나는 하나님이 늘 무지개를 보여 주시리라는 것입니다."

느릿느릿한 걸음으로 집에 가면서 대처 할머니는 생각했다. '흠뻑 영양분을 받아먹은 것같은 기분, 이렇게 흡족한 기분은 왜일까? 왜 이렇게 내 마음이 평화롭고 기쁜 걸까? 집에서 남편을 만나는 일도 겁이 안 나고 의사를 만날 일도 겁이 안나니…대체 무슨 일이 일어난 거지?

대처 할머니뿐만 아니라, 다른 교인들, 제단에서 봉사하는 십대 학생들까지 이날 하나님을 만나고 돌아간 기분을 느꼈다. 무슨 일이 일어난 걸까? 물론 이날도 가르침이 있었다. 하지만 담임목사는 늘 성경 지식만을 잔뜩 가르쳤다. 가끔씩 히브리어와 헬라어를 섞어서… 의지를 바꾸라는 도전 역시 평소와 마찬가지로 오늘도 있었다. 그러나 오늘 교인들은 설교자가 도전한 바를 정말 원해서 실천하고픈 마음이 일었다. 그리고 신실하신 하나님을 신뢰한다는 일이 무척이나 당연하고 자연스런 일이라 느꼈다. 이 선교사의 설교는

상상이 담긴 설교

뭐가 달랐던 걸까? 그는 교인들의 상상력을 자극하고 먹였던 것이다.

상상에 주림과 불순종

설교사역에 관한 한 담임목사는 강단에 해골을 갖다 세우고 좌석엔 송장으로 가득차게 하는 결과를 낳고 있다. 도대체가 개요 말고는 성도들이 씹고 자시고 할 꺼리가 들어 있지 않은 설교니 말이다. 반면 선교사는 개념과 이미지를 적절히 배합해서 듣는 사람들의 귀가 눈이 되어 진리를 볼 수 있도록 하는 설교를 했다. 이렇게 진리를 보게 하는 설교를 들은 사람들은 상상이 정화되고, 또 좋은 자양분을 공급받아 영적으로 흡족함을 맛볼 뿐만 아니라 깨달은 진리대로 살고자 하는 기운을 북돋을 수 있는 것이다.

통계적으로 증명할 길은 없지만 내 생각에 대다수 교인들이 상상을 채워 주는 설교에 주려 있다. 하긴 교회 바깥의 사람들도 사정이 크게 다르지 않다. 어떤 의미로 우리 사회 전체가 상상의 기근이라는 만성병을 앓고 있다고 해도 과언이 아니다. 오늘날 교회가 설교하는 것과 실제의 행동 사이엔 큰 괴리가 있다. 이것이야말로 상상의 기근이 빚어내는 한 현상이라고 말할 수 있다. 소위 '종교적인 죄'와 제대로 양분을 공급받지 못한 상상은 늘 나란히 간다.

최근 언론은 무슨 유행처럼 지도자들의 은밀한 죄를 파헤쳐 보도하고 있다. 아직도 그 흐름은 끝나지 않은 것. 기자들은 성직자의 공금 횡령, 사기 사건, 혼외 정사, 미성년자 간음 행위까지 속속들이 파헤쳐 알리는 데 열심이다. 하지만 언론에 보도되는 것은 그야말로 빙산의 일각이다. 오랫동안 교회 생활을 하며 자신을 그리스도인이라 고백하는 데 아무 망설임이 없는 신자들 가운데 남한테 쉬쉬하는 소문 한 둘쯤 안 들어 본 사람이 있겠는가? 복음주의적이라 자처하는 교회에서 어릴 때부터 성경적 설교를 들으며 자란 사람들 가운데도 남몰래 음란한 죄를 범했거나 범하고 있다고 시인하는 사람들이 적잖다. 교회에서 청소년부를 지도하는 어느 지도자가 나에게 이런 말을 했다. "제가 가르치는 십대 아이들은 자기가 구원받은 그리스도인이라고 쉽게 말하죠. 하지만 걔네들이 구원받았다면 아마 허리 위만 구원받았다는 말일 겁니다."

도대체 그리스도인이라고 자처하는 사람들이 교회에 의무적으로 출석해서 소위 성경적이라는 설교를 꼬박꼬박 듣는데, 교회 밖에 나가서는 믿지 않는 사람들이나 다름없이 사는 이유는 뭘까? 목회자들이 딜레마에 빠져 고민하는 이유가 여기에 있다. 도대체 연구하고 기도하고 설교해서 얻는 게 뭐냐? 이런 회의를 피할 수가 없는 것이다. 사실 간단한 답이 있을 수 없다. 하지만 나는 그 한 가지 이유가 교인들이 너무나 상상에 주려 있기 때문이 아닌지 하는 의심을 떨쳐 버릴 수 없다. 이 사람들은 성경도 많이 배우고 설교도 줄곧 듣지만, 한 번도 성경의 진리가 그들의 상상에까지 미치는 법이 없이 끝나기 때문이 아니냐 이런 말이다. 머릿속에 성경 지식을 차곡차곡 쌓고 누가 물어 보면 그런 지식을 선뜻 꺼낼 수 있을 정도로 배우지만, 하나님과 그리스도인 생활에 관한 진리가 그들의 상상에까지는 전혀 영향을 못 미치고 있는 현실! 물론 불순종 행위의 책임이야 당사자가 져야 마땅하다. 하지만 하나님의 진리를 흥미진진하고 개개인의 가슴에 닿도록 선포하지 못한 책임은 설교자들이 져야 한다. '말씀을 듣는 사람'이 '말씀을 행하는 사람'으로 되지 못하는 까닭은 '말씀을 듣는 행위'가 '말씀을 보는 행위'로 전환되지 못하는 데 있다.

『상상을 배운 사람』(The Educated Imagination)이라는 책에서 노드롭 프라이(Northrop Frye)는 이렇게 말한다. "한번 멈춰서 생각해 보면, 우리 사회 생활 전체가 이 상상에 근거하고 있다는 사실을 깨닫게 된다…실제로 우리가 하는 행위 전부는 감정과 지성의 결합물이며 상상이 끼지 않고서는 작동이 되지 않는 그런 것이다."[1] 성경은, 상상이 어머니의 자궁과 같아서 우리 삶을 이끄는 온갖 이미지들을 낳는 기능을 한다는 사실을 이모저모로 보여 준다. 만일 우리가 어떤 유혹에 굴복한다면, 그것은 유혹이 가져다 줄 것같은 즐거움을 상상하는 데서 미끼에 걸려든 탓이라는 얘기다. "욕심이 잉태한즉 죄를 낳고 죄가 장성한즉 사망을 낳느니라"(약 1:15).

'악을 잉태하고 해산'하는 일은 실제로 가능하다(시 7:14). 이때 유혹을 잉태시키는 자궁은 바로 상상이다. "그들은 악한 생각을 배고 불의를 낳으며 마음에 궤휼을 예비한다 하였느니라"(욥 15:35). 이와 비슷한 말이 이사야 59장 4절에서도 나온다. 하지만 상상이 거룩하고 아름다운 것을 잉태하는 자궁이 될 수도 있다! 한번 하나님의 말씀의 진리가 듣는 사람들의 상상에까지 미쳐 그들로 보고 느낄 수 있게 파고들면, 성령께서는 우리의 설교를 사용하셔서 내면을 변화시키시며, 마침내 영적인 성품을 개발하도록 일하실 수가 있는 것이다.

균형 잡힌 설교와 균형 잡힌 영적 성장

『정신요법에 있어 은유와 의미』(Metaphor and Meaning in Psychotherapy)라는 흥미진진한 책을 쓴 엘런 시글먼(Ellen Y. Siegelman)은 정신요법에 의한 환자 치료와 은유의 관계를 집중적으로 탐구한다. 그래서 인간 내면은 감동받고 이해하는 일이 생기지 않는 한 절대 변하지 않는다는 것이 이 책의 지론이다. 그런데 내가 믿기로는 이 이해와 감동이 일어나는 과정을 매개하는 것이 바로 상상이요 은유적 이미지들이다. 시글먼 박사는 또 이렇게 쓴다. "감동이 없는 채로 무얼 인지한다는 것은 단순한 지적 작용일 뿐 수명도 그리 길지 않다. 한편 인지함이 없이 감동하기만 하는 것은 정처없이 떠도는 감정의 한 상태에 불과하다."[2]

> 이를테면 오른쪽 뇌의 신앙이 열기를 낳게 한다면, 왼쪽뇌의 신앙은 빛을 낳게 한다고 말할 수 있다. 그런데 이 둘이 결합되는 자리가 바로 상상이라는 말이다. 그러길래 감정과 지성뿐만 아니라 상상이 들어가야 그 설교가 균형 잡힌 영적 성장을 가능케 하는 설교가 된다.

이 말이 무슨 뜻인지 좀더 음미해 설교에 적용해 보도록 하자. 한 사람의 일생이 순탄하고 또 의미 있으려면 그 사람의 지성과 감정이 하나여야지 분열되면 못 쓴다. 그런데 이 지성과 감정이 하나 되는 것은 적어도 부분적으로는 상상에 힘입어서이다. 만약 어느 종교가 천박하고 제멋대로인 감정 체험을 강조한다면, 위의 표현대로 '정처없는 감정의 한 상태'로 떨어지고 만다. 그래서 그런 신앙을 가진 사람은 롤러 코스터처럼 하루는 기분이 최고였다가 하루는 완전히 바닥으로 지낼 수밖에 없다. 그리고 그 정도도 날이 갈수록 심해지기가 십상이다. 반대로 차갑고 냉철한 인식만 강조하여 자로 잰 듯한 신앙을 강조해도 문제다. 이런 신앙 태도는 살아 계신 하나님을 믿는 신앙에 필연적으로 따르기 마련인 흥분과 기쁨을 질식시키기 때문이다.

　이를테면 오른쪽 뇌의 신앙이 열기를 낳게 한다면, 왼쪽뇌의 신앙은 빛을 낳게 한다고 말할 수 있다. 그런데 이 둘이 결합되는 자리가 바로 상상이라는 말이다. 그러길래 감정과 지성뿐만 아니라 상상이 들어가야 그 설교가 균형 잡힌 영적 성장을 가능케 하는 설교가 된다. 앞서 대처 할머니는 단순히 주보 뒷면에 적은 설교개요를 읽는 것과 거센 비바람 속에서 무지개를 보는 것이 얼마나 엄청나게 다른지 체험했던 것이다.

　인격적 도덕성이 우리 내면에서 이미지를 만들어내는 작용, 즉 상상이라 부르는 그 정신 기능과 무관하다고 생각해서는 안된다. 어떤 그리스도인도 자기 내면의 화랑에 걸린 그림이 갖고 있는 아름다움 이상으로 성장하지 못한다. 나는 필립 키인(Philip Keane)이 "왼쪽뇌(논리적 원칙을 갖는 것)와 마찬가지로 오른쪽뇌(상상을 통해 보는 것)를 위한 윤리 신학이 필요하다"[3]고 한 말에 전적으로 동의한다. 난잡한 성생활과 에이즈에 대해 아무리 강연을 하고 경고해도 사람들의 태도와 습관이 별반 달라지지 않는다는 사실은 주목할 만하다. 사람들은 이런 문제를 감각적으로 접근하지 머리로 접근하지는 않는다. 왕 노릇 하는 것은 상상이고, 이성은 지하 감옥에 갇혀 꼼짝도 못하는 격이다.

　"진주빛 문" 스캔들로 한창 떠들썩하던 시기에 한 기자가 텔레비전에 나와 문제의 방송 설교가에 대해 보도하면서 "『엘마 간츄리』(Elmer Gantry)가 현실로 벌어지고 있었던 셈"이라는 표현을 썼다. 『엘마 간츄리』는 1927년도에 나온 싱클레어 루이스의 소설을 말한다. 어느 위선적인 설교가가 이중 생활을 하면서 신앙을 보호막으

강단에 춤추는 해골, 좌석에 늘어진 송장

로 이용하는 이야기의 소설이다. 하지만 나는 기자가 그 말을 할 때 "기자 양반, 책을 잘못 골랐시다!" 했다. "『엘마 간츄리』 같은 구석도 아주 없진 않은데, 내 보기엔 차라리 『도리언 그레이의 초상화』 (The Picture of Dorian Gray) 쪽이 더 가까운 걸" 하는 것이 내 반응이었다.

　도리언 그레이는 런던에 사는 잘 생긴 부자 청년이다. 그런데 그는 젊음과 용모를 유지하기 위해 악마에게 자기 혼을 팔아 버린다. 그래서 그는 갈수록 사악한 사람으로 바뀌어 갔는데, 그러한 변모와 아울러 자기 초상화의 모습도 갈수록 흉하게 변하더라는 사실을 어느날 발견하게 된다. 도리언은 아예 초상화를 다락방에 처박아두고 문을 잠가 버린다. 죄 없는 사람 몇몇이 도리언의 악마 같은 삶 때문에 희생되고 심지어 죽임까지 당한다. 이와 더불어 감춰 둔 초상화의 얼굴은 도리언의 영혼의 상태를 반영하듯 더욱 흉측하게 변한다. 마침내 도리언은 그 초상화를 없애 버려야겠다고 결심한다. 그가 초상화를 칼로 찌르자 초상화의 얼굴은 원래의 잘 생긴 청년의 모습으로 돌아온다. 하지만 도리언 그레이 자신은 바닥에 쓰러진 시체로 발견된다. 바짝 마르고 추한 노인의 모습으로 가슴에 칼을 박은 채.

　이 오스카 와일드의 소설에서 사람들이 받는 메시지는 다양하다. 하지만 내게는 그 소설 전체가 상상, 즉 우리 마음의 화랑에 관한 우화(알레고리)처럼 들린다. 요한일서 1장의 메시지가 한편의 드라마로 펼쳐진 작품으로 보인다. 요한일서 1장은 사실로는 어둠 속을 걷는 생활을 하면서 하나님께 순종하는 척하지 말라는 메시다. 우리가 그렇게 가면을 쓰면 쓸 수록 우리 실제 성품도 그렇게 빛이 어

상상이 담긴 설교

둠으로 화하듯 바뀌게 된다는 경고이기도 하다. 그러나 진실은 드러나게 마련이다. 은밀한 다락방에 걸린 초상화가 자신의 진짜 모습인 한 언젠가 그 잠긴 문은 열리고 만다.

은유가 한 사람의 도덕성에 끼치는 힘은 얼마나 큰지 모른다. "도덕에 필요한 은유"(The Moral Necessity of Metaphor)라는 글에서 소설가 신시아 오지크(Cynthia Ozick)는 이렇게 말한다. "은유는 우리의 도덕적 본성이 행위로 이어지는 데 필수불가결하다…우리가 삶을 진지하게 살면 살 수록 은유가 없이는 안된다는 것을 절감하게 된다."[4] 하비 콕스는 여기 이렇게 썼다. "마음으로 그리고 상징화하고 또 세계관을 빚어내는 작용은 인간 성장의 매단계에 있어 한 개인이 도덕을 내면화하는 과정에 늘 개재(介在)하고 있다. 사람들이 윤리적 선택을 할 때는 세계가 어떠하며 자신이 어떻게 행동하는 것이 그 세계의 모양과 적절한지, 대개의 이런 경우 사람들은 좀 모호한 예측에 근거해서 한다."[5]

설교는 듣는 사람들이 자기 마음의 화랑을 '거룩한 아름다움'으로 채울 수 있는 그림을 주어야 한다. 설교를 들으면서 하나님의 영광스런 진리와 주님의 아름다움을 봄으로 해서, 자신의 마음을 통해서 보는 거룩함으로 잣대 삼아 삶을 건설하도록 하는 것이라야 한다. 그저 성경을 지식적으로 설명하고 거기 순종하라고 권유하는 것으로 끝나면 안된다. 헬포드 루콕이 한 말을 기억해 보라. "설교의 목적은 사람들이 그 설교가 얼마나 합리적인가를 알게 하는 데 있는 것이 아니라, 그 설교를 통해 무언가를 보게 하는 데 있다"[6]는 말이다.

월터 브루그만이 다음과 같이 우리 모두에게 해당되는 말을 했다. "대개의 경우 내가 필요한 것은 새로운 충고가 아니라 아는 것을 행할 힘이라는 사실을 갈수록 깨닫고 있다. 새로운 정보가 더 필요한 것이 아니라 이미 아는 것을 시도할 용기가 필요하며, 내가 이미 복음에서 배워 알고 있는 것을 행하고자 하는 스스로의 자유와 승인이 필요하다."[7] 그렇게 하겠다는 의욕을 북돋아 주지 않으면서 무엇무엇을 해야 한다는 당위만 얘기하는 것은 사람들에게 짐만 잔뜩 지워 주는 일이다. 서기관과 바리새인들이 한 일이 바로 그것이다. 하지만 예수님은 달랐다(마 23:1-4).

　브루그만은 이렇게 덧붙였다. "우리 인생에서 가장 깊은 곳, 무엇을 거절하고 무엇을 끌어안을지 결정하는 그곳은 지식만 가르쳐서 닿지 않는 곳이다. 오직 세계를 이렇게 저렇게 그려 주는 이야기와 이미지, 은유가 우리가 가진 두려움이나 상처에 영향받지 않고 작용할 때, 닿는 곳, 바로 그곳이다."[8] 예수님께서 왜 그렇게 자주 "하나님의 나라는 이와 같으니…" 하면서 이야기를 하셨는지 이해가 갈 것이다. 그리고 예수님께서 그런 식으로 하나님의 말씀을 선포하셨을 때 왜 그토록 사람들이 즐겁게 듣고 삶을 변화시켰는지 알 수 있다.

"텔레비전은 눈을 위해 껌을 씹는다."

프랭크 로이드 라이트

"텔레비전 시대에 이미지는 실체보다 더 중요하다."

헤야카와

"나는 텔레비전이 매우 교육적임을 발견한다.
그러나 누군가가 텔레비전을 틀 때마다
나는 다른 방으로 가서 책을 읽는다."

그루초 막스

제7장
숨은 파괴자들

왜 사람들은 그토록 상상에 주려 있을까? 우리 설교자들이 핏기 없는 해골 같은 설교를 하니까 그렇다. 하지만 그게 전부는 아니다. 사람들은 교인이 되기 전부터 이미 상상에 주려 있다. 이 기근의 원인은 무엇일까?

사회학자 로버트 벨라(Robert H. Bellah)가 미국 역사에 대한 해석을 내리면서 한 가지 대답을 내놓는다. 그에 의하면 미국 사회는 초창기부터 시(詩)적인 것은 버리고 실용적인 것을 추구한 사회라는 것이다. 그 바람에 미국 사회 전체가 상상이 '말라 비틀고' 말았다는 것이다.

로버트 벨라는 조나단 에드워드를 "20세기 이전 개신교 신학자로는 유일하게 기독교 전통에서 상상의 원천을 자유로이 꺼내 쓸 수 있었던 마지막 인물이다. 그는 독특한 방식으로 상상을 사용한,

미국의 부흥회 설교 스타일 초창기의 인물"이라고 평한다. 하지만 이 조나단 에드워드 이후로는 "지성과 감정 모두에 호소하는 설교 유형이 점점 사라졌다"는 것이 그의 해석이다. 그 하향 추세를 로버트 벨라는 "미국 개신교 내에서 상상이 점진적으로 말라붙는 과정"[1]이라고 표현한다.

    무엇이 미국 개신교 내에서 상상을 말라붙게 했을까? 벨라는 그 원인을 미국 사회가 과학과 이성만을 지나치게 강조한 데서 찾는다. 그 결과 "서구의 시와 종교 세계에서 오래도록 자양분을 공급받던 비전"[2]이 고갈돼 버렸다는 것이다. 그래서 사실과 사실 배후에 있는 진리(샐리 맥패그가 '개념'과 '이미지'로 구분한 것과 마찬가지) 양편을 모두 보려는 시각이 사라지고, 미국인들은 과학적, 기술적, 실용적, 금전적 이익이 생길 만한 것에만 눈을 돌리게 됐다는 진단이다. 이렇듯 미국인들이 내적 시각을 잃으면서 마침내 윌리엄 블레이크가 말한 바 "뉴톤적 세계관의 단순성"[3]의 희생자들로 전락했다. 불행히도 이 실용주의적 태도가 교회에마저 영향을 끼쳐 교회도 피조 세계를 성례전적 관점으로 보는 시각을 상실하고 소위 '과학적인' 외양으로만 파악하게 된 것이다.

    신학적 관점에서 이를 표현해 보면, 이는 옛날 이스라엘 사람들이 참 하나님에게서 돌아서서 우상을 섬기던 죄의 복사판이라고 할 수 있다. 이스라엘 사람들도 피조 세계를 성례전적으로 바라보지 못하고, 선물을 주신 분보다 선물 자체에 더 관심을 두는 잘못을 범했다. 이렇게 되면 사람들은 하나님 아닌 어떤 것에 의존해서 살아가는 태도와 아울러, 세계를 거기서 보물을 찾아내야 할 장소로 본다. 정작 그 보물을 주신 하나님은 까맣게 잊으면서 말이다. 이런 태도로는 그저 소비자로서만 존재할 수 있을 뿐 청지기 의식 같은 건 사라지고 만다. 옛날 이스라엘의 우상숭배는 말하자면 '소비 정신'의 고대판이라고 말할 수 있다. 그런데 지금 우리도 이 '소비 정신'의 영향 아래 살고 있다.

오스왈드 챔버스(Oswald Chambers)는 우상숭배와 주린 상상의 관계에 대해 다음과 같은 말을 했다.

> 이사야 시대의 이스라엘 사람들은 우상의 얼굴을 쳐다보면서 상상에 주려 했다. 그런데 이사야는 그들로 하여금 우상에게서 시선을 떼고 하늘을 바라보게 했다. 그렇게 해서 온당하게 상상력을 발휘할 수 있게 하였다. 신앙인에게 자연은 하나님을 만나는 성례전의 장소다. 그런 의미에서 하나님의 자녀인 우리는 자연 안에서 엄청난 보화를 볼 수 있다.[4]

간단히 말해서, 오늘날은 설교하는 사람이나 설교를 듣는 사람이나 죄다 상상을 경시하고 파괴하는 요즘 사회 흐름의 희생자들이다. 그러니 이런 시대, 이런 사회에서 건강한 상상이 거저 얻어질 리 만무하다. 지금도 우리는 하나님의 창조물로서 이 세계를 바라보는 관점을 놓치고 있다. 우리는 상상력의 기능을 부식시키는 인공 이미지들로 속사람을 해하고 있는 실정이다. 상상에 주려 하는 사람들도 무엇이 문젠지 모르는 경우가 대부분이다. 그러다 보니 문제를 해결해 보려다가 진창에 발을 들여놓게 되는 경우도 많다.

기술과 소비만을 중시하는 서구 사회의 경향이 온갖 산업을 탄생시켰다. 그리고 이러한 산업 발전은, 어느 쇼 사회자가 "슈퍼맨" 시리즈를 논평하면서 지적한 대로, 소위 '미국식 생활 방식'을 낳는 토대가 되었다. 그런데 이런 산업들이 인간 상상의 욕구를 인

상상이 담긴 설교

공적으로 충족시키는 가짜 환경을 만들어, 정작 하나님이 창조하신 진짜 세계를 즐기지 못하게 하였다. 여기에 문제가 있다. 하나님 없이 즐기는 것은 우리를 메마르게 한다. 하지만 하나님과 더불어 즐기는 것은 우리를 풍요롭게 한다.

기술 세계가 빚어내는 환경이란 조작된 체험의 세계다. 그리고 이 세계는 지갑도 비우지만 상상도 빈곤하게 만든다. 돈만 있으면 어떤 종류의 체험도 가능하다. 이것이 오늘 세상의 풍경이다. 중세의 성에서 하루를 보낼 수도 있고, 우주선에 올라탄 듯한 체험도 할 수 있다. 어떤 상품이나 서비스가 그 자체 품질을 근거로 사람들에게 다가오기보다는 조작된 광고 이미지로 다가온다. 사내답게 생긴 카우보이가 담배를 멋있게 물고 말을 달리는 모습, 벽난로 옆에 앉아 무드 있게 위스키를 한 잔 마시는 사업가, 섹시하게 생긴 여인이 미끈한 새 자동차에 기대는 장면 따위… 전에 광고 회사 간부로 일한 제리 맨더(Jerry Mander)는 이런 말을 했다. "광고는 거울로 된 세계를 만들어 고객에게 제시하여 고객이 그 거울을 보고 거기 비치는 세계에 적합한 자기 이미지를 새롭게 얻도록 하는 데 있다."[5]

스위스의 소설가이자 희곡 작가인 막스 프리쉬(Max Frisch)는 이렇게 말한다.[6] "과학 기술이란 우리가 세계를 체험할 수 없도록 하는 요령 외에 다름이 아니다." 그에게 말을 더 시키면 이렇게 말했을는지도 모른다. "일단 세계를 직접 체험할 수 없도록 분리시키는 데 성공한 테크노크라트들(이 말은 전문 기술자들이 사회 조직 및 통제를 맡아야 한다는 관점, 즉 테크노크라시를 추종하는 사람들이란 의미로 이해해야 할 것이다-역자주)은 원하는 대로 인공 체험을 우리에게 팔아먹는다. 그러나 우리가 하나님께서 만드신 세계를 직접 체험할 수 있다면, 기술이 만들어내는 인공 체험 따위는 별반 필요치 않게 된다. 가공 세계가 실제 세계를 대신하고 아울러 상상은 빈곤을 면치 못하는 현실…. 체스터톤(Chesterton)이 옳은 말을 했다. "앞으로도 세상에 경이로운 일들이 없어 굶주리지는 않는다. 다만 경이 그 자체를 굶주려 할 것이다."

포르노와 사실주의

우리 사회가 상상의 기근이라는 비극을 겪고 있다는 한 가지 증거는 포르노 산업이 이 나라에서 엄청난 성공을 거두고 있다는 사실이다. 물론 본격적인 포르노 말고도 좀 가벼우면서도 세련된 형태를 띤 포르노까지 다 포함해서 하는 말이다. 포르노 산업의 성공은 예술에 있어 사실주의를 강조하는 흐름과 밀접한 관련이 있다. 그리고 이 둘은 우리 마음의 화랑을 공격하는 데 있어 치열하게 같은 편이다.

여성 운동가이자 작가인 미찌 덕터(Midge Decter)는 포르노를 일러 "얼굴도 없이 익명으로 이루어지는 성(性), 인격을 개입시키거나 결과를 생각할 필요가 없는 성(性)"[7]을 보여 주는 것이라 했다. 포르노란 원래 성격이 그렇기 때문에 사람들을 흥분은 시키지만, 곧 공허하게 만들고, 내면의 주림을 드러나게 할 뿐, 결코 만족이 없다. 왜냐하면 내면의 주림은 계속되기 때문에 포르노를 찾는 사람은 더 큰 자극과 흥분을 찾아 무한정 헤매야 하기 때문이다. 이런 욕망이란 욕망 자체만을 더 부채질해서 크게 만들 뿐 상상 자체를 먹여 주는 법은 없다. 그래서 역설적으로 애초에 만족시키고자 했던 그 자체를 모욕하고 파괴하는 결과를 낳는다.

　　예술에 있어 소위 '사실주의'는 어떤 때 그저 사회가 용인한 포르노의 한 형태에 불과할 때가 있다. 사실 어떤 비평가들은 이 사실주의를 진보로 보기보다는 퇴보로 본다. 미국의 소설가이자 전기 작가인 마크 쇼어러(Mark Schorer)는 이렇게 썼다. "도대체 우리가 인생이 의미하는 바가 뭐다 하는 소리를 더 이상 할 수 없는 위치에 있다면, 우리가 할 수 있는 소리란 고작 무엇이 어떻게 보이더라 하는 것뿐이다."⁸ 그런데 이 '사실주의'라 하는 것이 진짜 세계가 아닌 가공 세계를 빚는 재료를 공급해서 도리어 상상을 메마르게 하는 구실을 할 수 있다. 그래서 정작 진짜 세계를 이해하고 즐기는 데 장애가 될 수 있는 것이다. 상상이 빠지고서는 그저 보이는 사실로서의 실재를 꿰뚫고 들어가 진리를 발굴하는 일이 불가능하기 때문이다.

　　성경을 기록한 이들이 성(性)과 관련된 주제를 다룰 때 세심함과 아울러 상징을 많이 쓰는 까닭이 바로 여기에 있다. 즉 성경 저자들은 에밀리 디킨슨이 말한 대로 '비스듬한 방식'(a slanted way)으로 성을 말한다.

　　　모든 진리를 말하라. 하나 좀 비스듬히 말하라.
　　　우회하지 않고는 진리를 말하는 데 성공할 수 없나니
　　　진리는 연약한 우리가 직접 기뻐하기엔 너무 환하고
　　　그 수려함은 도리어 우리를 놀래키는 것이라서.

　　　아이에게 천둥을 가르치려면
　　　차라리 차근차근히 얘기해야 하듯
　　　진리의 빛 또한 차근차근히 비쳐야 하나니
　　　그렇지 못하면 모두 장님이 되고 말리.

나중에 이 속깊은 시에 대해 좀더 얘기할 기회가 있을 것이다. 여기선 오늘 우리 사회에 유행하는 사실주의라 하는 것이 상상을 기르는 일엔 전혀 도움이 되지 않는다는 사실만 기억하도록 하자.

　　상상을 말라 비틀게 하기 위해서 굳이 포르노나 기술 사회가 만들어 놓은 가공의 함정에 들어갈 필요는 없다. 그저 학교만 다니면 된다. 현재 교육 제도 안에 머무르기만 해도 우리 상상은 서서히 말라갈 것이다. 원래 아이들이란 건강한 상상력을 타고난다. 그러나 학교에 몇년만 다니면 금방 생각하는 것이나 말하는 것이 재래식이 되고 만다. 엘런 시글먼은 아이들이 은유를 빚어내는 타고난 능력은 "학교에 입학하면서부터 사그라지기 시작해 초등학교를 졸업할 무렵이면 거의 시드는 것" 같다고 했다. 학교에 들어간 아이들이 그리는 그림을 보면 그전과 비교할 때 "상상적인 면은 줄어들고 대신 사실적으로"[9] 변한다는 것이다.

　　피카소에 관한 얘기 한 토막이 생각난다. 인생 말년에 피카소는 아이들이 그린 그림 전시회를 가서 구경한 일이 있다. 그리고는 이런 말을 했다. "내가 이 아이들 나이 땐 이미 라파엘처럼 그릴 수 있는 능력이 있었다. 하지만 내가 이 아이들처럼 그릴 수 있기 위해선 내 평생이 걸렸다."[10]

　　그저 순응하는 시민만을 양산하는 구식 공장 같은 공립학교들이 얼마나 많은지… 어쩌다 아이들의 타고난 창의성과 재능을 북돋아 주는 선생 하나라도 만나는 아이들은 얼마나 행운인지… 내 경우는 그런 선생님을 초등학교 6학년 때 만났다. 난 지금도 그 선생님께 늘 고마워하면서 산다. 그 여선생님은 나에게 책 읽고 글쓰는 일을 늘 격려해 주셨다. 그리고 내가 쓴 어설픈 글과 이야기들을 꼼꼼히 시간 들여 읽고 평해 주셨다. 그래서 내가 중학교에 들어갈 무렵에는 이미 책 읽는 습관이 단단히 박혔으며 나 자신 후에 작가가 되고 싶었다.

교육가 키에란 이간(Kieran Egan)은 이렇게 우릴 일깨운다. "상상력이란 단순히 이미지를 만들어내는 능력만이 아니다. 오히려 사물을 특정한 방식으로 사고할 수 있는 능력이라 해야 옳다. 즉 우리 정신 능력이 실제인 것만 생각하기보다 가능의 세계를 생각하게 하는 생각의 한 길인 것이다."[11] 만약 교육이 하는 일이 그저 어떤 음식 하나를 주는 대로 받아먹고 후에 똑같은 음식을 만들게 하는 것이라면, 그래서 도대체 그 음식이 어떤 조리법으로 요리되는지, 혹은 다른 메뉴는 없는지 의심해 볼 기회조차 없다면, 이런 교육을 통해 정보는 차곡차곡 쌓을지언정, 상상은 철저하게 메말라 갈 것이다. 이는 하등 놀라울 게 없다. 왜 우리는 '개념'과 '이미지'를 경쟁자처럼, 아니 원수처럼 만드는지 모르겠다. 하나님께서는 그 둘을 친구요 동역자로 만드셨는데 말이다.

텔레비전

상상을 메마르게 하는 주범으로 빠트릴 수 없는 것이 바로 텔레비전이다.[12] "텔레비전도 어떤 체험을 전달해 준다고 흔히들 말하지만, 그 체험이란 것은 멍하니 있는 휴식 시간에 가까운 것"[13]이라고 제리 맨더는 말한다. 그는 텔레비전 시청이 체험이라기보다 '반체험'(antiexperience)이라는 사실을 여러 사람이 연구한 데서 확인했다. "텔레비전이 주는 정보는 그 정보에 대해 생각하고 선별하는 작용을 할 수 있는 의식이 아니다. 차라리 무엇이든 무턱대고 받아들이는 무의식의 영역에서 그 정보들이 더 잘 받아들여지고 있다."[14]

텔레비전에 관한 연구로 알려진 전문가 중에 니일 포스트맨 (Neil Postman) 박사가 있다. 그는 뉴욕 대학에서 커뮤니케이션을 가르치는 교수로서 『우리를 마냥 재미있게하는』(Amusing Ourselves to Death)과 『양심적인 반대』(Conscientious Objection) 라는 책을 쓰셨다. 포스트맨 박사가 강조하는 바는, 텔레비전은 기본적으로 오락 매체이기 때문에 우리가 텔레비전으로 시청하는 것은 모두 오락이다. 그래서 제아무리 진지하고 심각한 주제를 다뤄도 일단 텔레비전이라는 매체를 통하게 되면 오락적 성격을 띠게 된다. 월남의 민간인 촌락이 폭격으로 불타는 장면, 암살당한 대통령의 장례식 등도 '우리를 마냥 재미있게 하는' 일종의 오락으로 즐길 따름이다. 사람들이 이를 교육으로 받아들이지는 않는다는 얘기다. 그래서 포스트맨 박사는 "어떤 생각이 어떤 형태로 표현되느냐에 따라서 그 생각 자체의 성격을 결정짓는다"[15]고 말한다.

포스트맨 박사를 비롯해 많은 비평가들은 텔레비전이 뉴스를 다루는 방식에 우려를 표한다. 불과 45초 정도의 짧은 단위로 편성해서 내 보내는 뉴스는 일종의 구호일 뿐 진정한 의미의 보도는 아니라고 말한다. 사회 활동가 제리 루빈(Jerry Rubin)은 "텔레비전 뉴스는 보도라기보다 창작품에 가깝다"[16]고 꼬집는다. 예를 들어 우리가 대통령 후보들의 유세나 설전을 본다 치자. 이때 정작 중요한 것은 그들이 국내나 국제 문제에 대해 어떤 의견을 갖고 있느냐가 아니라, 어떤 이미지로 대중에게 비치느냐이다. 한때 미국 정치사에서 연설을 작성하는 사람이 대통령 선거팀에서 가장 중요한 사람이었다. 그러나 지금은 대중 매체 담당자가 그 자리를 차지하고 있다. 즉 광고업자가 맥주나 치약을 팔듯 대통령 후보 이미지를 대중에게 '파는' 일을 전담한다. 포스트맨 박사는 시청자들이 그 사실을 알든 모르든 "어느 뉴스가 어떤 형태로 나가야 하는지 결정하는 힘은 텔레비전에 있으며, 그걸 보고 우리가 어떤 반응을 하게 되는지 결정하는 것도 텔레비전이다"[17]라고 말한다.

영국의 정치 논객인 로빈 데이(Robin Day) 역시 대중 매체가 뉴스를 다루는 방식에 대해 심기가 편치 않다. 그는 『하루 또 하루』(Day by Day)라는 자기 책에 이렇게 썼다. "주된 사실들이 다뤄지긴 한다. 하지만 그 사실들은 매체가 얼마만큼 직접 시각적으로 다뤄 주느냐에 따라 강조점이 달라지고, 이 달라진 강조점에 따라 뉴스로서의 가치도 달라진다. 그런데도 대중 매체가 시각적으로 직접 다루는 소재를 편집할 때, 감정적이거나 폭력적인 부분을 골라 내보낸다."[18]

맨더, 포스트맨, 데이와 마찬가지로 영국의 대중 매체 전문가인 맬콤 머거릿지(Malcolm Muggeridge)도 텔레비전이 인간 생활에 미치는 영향을 우려한다. 그는 『그리스도와 대중 매체』(Christ and the Media)라는 좋은 책을 썼는데, 이 책에는 1976년 런던의 '올 소울스'(All Souls) 교회에서 행한 세 강연 내용 및 강연 후의 질의 응답 시간에 오간 대화 내용이 들어 있다. 그런데 여기서 그의 논지는 간단하다. "텔레비전이라는 매체는 그 속성 자체가 건설적인 목적에 이바지할 수가 없게끔 되어 있다"[19]는 것이다.

텔레비전은 물론 이미지를 전달하는 도구다. 그러나 머거릿지는 "기독교 신앙은 이미지가 아니라 말씀을 통해 전달되었으며, 그렇지 않았다면 지금까지와는 아주 다른 역사를 낳았을 것"[20]이라고 말한다. 질의 응답 시간에 "예수 그리스도께서 텔레비전 인터뷰를 요청받았다면 응하셨겠는가" 하는 질문이 있었다. 머거릿지는 부정적이다. "말씀이 육신이 되어 우리 가운데 거하셨다는 이 놀라움은 도무지 필름이나 비디오로 담을 수가 없습니다. 태초에 말씀이 계셨고 이 말씀은 육신이 되셨습니다. 셀룰로이드 필름이 되신 게 아니고 말입니다."[21]

상상은 말이나 개념을 통해 자라지 시각적 이미지를 통해 자라지는 않는다. 우리가 시각을 통해 어떤 이미지를 바라보면, 그 이미지가 담고 있는 메시지는 우리 사고를 그냥 통과해서 미처 생각지 못한 방식으로 영향을 준다. 그러나 우리가 말을 듣게 되면, 우리는 상상을 통해 나름의 이미지를 빚어낸다. 그리고 이렇게 빚어진 이미지는 대중 매체 전문가가 계산하고 조작한 이미지보다 훨씬 더 우리 자신에게 크게 다가온다. 한 소녀에게 라디오 듣는 것과 텔레비전 보는 것 중 어느 게 더 좋으냐고 물었다. 그 아이는 대뜸 "라디오요" 하고 대답했다. 왜 그러냐고 이유를 물으니까 "그림이 더 깨끗해요" 했다. 모든 걸 요약해 주는 답이라 하지 않을 수 없다.

텔레비전을 통해 보는 것에 영향받기는 어른이나 아이나 마찬가지다. 그리고 그 본 것 때문에 얼마나 폐해를 입었는지 잘 모르기도 마찬가지다. 미국에서 한 아이가 국민학교를 졸업할 때까지 텔레비전을 통해 보는 살인 장면은 평균적으로 무려 8,000회에 달한다고 한다.[22] 국민학교 1학년에서 졸업까지 학교에서 보내는 시간은 13,000시간, 그러나 텔레비전 시청에 쓰는 시간은 15,000시간이다. 그리고 매주 1,000개 이상의 광고를 보게 된다. 이런 식으로 따지면, 한 아이가 스무 살이 될 때까지 보게 될 광고는 무려 1,000,000회가 넘는다.[23]

라디오 - 보다 나은 선택

최근 라디오 방송업계가 거둔 세 가지 성공이 관심을 끈다. 첫째는, 개리슨 케일러(Garrison Keillor)가 거둔 성공이다. 그는 미네소타 워브곤 호숫가의 작은 마을이라는 상상 속의 마을을 창조했다. 이 상상의 마을에 관한 얘기를 얼마나 실감나게 했던지, 매주 수백만의 사람들이 이 "워브곤 호수에서 온 소식"이라는 프로를 듣기 위해 라디오 옆에 앉는다. 나도 그 방송을 들은 적이 있는데 얼마나 마음을 사로잡는지 내 설교나 책이 그렇게 사람들의 마음을 매료시킬 수 있었으면 하고 바랄 지경이었다. 오늘날 라디오 방송계에서 케일러는 그 상상의 재능과 독창성이라는 면에서 최고의 인물이 아닌가 싶다. 최소한 그는 사람들이 상상의 자양분을 얻기 위해 텔레비전을 팽개치고 라디오 앞에 와 앉을 수 있다는 사실을 증명해 보인 것이다.[24]

두번째로 내 관심을 끄는 것은 최근 오랜 라디오 프로를 듣는 청취자 수가 늘어나고 있다는 사실이다. 이런 프로들을 방송으로 내보내는 라디오 방송국은 요즘 상당히 재미를 보고 있다. 요즘 선물 광고지를 볼 것 같으면 옛날 라디오 프로그램 카세트가 제법 많이 들어가 있다. 나야 향수를 달래는 데는 별 관심이 없다. 하지만 나도 과거에 듣던 그 라디오 방송을 들으면 상상이 무한정 자극받는다는 사실은 고백해야겠다.

우리 가족이 시카고 살 때 내 하루 일과 중 하나는 내가 봉직하던 무디 교회로 출근하는 길에 아이들을 학교로 데려다 주는 일이었다. 운전하는 도중 내가 라디오를 틀고 옛날부터 내려오는 방송 중 하나를 틀면 아이들은 킥킥거리며 우스갯 소리를 했다. 워낙 음악이며 광고가 구식이기 때문이다. 그러나 방송이 계속되면서 아이들은 차츰 귀를 기울이다가 나중엔 정말 즐기는 수준에 이른다. 하루는 딸아이가 "아빠, 나 라디오가 텔레비전보다 더 좋은데요" 하는 말을 했을 때 얼마나 좋던지….

세번째로 관심이 가는 라디오 방송의 한 현상은 최근 라디오가 드라마와 낭독을 새롭게 강조하고 나온다는 점이다. 국립 방송의 경우 동화를 정말 재미있게 짜서 방송했다. 뿐만 아니라 여러 단편들을 극으로 꾸미거나 아니면 낭독으로 내보낸다. 내가 좋아하는 셜록 홈즈 시리즈도 그 중 하나다. 요즘 아이들이 하루에 30분만 라디오를 듣는 데 쓴다면 상상을 북돋고 텔레비전 중독증을 치료하는 데 분명히 도움이 될 것이다.

너무 편파적이지 않기를 바란다. 그래서 하는 말이다. 내 목회자 친구들 가운데는 텔레비전을 보지 않고는 설교를 제대로 할 수 없다고 말하는 이도 꽤 된다. 하긴 텔레비전을 봐야 텔레비전 없이 못사는 요즘의 교인들 사고 방식을 더 잘 이해하게 될테니 말이다. 또 설교 중 예화도 텔레비전에서 얻는 경우도 없지 않을 것이다.

그렇다고 말하면 하는 수 없는 노릇이다. "혹은 이 날을 저 날보다 낫게 여기고 혹은 모든 날을 같게 여기나니 각각 자기 마음에 확정할지니라"(롬 14:5) 하였다. 그저 그 친구들 속사람에 입힌 폐해를 스스로 잘 다독거릴 수 있기만 바랄 따름이다. 텔레비전을 보면서 그것에 영향을 받지 않을 수는 없는 법이니까… 로버트 머레이 머쉐인(Robert Murray M' Cheyne)이 그리스 로마 고전에 대해 한 말이 여기도 적용된다. "물론 우리는 그 고전들을 알아야 한다. 하지만 잘 훈련된 화학자만이 독에 중독되지 않으면서도 독의 화학 성분을 알아낼 수 있는 법이다."[25]

나와 입장이 다른 분도 없지 않으리라. 하지만 한 가지만큼은 우리 모두 동의해야 한다고 본다. 요즘 교인들은 평균적으로 볼 때 상상을 채울 양분을 제대로 공급받지 못하고 있다는 사실이다. 따라서 이들이 영적으로 성장하려면 우리 설교자들이 하나님의 말씀을 풀어 설명할 때, 이들의 상상을 먹여 주어야 한다는 점이다.

"듣는 귀와 보는 눈은 다 여호와의 지으신 것이니라"(잠 20:12).
"그러나 너희 눈은 봄으로, 너희 귀는 들음으로 복이 있도다"(마 13:16).[26]

"가장 위대한 일은 은유(메타포)의
거장이 되는 것이다."

아리스토텔레스

"학교생활과 과학연구의 대부분은
인내어린 반복과 증명들뿐이며
은유 사용은 전무하다."

케네스 버크

"철학 논문들은 은유를 통해서
쓰여지지 않은 적이 없었다."

버그렌

"모든 사고는 은유적이다."

로버트 프로스트

제 8 장
은유의 신비

"은유는 참으로 이상한 것이다"라고 소설가 워커 퍼시(Walker Percy)는 말한다. "둘을 하나로 연결시켜 놓고 보면 그 전까지는 보이지 않던 의미가 새롭게 발견되니 말이다."[1]

예수님께서 제자들에게 "너희는 세상의 소금"이라 말씀하실 때, 소금과 제자를 하나로 연결시키신 것이다. 이후 주님을 믿는 사람들이 줄곧 이 은유를 통해 자라고 열매 맺을 씨를 심으신 것이다. 그런데 알다시피 예수님께서는 "너희는 세상의 소금"이라는 말씀 뒤에 "너희는 세상의 빛"이라는 말씀도 덧붙이셨다. 이로써 삼각 관계가 형성된다. 즉 그리스도인들은 소금과도 같고 빛과도 같다. 동시에 소금과 빛 사이에도 새로운 의미 관계가 생긴 것이다. 이래서 은유는 "참으로 이상한 것이다."

은유를 들을 때 어떤 일이 생기는가? 은유가 그저 말을 감칠

맛나게 하는 수식어에 불과하다면(쳇바퀴 도는 다람쥐처럼 희망없는 생활이 반복된다거니 하는 표현처럼), 수식어가 어떤 표현을 강조하는 데 도움이 되지 않을 때도 있을 것이다. 은유가 그저 수식어에 불과하다면 그것은 새로운 의미를 발견하게 한다기보다 이미 있는 의미에서 주의를 분산시키는 것일 따름이다. 즉 말하고자 하는 의미 자체에 주의를 기울이기보다 그 말이 어떤 방식으로 표현되느냐에 더 주목하게 한다는 말이다. 이렇게 되면 참된 의사 소통에는 치명적인 장애물이랄 수밖에 없다.

한편 '진부한' 은유("He's a bull in a china shop", 우리 말로는 "그 사람 남의 말은 듣지 않는 난폭한 사람이야" 혹은 "서툰 사람이야" 하는 뜻이겠으나 영어 표현 자체는 너무 뻔하고 낡은 느낌을 준다 - 역자 주)는 듣는 사람의 마음의 귀를 닫게 한다. 그러나 생생하고 살아 있는 은유("어찌하여 나로 과녁을 삼으셔서" 하는 욥기 7장 20절의 표현과 같은)는 듣는 순간 뭔가 와 닿으면서 "아, 뭔가 보인다! 뭔가 느껴진다! 뭔가 알겠다!" 하는 기분이 들게 하는 것이다.

심리치료에서 쓰는 말로 "연관짓기"(connecting)라는 말이 있다. 이전까지 서로 무관하게 보이던 사물들을 '한데 엮을 때,' 그래서 해결하려 애쓰던 문제를 새로운 관점으로 바라볼 때 생기는 현상을 가리키는 말이다. 엘런 시글먼은 "심리치료의 대부분은 우리가 이전까지 의식하지 못했던 은유를 새로이 발견하는 일, 우리가 부지불식간에 의존해서 살고 있던 은유를 자각하는 일이다"[2]라고 했다. 시글먼 박사는 에드가 레벤슨(Edgar Levenson)을 인용하면서 이렇게 덧붙였다. "치료는 문제 해결에 있다기보다 연관짓기에 있다. 즉 그 전까지는 서로 무관하던 것들이 새롭게 연결됨으로써 치료는 발생

은유의 신비

한다."³

하지만 성경 은유를 접할 때 사람의 내면에서 발생하는 연관 짓기란 실제로 무엇일까? 내가 심리치료에 관한 훈련을 받은 사람도 아니지만, 좌우간 한 마디 해 볼까 한다. 내 생각에 성경 은유를 만나서 그 '연관짓기' 라는 것이 성공적으로 발생하려면 최소한 다리가 세 개는 있어야 한다고 본다.

첫째, 현대 독자와 고대의 책 사이를 이어 주는 다리이다. 은유를 듣고 은유가 전달하는 그림을 떠올리면서, "아, 이 성경 말씀이 나에게 말을 걸어 오는구나! 오늘 나에게 직접 관련이 있는 말씀이로구나!" 하고 느낄 수 있어야 한다. 말씀을 듣되 그저 설교자가 작성한 본문 정도로 듣는 것이 아니라, 살아 있는 하나님의 말씀으로 생생하게 다가와야 산 설교다. 성경 은유들은 시간 제약을 받는 게 아니므로 컴퓨터를 끼고 사는 시대 사람들에게나 돌판을 들고 거기 적힌 것을 읽으며 사는 시대 사람들에게나 다 통할 메시지가 들어 있다.

"모든 위대한 문학은 다 우화적이다"라고 말한 사람은 체스터톤(G.K. Chesterton)이다. 그에 의하면, "우주 자체가 어떤 의미로 우화며,『일리아드』가 위대한 까닭은 모든 인생이 전쟁과도 같은 면이 있기 때문이고,『오디세이』가 위대한 까닭 또한 삶이 그렇게 긴 여행길과 같아서이며, 욥기는 인생이 수수께끼라는 사실을 적나라하게 드러내기 때문에 위대한 것이다."⁴ 이같은 인생의 우화적 요소를 성경에서 발견할 수 있고, 바로 이것이 오늘 사람들의 마음과 가슴을 하나님 말씀과 연결시켜 주는 '산 고리' 구실을 하는 것이다. 바로 이 산 고리를 붙잡는 순간에 성경 진리는 우리 가슴 속에 전달된다. 성경이라는 고대 본문과 현대 상황 간에 어떤 관계가 있음을 볼 때, 성령께서는 그 말씀을 갖고 우리 삶을 변화시키신다. 그러므로 설교자는 청중들이 하나님의 음성을 듣게 해야지, 설교자 자신의 목소리를 듣게 해서는 안된다.

이것은 최근에 여행을 다녀온 이웃이 찍어 온 비디오를 보는 일에 비교할 수 있다. 사실 그런 비디오를 보는 일이 시시하다. 그 비디오에 자기 가족들이 다녀온 어떤 장소가 나타나지 않을 때 말이다. 하지만 혹시라도 그런 장소가 나타나는 날이면 그 시시한 비디오 봐 주는 일이 아연 활기를 띤다. "여보 여보, 우리도 저기 갔었잖아! 생각 안나?" 아내가 환호를 지른다. 문득 당시의 모든 감정과 추억들이 한꺼번에 되살아난다. 어떤 때는 무척 신났고 어떤 때는 마냥 피곤하기만 했던 그런 순간들("그때 발목 삔 데가 어디였더라?" 해 가면서). 이렇게 되면 남의 비디오 봐 주는 일이 자기 일처럼 생기가 돈다.

어떤 의미로 설교란 관광 영화를 돌리는 일과 같다고 할 수 있다. 즉 구원사를 이뤘던 사람들과 장소, 사건들을 소개하는 영화를 돌리는 일…. 그런데 하나님께서는 이 구원사의 기록을 제대로만 상영한다면 사람들 입에서 "아, 나도 거기 가 봤어!" 혹은 "맙소사, 내가 지금 있는 곳이 바로 그곳이야!" 하는 반응이 나오게끔 하셨다. 그러므로 설교가 겨냥해야 할 목표는 사람들이 성경 안에서 자기 자신들을 만나도록 하는 일이다. 이렇게 될 때 이 고대의 책이 현대적 의의를 갖게 된다.

토저(A.W. Tozer)는 "성경 세계는 오늘날과 똑같은 인간 현실 세계"[5]라는 점을 강조한다. 그런데도 사람들은 성경을 척 펴기만 하

은유의 신비

면 시계를 수천 년 전으로 돌려야 한다고 착각을 한다. 사실은 그 반대다. 오히려 성경이야말로 우리로 하여금 오늘 우리 세계에서 벌어지고 있는 일이 무엇인지 알게 해 주는 책이다. 성경은 수많은 사람들의 일생을 담고 있다. 인간 본성이라고 하는 것이 시대가 달라진다고 덩달아 달라지는 게 아니다. 때문에 성경 진리는 지금 우리에게도 유효하다. 그리고 성경이 많은 은유와 이미지로 가득한 이유도 시간과 공간을 초월해서 모든 사람들에게 유효한 진리를 전달하는데 그보다 좋은 방법이 없기 때문이다.

이제 두번째 다리는 은유가 사람들로 하여금 그들 자신의 과거와 현재를 이어 준다는 사실에서 찾을 수 있다. 살다 보면 누구나 잊어버리고 싶은 쓰라린 경험이나 어려운 일을 겪는다. 하지만 이 '망각의 묘지터'에 묻어 둔다고 일이 해결되지는 않는다. 오히려 악화될 따름이다. 사람들이 다 잊어버렸다고 생각하는 과거 상처와 분노에 의해서 사실 지금도 조종당하며 산다. 그런데 은유는 이같은 과거 경험을 오늘 새롭게 변화시킬 가능성과 접목시켜 사람들로 하여금 새 희망과 용기로 살게 하는 힘이 있다.

사람들이 자기가 살아온 인생을 설명하는 방식을 들어보면 대부분 은유다. "자네 요즘 어때? 잘 싸워 이기고 있나?" 하는 말로 인사하곤 하는 친구가 있다. 이 친구한테 인생이란 놀이터라기보다 전쟁터다. 또 그가 인생을 살아가는 태도도 전쟁하듯 그렇게 치열하게 사는 것임을 짐작케 하는 말투다. "쫓고 쫓기는 경쟁 속에 산다"거나 직장이나 결혼이라는 함정에 빠졌다거니 하는 말, "험난한 항해"니 "고행길"이니 하는 표현들이 다 은유로 인생을 말하는 것이다.

이렇게 우리가 일상 생활에서 쓰고 있는 은유는 인생을 해석하는 우리 관점을 드러내 주기도 하지만, 동시에 우리가 인생에서 어떤 반응을 선택하며 살 것인지 돕는 기능도 한다. 인생을 전쟁으로 본다면 마땅히 용감한 군인으로 그것도 끝까지 살아야만 할 것이다. 인생이 어쩌다 발목이 잡힌 함정과 같다면, 그저 운명이나 탓하든지 아니면 어떻게 빠져 나갈 궁리를 해야 할 것이고, 인생 항로가 험난하다면 맞바람을 타기보다는 바람부는 대로 항해하는 쪽을 택하는 것이 현명하고 말이다. 좌우간 이런 식으로 우리 머릿속에 갖고 있는 인생 그림이 또한 우리의 인생 노정도 결정한다.

    은유는 고대 본문과 현대 독자를 연결시키는 다리이자, 한 사람의 과거와 현재를 이어 주는 다리이기도 하다. 이제 세번째 다리는 듣는 사람의 머리와 가슴을 연결시켜 주는 다리다. "좋은 은유란 듣는 사람에게 충격을 주어 기존의 생각을 뒤흔들고 긴장시키는 혁명적인 것"[6]이라는 샐리 맥패그의 말을 기억하자. 무슨 얘기냐 하면, 좋은 은유란 언제나 우리 속사람을 뒤흔들어 진리와 맞대면하게 하는 힘이 있다는 말이다. 그래서 그 은유가 도대체 무슨 소린지 머리로 헤아리기도 전에 이미 충격을 느끼게 하는 은유…, 엘리어트(T. S. Eliot)는 "진짜 시는 이해되기도 전에 전달하는 힘이 있다"[7]고 했다.

    어떤 은유를 들음으로 까맣게 잊었던 옛일, 깊이 파묻어 두었던 감정이 되살아나고, 그 일들을 새로운 관점으로 보게 되는 체험을 할 때가 있다. 이때 우리 머리는 "아, 보인다!" 하고, 우리 가슴은 "아, 느껴진다!" 한다. 이같은 변화의 순간에 상상이 하는 일은 이 둘을 하나로 묶어 "아, 알겠다!" 혹은 "아, 그렇구나!" 하는 체험이 되게 하는 것이다. 이때 비로소 영적, 정서적 진보를 향한 일보를 내딛고자 하는 욕구가 인다. 그래서 "진정한 깨달음은 늘 연관짓기로 발생한다"고 엘런 시글먼은 말한다. "사고와 감정, 차가운 머리와 뜨거운 가슴이 동시에 일어나 서로 연결되는 체험"[8]이 그것이기 때문이다.

그러므로 설교자가 그저 정보나 지식만 전달해서는 이런 체험이 일어나지 않는다. 강의는 교수의 노트와 학생의 노트만 연결하면 되는지 모르지만, 설교는 하나님의 마음과 감정을 듣는 사람의 마음과 감정에 연결해야 하는 일이다. 설교자가 은유로 듣는 사람의 상상을 자극해야 연관짓기 혹은 '한데 묶기'가 발생한다. 지식이 중요하지 않다는 말은 결코 아니다. 다만 듣는 사람이 진리를 대면하여 내면에서 '체험'이 일게끔 지식을 전달해야 한다는 말이다.

상상을 경험에 접합하기

철학자이자 교육가이던 알프레드 노스 화이트헤드(Alfred North Whitehead)가 대학 교육을 놓고 한 얘기는 말씀을 설교하는 사람들에게도 적용될 만하다.

> 대학은 정보를 나눠 주는 기관이다. 정보를 나눠 주되 상상을 통해 한다. 최소한 대학이 사회를 위해 할 수 있는 기능은 그래야 한다. 그렇게 할 수 없는 대학은 존재의 필요성이 없다. 상상을 통한 사고를 할 때 생기는 발랄함이 지식을 발전시키고 또 변화시킨다. 어느 한 사실은 그저 그 사실 자체로만 밋밋하게 있는 것이 아니다. 그것은 사실이 갖는 모든 가능성과 아울러 탐구해야 할 대상이지, 그저 암기해야 할 한 가지 항목으로 그치지 않는다. 오히려 꿈을 노래하는 시인으로, 또 목적을 이루어내는 장인(匠人)으로 활력을 갖는 것이라야 한다.[9]

상상이 담긴 설교

위의 말을 다시 한 번 읽어 보라. 다만 이번에는 '대학' 이란 말을 '교회' 로 바꿔서 읽어 보라. 어떤 기분이 드는지. 화이트헤드는 계속해서 이렇게 말했다.

> 이 세상의 비극은, 상상력이 뛰어난 사람들은 경험이 모자라고 정작 경험이 많은 사람들은 상상력이 빈곤하기가 일쑤라는 데 있다. 지식이 모자라는 사람이 멋대로 상상력을 발휘하는가 하면, 그저 학자연하는 사람이 상상력은 모자란 채 지식만 다룬다. 대학의 과제는 상상력과 경험을 접합시켜 주는 데 있다.[10]

> 그리스도인 사역의 과제 역시-특히나 설교는-'상상력과 경험을 접합시켜 주는 데' 있다. 그런데 이 과제를 달성하게 하는 도구가 바로 은유라는 얘기다.

그리스도인 사역의 과제 역시-특히나 설교는-'상상력과 경험을 접합시켜 주는 데' 있다. 그런데 이 과제를 달성하게 하는 도구가 바로 은유라는 얘기다. 물론 설교 시간에 은유로 말한다 해서 '연관짓기' 의 체험이 늘, 자동적으로 일어난다는 말은 아니다. 그러나 그런 설교가 성령께서 일하실 만한 기회가 되어, 말씀을 풀이할 때 그리스도의 진리가 듣는 사람들에게 훨씬 의미있게 다가갈 수 있으리란 얘기다.

사실 진리라든가 아름다움, 신앙, 은혜 같은 추상적인 말들을 구체적으로 다룰 줄 아는 사람은 많지 않다. 우리가 추상적인 말을 구체적인 삶에 연결시킬 수 있으려면 우선 '육화' (肉化)되어야 한다. "진리는 승리하고야 한다" 고 필립스 브룩스는 말하면서 이렇게 덧붙였다. "다만 진리가 선으로 자신을 구현해야 한다는 조건하에서…."[11] 우리 주님의 성육신 사건이야말로 바로 이 말의 산 증거다. 아버지의 영광이 드러나기 위해서 말씀이 육신이 되는 사건이 있어야만 했다는 사실을 기억하자. 은유도 어떤 의미에서 성육신이 말로써 이루어지는 사건이라 할 수 있다. 왜냐하면 은유는 막연하고 추상적이기만 한 어떤 것을 우리 삶에 구체적으로 와 닿게 하는 기능을 하기 때문이다.

성경 말씀을 해석하는 사람이 새삼 어떤 그림을 만들어낼 필요는 없다. 왜냐하면 본문 자체가 이미 그림을 담고 있기 때문이다. 물론 간혹 원문 속에 보다 명확한 그림이 숨어 있기 때문에 원문을 뒤적여야 할 때도 있지만…[12] 한편 성경 본문에 그같은 그림을 넣으신 이는 바로 성령이시기 때문에, 성령께서는 말씀을 설교하는 우리가 바로 그 그림들을 사용하기 원하신다고도 볼 수 있다.

앞에서 이미 말한 바 있지만, 성경적 설교는 그저 성경 진리를 기계적으로 설교하거나 조직적인 방법으로 설명하고 적용하는 이상이다. 성경적 설교는 성경이 짜여진 방식대로 성경의 진리를 선포하는 것이다. 성령께서는 설교자들을 사용하셔서 듣는 사람들로 하여금 종이와 잉크에서 하나님의 산 진리로 번역할 수 있도록 도우신다. 그래서 설교를 듣는 사람들이 들은 진리를 개념과 이미지로 재구성해서, 종내는 가슴과 마음에 닿도록 하는 일이 생겨야 참 설교다. 우리가 성경을 그저 분석해야 할 본문으로 대한다면, 우리는 성경 메시지 자체도 놓칠 뿐 아니라, 그 메시지를 가장 효과적으로 전달할 방법도 얻지 못한다.

이미지와 개념을 우리의 시선 안에(전망 속에) 함께 지니는 일

성경적 설교를 하려는 사람들이 한 가지 주의해야 할 것이 있다. 그것은 은유 자체가 설교 주제가 아니라는 것이다. 제대로 다뤄 준다면, 은유는 설교 주제를 확장해 주고 예증해 주어, 듣는 사람이 분명하게 자신과 상관 있다고 느끼면서 듣도록 도와 준다. 그러나 은유 자체가 메시지는 아니다. 만약 은유를 알레고리로 바꿔 버린다면 설교자로서 위험한 걸음을 내디뎠다고밖에 볼 수 없다.

예를 들어, 대부분의 주석가들은 말라기 4장 2절에 나오는 "의로운 해"란 표현을 그대로 예수 그리스도에게 적용시킨다. 그리고 그 의로운 해에서 나오는 치료하는 광선을 다시 말라기 4장 1절의 "극렬한 풀무불"에 비교한다. 본문 자체가 그러한 강조점을 갖고 있는 것같이 보이기 때문이다. 『은유의 해석학: 성경의 은유를 여는 열쇠』(Tropologia: A Key to Open Scripture Metaphors)라는 책에서 벤자민 키치(Benjamin Keach)는 주석가들이 예수 그리스도와 해를 결부시키는 본문 서른 네 군데를 살펴서는, 그 대부분이 실제로 그런 은유를 펼치기엔 관련성이 희박한 본문이라는 사실을 밝힌다.[13] 따라서 그런 식으로 본문에 접근하는 것은 설교자들이 피해야 할 일이다.

은유가 이미 분명하게 정의내려진 교리를 다르게 바꿀 수 있는 것은 아니다. 물론 어떤 교리든지 약점이 있게 마련이다. 흠잡을 데 없이 완벽한 교리란 없다. 하지만 "성도들에게 단번에 주신 믿음의 도"는 있다(유 3절). 따라서 우리가 은유로 말하지만 제시하는 그림들이 신학적 가르침을 위배하지 않아야 한다. 미국 교회사에서도 '교조주의'를 배격하고 '상상에 찬 통찰력'으로 그 자리를 대신해야 한다고 주장한 인물이 있는데, 바로 호레이스 부쉬넬(Horace Bushnell)이다. 그는 이렇게 썼다.

은유의 신비

> 복음은 교리가 아니다…복음은 사실과 양식과 인물로 이루어진 계시다. 그리고 이 계시는 신앙으로 받아들이는 것이다. 신앙으로 받아들여야 할 계시는 사실의 형태로나 상징의 형태로 포장되어 제시된다. 이는 상상에 찬 통찰력, 혹은 신앙의 분별력으로 해석해야 하는 것이다.[14]

여기서 물어야 할 질문은 성경에 담긴 '신앙 상징들'(faith symbols)을 해석할 때, 누구의 '상상에 찬 통찰력'을 따라 해석하란 말이냐 하는 것이다. 왜냐하면 부쉬넬의 얘기는 우리더러 성경적 해석학을 저버리고 '이미지'와 '개념'을 부당한 지위에 올려 놓으라는 요구로 들리기 때문이다. 그 결과는 성경을 지나치게 주관적으로 접근해서 성경 진리를 희석시키고, 마침내는 신앙 자체를 떠나게 만들고 말 것이다. "지식이 없으면서 상상력만 있는 사람은 날개는 있되 발이 없는 사람과 같다"고 프랑스의 수필가 조세프 쥬베르(Joseph Joubert)는 경고했다. 하지만 부쉬넬은 이런 경고는 귀담아 듣지 않은 모양이다.

미국의 자연주의자 존 버로우스(John Burroughs)는 1907년 10월 24일 일기에서 아주 현명한 말을 했다. "사실을 상상력을 갖고 이해하고 다루는 일은 사실 자체를 상상으로 만들어낸다는 것과는 전혀 다른 얘기다."

제2부
상상력과 성서적인 설교

"그러나 만약 환상이 역동적이며
상상이 정열적이면, 또 담이 창문으로 뚫리지 않고,
담 스스로 투명하게 된다면,
나는 빛이 모든 곳에 이를 수 있다는 것을
당신에게 알려 주고 싶다."

로버트 데일

"세상을 보는 관점이
그 사람의 사상을 낳는다는 사실은 우스꽝스럽다.
그것은 세상 그림일 뿐만 아니라
사상의 집약이다."

릴랜드 라이캔

제 9 장
당신이 성경에게 말을 건네지 않으면, 성경도 당신에게 말을 하지 않을 것이다

하나님께서는 여호수아에게 "율법서를 너의 입에서 떠나게 하지 말라"고 명령하신다. 이 말씀의 의미는 하나님의 말씀을 '묵상' 하라는 말이다. 여호수아 1장 8절의 '묵상하다' 라는 히브리어는 '중얼거리다' 라는 본래 의미를 가진다. 즉 유대인들이 율법을 연구할 때 성경을 큰 소리로 읽으면서 자신을 향해 혼잣말을 하듯 말하는 태도를 가리킨다. 이것이 바로 하나님의 말씀을 묵상한다는 말이다(행 8:26-31). 그들은 거룩한 말씀을 논의할 때에 자신들에게 스스로 말을 한다(신 6:4-9). "좋은 책을 읽는다는 것은 과거의 훌륭한 사람들과 대화를 나누는 것"이라고 데카르트는 말한다. 그리고 이 말은 하나님의 말씀인 성경에 정확히 적용할 수 있다.

내가 설교를 준비하는 서재에 당신이 나와 함께 있다면, 당신은 내가 하나님께 기도를 드리는 모습도 볼 수 있고, 내가 나 자신에게 말하는 것도 들을 수 있고, 거의 완성되는 나의 메시지를 향해서 내가 말을 하는 것도 들을 수 있을 것이다(때때로 나는 컴퓨터를 향해서 말을 하기도 하는데, 이는 좀 다른 경우라고 해야 할 것이다.). 내가 성경을 향해서 말을 걸지 않으면(또는 말을 하지 않으면), 내 성경도 나에게 말을 하지 않는 것같다. 하나님의 말씀은 나에게 말을 건네는 친구이다. 이때 성경은 단지 내가 연구하는 '본문'만은 아니다(잠 6:20-22). 우리가 하나님의 말씀을 읽을 때, 우리는 그 말씀을 듣게 되며, 그 말씀은 우리에게 반응한다. 우리는 마치 우리와 말을 나누는 친구를 얻은 것과 같다.

그러나 '말을 나누는 것' (대화)만이 성경연구의 그림만은 아니다. 성경연구는 순례자의 길을 떠나는 것과도 같다. 우리는 하나의 진리에서 또 다른 진리로 인도하는 등불과 같은 말씀을 들고 나그네의 길을 떠나는 순례자이다(시 119:105). 성경연구는 또한 보화를 캐내는 일과 같다(잠 2:1-8; 시 119:14, 72, 127). 또한 성경연구는 전쟁이 끝난 후 전장(戰場)의 이곳저곳에 흩어져 있는 전리품을 찾는 것과 같다(시 119:162).[1] 마태복음 4장 4절, 고린도전서 3장 1-3절, 히브리서 5장 12-14절 그리고 베드로전서 2장 2절은, 성경연구는 말씀으로부터 영양분을 취하는 것이라고 한다. 말씀은 사람들을 위한 '영적인 양식' 이다. 우리의 설교가 단지 메뉴나 요리법에 불과하다면 청중들은 굶주리게 될 것이다.

어떤 구절을 주석하고, 주제를 찾아내고, 그 주제의 진리를 근거해서 설교요약을 전개한다 해도, 그것으로 끝나거나 만족해서는

당신이 성경에게 말을 건네지 않으면, 성경도 당신에게 말을 하지 않을 것이다

안된다. 이런 과정을 '설교 형성 과정'이라고 부를 수 있을 것이다. 이 설교요약을 사용해서 설교를 할 수 있고, 하나님의 성령은 이 요약을 이용해서 사람들의 마음을 감동시킬 수 있을 것이다. 설교는 '만들어질' 수도 있을 것이다. 그러나 더 중요한 것은 설교는 '태어난다'는 사실이다. 설교자의 상상력은 메타포 가운데 있는 진리로 인하여 '임신'이 된다. 그후에 메시지는 자궁 안에 있는 태아처럼 무럭무럭 자라게 된다. 때가 되면 태아는 아기가 되어 태어나게 된다. 그래서 설교자(또는 교사)는 메시지 준비에 적당한 시간을 보내야 하는 법이다. 그렇지 않으면 그 '태아'는 그냥 사산이 되거나 낙태가 되고 만다.

'설교 형성 과정'은 너무나 기계적인

'설교는 사실 태어나는 것'이다. 그렇다면 설교를 기계적 과정으로 봐서는 안되고, 유기적 과정으로 보아야 한다. 설교는 실상 하나님의 말씀을 접한 '설교자의 생명'(또는 설교자의 삶)으로부터 나오는 것이다. 설교는 생명에서 태어난다. 이때 설교는 내용과 조직을 무시하지 않는다. 단지 설교자는 '갓난 설교', 그 설교의 생김새와 모습을 결정하게 된다.

과정이 되어, 분석과 내용과 조직에 치중하게 된다. 이런 설교에서는 종합과 본문의 의도, 본문의 동기 등이 축소되고 만다. '설교는 사실 태어나는 것'이다. 그렇다면 설교를 기계적 과정으로 봐서는 안되고, 유기적 과정으로 보아야 한다. 설교는 실상 하나님의 말씀을 접한 '설교자의 생명'(또는 설교자의 삶)으로부터 나오는 것이다. 설교는 생명에서 태어난다. 이때 설교는 내용과 조직을 무시하지 않는다. 단지 설교자는 '갓난 설교', 즉 그 설교의 생김새와 모습을 결정하게 된다. 목수들이 같은 설계도를 가지고 만든 책상들이 비슷하

기는 하지만 똑같지는 않다. 충분한 시간을 들여서 낳은 두 아기는 비슷하기는 하지만, 다른 모습을 지니고 있다. 책상들은 만들어지지만, 아기들은 어머니가 임신을 하고, 시간이 지난 후 태어난다.

앤 모로 린드버그는 "예술의 문제는 극도로 훈련된 가운데 나타나는 극도의 자유의 문제"[2]라고 말한다. 우리가 아무리 창조적이라고 해도 훈련되지 않았다면, 우리는 성공하지 못한다. 둑을 무시하고 마구 흘러가는 강은 결국 늪지가 되고 만다. 이것이 바로 형식과 기능의 긴장 관계, 그리고 수공업자와 예술가 사이의 차이, 제사장과 선지자의 차이이다. 이를 매개로 해서 우리는 창조적인 사람들이 된다. 그래서 나는 다음의 일곱 가지 질문을 사용해서 당신의 메시지를 준비하라고 권하고 싶다. 다음의 질문은 당신을 창조성의 강으로 데리고 가서, 힘과 깊이를 더한 창조성의 세계로 인도할 것이다.

1. 본문은 무엇을 말하는가?
2. 본문은 어떻게 말하는가?
3. 본문은 처음의 독자들에게 무엇을 말하려 했는가?
4. 본문이 오늘의 교회들에게 어떤 의미가 있는가?
5. 본문이 내게 의미하는 바는 무엇인가?
6. 본문이 청중들에게 무엇을 의미하는가?
7. 설교자가 청중들에게 어떻게 본문을 의미있게 만들 것인가?

이 질문들은 단지 우리가 설교를 준비하는 데 가야 할 길을 마련해 주는 '가이드라인'이라는 사실을 잊지 말라. 이 질문 자체가 좋은 결과를 보장하는 것이 아니다. 성령께서 사람들의 눈을 뜨게 하는 도움이 없이는 아무도 하나님의 말씀의 진리를 이해할 수 없고 그의 삶에 적용할 수 없다. 또한 성령의 도움이 없이는 다른 사람들에게도 의미있게 전달하지 못한다. 성경을 연구하고 성경해석학의 원리를 적용하는 능력은 참으로 귀한 것이고 무엇과도 대치할 수 없는 것이다. 그러나 우리를 진리로 인도하는 분은 결국 성령이시라는 사실을 잊어서는 안된다. 우리는 성서해석학을 도구로 삼는 동시에 성령을 의지해야 한다. 토마스 머튼의 말을 생각해 보라. "우리가 만약 성경을 사유하는 사람들에 불과하다면, 하나님의 말씀은 학문적으로 조각나 부서지고 만다. 그래서 우리는 사람들의 논쟁으로 가득 찬 시끄러운 소음으로 귀가 먹고 말 것이다. 이 소음은 인간 육체의 소음이고, 편을 가르고 자르는 기능만을 할 뿐이다. 그러면 우리는 고요하게 우리를 향하여 말씀하시는 하나님의 말씀을 들을 수 없게 되고 만다."[3]

또 하나의 놓칠 수 없는 충고가 있다. 나는 위에서 제시한 질문들은 논리적인 연속성을 지니고 있다고 생각한다. 그렇다고 해서 당신이 반드시 하나의 질문을 끝낸 다음에 다음의 질문으로 넘어가야 한다는 말은 아니다. 설교를 준비하는 작업은 빵을 굽는 것과 같지 않다. 빵을 굽는 작업은 하나의 일을 마친 다음에 그 후의 일을 계속적으로 해야 하는 작업이다. 그러나 설교 준비는 이 점에서 다르다. 경험으로 말하자면, 처음 세 가지 질문에 대답한 다음에는 다음 네 가지 질문들은 동시에 생각이 떠오르는 대로 적으라는 것이다. 설교 준비의 '예술'과 '과학'이 여기서 합쳐지고, 이때 과학의 훈련은 예술의 창조성을 나타나게 도움을 준다. 이렇게 해서 당신은 비행사 또는 외과의사가 된다. 어떤 일을 순서에 맞추어서 하든 순서를 따르지 않든 간에 바른 길로 자연스럽게 나아가게 되는 것이다.

1. 본문은 무엇을 말하는가?

어느 여름 주일 저녁이었다. 마침 공휴일이기도 했다. 캠벨 모르간 목사는 가까운 마을에서 예배를 드리게 되었다. 그때 그는 이렇게 일기에 기록했다. "본문과 아무 관련이 없는 주제의 설교를 들었다. 나는 이에 결코 동의할 수 없었다. 본문은 잠언 9장 5절이었는데, 설교 주제는 거룩한 교제였다."[4] 그 마을의 설교자는 본문을 사용한 것이 아니라 본문 이전의 자기 생각을 강요한 것이다. 왜냐하면 잠언 9장 5절은 "와서 내 식물을 먹으며 내 혼합한 포도주를 마시고"라는 말씀이기 때문이다. '거룩한 교제' 라는 주제와 희미한 관련이라도 있는 구절은 '떡과 포도주' 일 것이다. 그러나 잠언의 문맥은 지혜에 대한 말씀일 뿐이다.

설교에서 '자기 생각' 을 강요하는 경우는 유명한 설교자에게서도 찾아볼 수 있다. 조지 W. 트루엣은 "인생의 중간 시간" 이라는 제목으로 설교를 한 적이 있는데, 본문은 시편 91편 6절이었다. "흑암 중에 행하는 염병과 백주에 황폐케 하는 파멸"[5]이라는 말씀이 본문이었다. 이 본문과 그 설교의 주제는 아무 관련이 없었다. 제임스 S. 스튜어트는 사도행전 27장 29절을 사용하여 신자들이 인생의 폭풍을 만날 때 그것을 견디도록 하는 '네 가지 닻' 에 대해서 설교하였는데, 그것은 '소망, 의무, 기도 그리고 그리스도의 십자가' 였다.[6] 윌라드 L. 스페리는 하버드 대학에서 "하나님의 크신 생각" 이라는 제목으로 설교했는데, 본문은 이사야 28장 20절의 "침상이 짧아서

당신이 성경에게 말을 건네지 않으면, 성경도 당신에게 말을 하지 않을 것이다

능히 몸을 펴지 못하며 이불이 좁아서 능히 몸을 싸지 못함 같으리라 하셨나니"였다.[7] 프랭크 보리햄은 예레미야 3장 4절의 "나의 아버지여 아버지는 나의 소시의 애호자(동무, 또는 인도자)시오니"(렘 3:4) 를 본문으로 하여 하나님이 어떻게 그 영웅적인 선교 여행을 인도하셨는지를 설교하였다. 그러나 그 본문은 인도하심을 말하는 것이 아니다. 이 본문은 여호와 하나님과 이스라엘의 혼인, 그녀가 어릴 때 인도했던 분, 신랑(남편)을 향한 불성실을 말씀하는 것이다.[8] 그 위대한 찰스 하돈 스펄전도 때로 본문을 무시하고 '영해' 설교를 했다. 그는 사사기 16장 20-21절을 본문으로 해서 설교를 하면서 삼손을 '헌신된 사람'[9]의 모형으로 끌어올리기도 했다.

    하나님의 말씀을 전하고 가르치는 사람들은 무엇보다도 먼저 성경본문이 말하는 것이 무엇인지를 분명히 배울 필요가 있다. 이보다 더 중요한 책임은 없다. 설교자는 때로 자신이 말하고자 하는 것을 본문이 말하는 것보다 우선하는 경우가 있다. "본문 그 자체의 의미를 따라서 해석하고 적용하는 것은 설교자의 가장 중요하고 성스러운 의무"라고 존 브로더스(John A. Broadus)가 말한 바 있다.[10] 그래서 그는 "설교자가 만약 자신이 해석하는 본문을 정직하게 이해하려는 치열한 노력을 하지 않고, 본문의 진정한 의미를 전하지 않는다면, 하나님 앞에서 죄를 짓는 것"[11] 이라고 경고한다.

    목회 초기 시절에 우리는 대체로 이런 '사춘기'를 지나곤 한다. 그때 우리는 분명하지 못한 본문을 택하여 설교의 능력을 발휘하려는 모험을 하였다. 때로 우리는 잘 아는 본문을 근거해서 잘 알지 못하는 본문을 해석하곤 한다. 그리고 우리가 그 본문을 근거해서 전하는 설교는 어떤 설교자도 감히 가르치지 못한 것이라고 자부

하기도 한다. 얼마나 엉뚱한 일인가? 그러나 목회에서 조금 성장하면 성경의 위대한 진리를 그대로 설교하려는 겸손한 열망을 가지게 되어, 성경본문 그 자체가 말하는 바를 전하게 된다. 말씀이 그대로 말씀하게 하는 것이다.

본문이 말하는 것을 그대로 말하게 하는 가장 좋은 방법은 먼저 그 본문을 반복해서 계속 읽는 것이고, 그 본문을 끊임없이 묵상하는 것이다. 이때 우리는 다른 번역을 사용할 수도 있고 원어 자체를 연구할 수도 있다.[12] 본문의 의미를 열어 놓을 수 있는 몇 가지 중요한 질문들이 있다.

1. 누가 말하는가(쓰는가?)
2. 누구에게, 왜 쓰여졌는가?
3. 어디서, 언제 이 사건이 일어났는가?
4. 저자가 전하려는 메시지는 무엇인가?
5. 이 본문과 병행 구절이 있는가? 우리는 이 병행 구절로부터 본문의 의미를 더 잘 이해할 수 있게 된다.
6. 나는 이 본문의 컨텍스트를 이해하고 있는가?
7. 이 본문 안에 계속 반복되어 나타나는 구절이나 단어가 있는가? 우리는 이런 방법을 통하여 본문의 주제를 알 수 있다.
8. 본문 안에 어떤 그림들이 있는가?

설교학자들은 이런 질문들을 본문의 '사실 자료'(factual data)를 찾는 방법이라고 칭한다. 우리는 이런 방법으로 사실을 모으고 이해할 수 있게 된다. 우선 우리는 성경본문의 정확한 이해를 얻어

야 한다. 본문 이해의 정확성은 사실 자체를 아는 것이다.[13]

우리가 본문의 단어를 오해하고 컨텍스트를 무시할 때 그 본문이 참으로 말하고자 하는 바가 무엇인지를 놓치게 된다. 단어의 오해와 컨텍스트의 무시는 본문의 의미를 발견하는 데 가장 크게 작용하는 두 가지 방해꾼이다. 세번째 방해꾼은 우리 자신의 '선개념' (preconceived notion)을 본문으로 끌어들일 때 나타난다. 불행하게도 모든 설교자들의 마음 주변에 떠도는 것들은 잡다하게 왔다갔다하는 설교학적이고 신학적인 표류물들이다. 이것들은 수년 동안 설교자의 마음에 쌓여진 잡동사니와 같은 것들이고, 사실 완전히 제거해 버리기는 무척 어렵다. 우리가 하노라고 해서 배운 이런 애매한 것들은 우리의 객관적인 신학 공부에서 얻어진 것들이다. 그러나 이런 것들 때문에 본문을 향한 우리의 참된 이해가 방해를 받기도 한다.[14] 그렇다고 해서 우리가 배운 교리적 확신을 버려야 한다는 말은 아니다. 다만 자신의 선개념을 본문 속으로 애써 밀어 넣으려고 해서는 안된다는 말이다. 이렇게 하면 본문의 독특한 충격이 달아나고 만다. 한 번도 만난 일이 없는 것처럼 그렇게 본문을 대하는 것, 즉 처음 그 본문을 대하듯이 대하는 것은 매우 어려운 일이다. 그러나 이것이 바로 우리의 목표이다.

본문을 읽고 그 본문의 메시지를 찾을 때 설교라는 우리의 목표를 잃고 헤매이면 안된다. 본문을 대할 때 어떤 아이디어가 머리에 떠오르면 바로 그 내용을 메모해야 한다. 그리고 읽은 본문에 꼭 붙어서 계속 묵상하라. 그래서 처음에 붙든 그 아이디어를 계속 발전시킬 수 있도록 해야 한다. 처음의 그 아이디어는 우리의 상상력을 부풀게 하는 임신한 '태아'와 같은 역할을 한다. 그리고 이 '태아'가 계속 성장하여 설교를 낳게 되는 것이다. 오랜 시간 동안 읽고, 묵상을 하면 할수록, 그 내용은 더욱더 명확해질 것이고, 건강한 아이가 태어나듯이 그렇게 건강한 설교의 모습을 띠고 이 세상에 그 모습을 드러내게 될 것이다. '본문은 무엇을 말하는가?' 하는 이 첫 번째 질문을 끝냈을 때, 당신은 한 덩어리의 자료들을 가지게 된다. 이제 그 자료들을 가지고 작업을 할 수 있다. 당신은 여기에 아이디어를 더해야 할 것이다. 당신은 그 본문에 대한 어떤 '느낌'을 발전시킬 수 있다. 그래서 메시지를 위한 몇 가지 명제들이 될 수 있는 몇 가지 아이디어를 소유하게 된다. 그러나 여기서 너무 서둘러서는 안된다. 해야 할 일이 아직 많이 남아 있기 때문이다.

2. 본문은 어떻게 말하는가?

여기서는 문학이론의 영역으로 들어가 보자. 문학이론은 안개처럼 희미하고, 때로는 우리를 놀라게 하고, 우리를 좌절케 하기도 한다. 그러나 문학이론의 본질은 본문 이해라는 작업에 있다. 우리가 본문의 문학적인 성격을 무시하면 우리의 해석 작업은 모호해지기 쉽다. 본문은 비유인가, 알레고리인가 아니면 격언인가 서사문인가를 물어야 한다. 만약 우리가 읽는 본문이 서사문이라면, 그것이 다시 픽션인가, 역사인가, 신화인가 이 세 가지를 혼합한 것인가를 물어야 한다. 대화에서 사용된 수사법은 무엇인가? 과장법, 돈호법, 직유법, 메타포인가를 물어야 한다.[15] 세심한 학생은 이런 자료들을 정직하게 마주 대하여 연구하고, 여기에 영적인 감각을 더한다.

로마서라는 서신을 시편이라는 시와 동일하게 해석해서는 안 된다. 또한 요한계시록의 상징과 이미지들을 다른 문학장르와 동일하게 취급해서도 안된다. 성경을 문학적으로 생각하는 사람들은 성경이 말하는 어떤 내용들은 문자 그대로 해석해서는 안된다는 것을 안다. 요한계시록 1장 12-16절에서 요한이 묘사하는 그리스도와 시편 114편에서 출애굽하는 이스라엘의 모습 등은 문자 그대로 해석해서는 안된다.[16] 이 말씀들은 분명히 어떤 역사적인 실체를 언급하고 있다. 그러나 문자 그대로 그것이 사실이라고 생각해서는 안된다. 때로는 상징을 사용해서 무언가를 전달하려는 시도가 훨씬 나을 때가 있기 때문이다.

옛 금언은 지금도 여전히 들어맞는다. "성경의 통상적인 의미가 건전한 상식에 들어맞거든, 여기에다 또다른 의미를 더하거나 찾지 말라." 그러나 우리는 성경의 어떤 구절이 한 가지 문학적 장르만을 갖지 않는다는 사실을 놓쳐서는 안된다. 그런 세심한 연구를 통해서 우리는 통상적이라고 생각하던 그 구절의 의미가 단순히 그렇지 않다는 것을 알게 된다.[17]

바로 이 지점에서 설교자들은 본문의 '그림들'에 주의해야 한다. 본문은 때로 분명한 의미를 줄 수도 있다. 그러나 그 의미가 히브리어나 헬라어 또는 어떤 관용법 뒤에 숨어 있을 수도 있다. 그림들을 찾은 다음에 '의미론적 영역'을 밝혀야 할 것이다. 이 단어가 농업에 속한 것이냐, 건축에 속한 것이냐, 법률에 속한 것이냐 등을 결정해야 한다.[18] 성구색인, 어원 사전, 관주 등을 사용해서 동일한 어근에 속하는 단어가 다른 구절에서 어떻게 사용되었가를 살펴볼 수도 있을 것이다. 이때 본문은 새로운 의미를 보여 주거나 우리가 전혀 알지 못했던 의미를 드러내기도 한다. 6장의 '무지개 설교'를 잊지 말라.

바울은 유대교화자의 율법주의적인 교리를 거부한다. 우리는 이런 내용을 갈라디아서에서 볼 수 있는데, 여기서 바울은 풍부한 그림들을 사용해서 그리스도인들에게 권고의 말씀을 준다(갈 5:1-12). 멍에, 노예, 자유(1절), 이익, 손실, 부채(2절), 실패(3-4절), 경주(7-8절), 떡을 굽는 것(9절), 뭔가를 움직이게 만드는 것, 또는 소동을 일으키는 것(10절), 할례 수술(11-12절) 등이 있다.

3. 본문은 처음의 독자들에게 무엇을 말하려 했는가?[19]

"이 본문이 과거에는 어떤 의미를 지녔는가?"라는 물음이 있다. 그리고 이 물음은 "이 본문이 현재 우리에게는 어떤 의미가 있는가?"라는 물음에 앞서서 던져져야 한다. 왜냐하면 성경의 계시는 점진적이고 누적적이기 때문이다. 구약성경 본문의 진리는 얼마간의 시간이 흐르기까지 그 정확한 의미가 드러나지 않는다. 그러므로 구약의 의미는 최초의 저자, 최초의 독자들이 파악했던 의미에 국한해서는 안된다. 동시에 신약성경 진리의 구약적인 컨텍스트를 무시할 때도 마찬가지의 오류가 발생한다. 인간 몸의 부활에 대한 메시야적인 약속에 의해서 구약성경의 진리가 점진적으로 계시되었다는 것을 알 수 있다. 구약성경에는 몸의 부활에 대한 분명한 교리가 아직까지 나타나지 않는다. 신약의 진리에 의해서 구약의 진리가 점진적으로 확실해지는 것이다. 우리가 하나님의 말씀인 성경본문을 연구할 때에 주의해야 할 점은, 우리가 연구하는 본문이 점진적으로 발전해 가는 계시에서 어느 단계의 계시인지를 알아야 한다는 것이다.

예를 들어 보기로 하자. 다윗은 이렇게 기도한다. "나를 주 앞에서 쫓아내지 마시며 주의 성신을 내게서 거두지 마소서"(시

51:11). 우리는 지금 다윗의 이 기도에서 그의 전왕이었던 사울을 기억하게 된다(삼상 16:13-14). 사울에게서 하나님의 영이 떠나고 말았던 것이다. 그렇다고 해서 우리는 이 본문이 '구원의 영원성' 이라는 교리와 모순된다고 생각해서는 안된다는 말이다. 요한복음 14장 6절은 우리 구원의 영원성에 대해서 말씀한다. 그러나 시편 51편 11절이 이 말씀과 다른 메시지를 말하고 있다고 생각해서는 안된다. 왜냐하면 다윗은 요한복음의 예수님의 말씀을 그때까지 듣지 못했기 때문이다. 예수님의 제자들이 다락방에서 주님의 말씀을 들을 때 그들은 참으로 스릴을 느꼈을 것이다. 왜냐하면 하나님의 성령의 완전하고 계속적인 임재가 옛 시대에는 하나님의 종들에게 보장되지 않았기 때문이다. 하나님의 성령이 당신과 함께 영원히 거하신다고 생각해 보라. 이 어찌 전율을 일으키지 않겠는가?

하나님의 말씀의 해석은 성경신학에 대한 확실한 입장으로부터 비롯된다. 성경신학에 대한 경외감이 없이는 정확한 해석이 불가능하다. 창세기는 인간에 대해서 무어라고 말하는가? 레위기는 죄에 대하여 무어라고 말하는가? 시편은 창조에 대하여 무어라고 말하는가? 요한복음은 인간의 책임과 하나님의 주권에 대해서 무어라고 말하는가? 성경의 하나님의 계시가 어떻게 펼쳐지는지를 찾아보는 것은 매우 흥미있는 작업이고, 하나님의 계시와 하나님의 피조물 가운데서 다양성과 통일성을 찾아보는 것은 매우 중요한 작업이다.[20]

4. 본문이 오늘의 교회들에게 어떤 의미가 있는가?

여기서 우리는 역사신학의 영역으로 들어가게 된다.[21] 교회가 소중하게 보존해 온 교리들은 대부분 싸움에서 승리를 거둔 것들이다. 교회는 그 신앙을 지키기 위해서 교회 안에 있는 이단들, 그리고 교회 밖에 있는 이단들과 싸움을 하여 교회를 보존하였다. 또 교회가 무엇을 믿었는가 하는 것을 알아야 한다. 그러나 더 중요한 것은, 교회가 어떻게 그런 교리를 믿게 되었는가 하는 것이다. 따라서 그 교리를 보존하기 위해서 어떻게 교리 전쟁을 했는지도 알아야 할 것이다. 이 신앙은 성도들에게 맡겨진 것들이다(유 3절).

현재 우리 교회의 배후에는 거의 20세기 정도의 역사가 있다. 그런 긴 역사 속에서 우리는 견해 차이로 인한 싸움, 논쟁과 분열, 타협과 협정 등의 부정적인 측면을 볼 수 있다. 그러나 이런 상황에서도 주의 깊은 설교자들은 역사적인 전망을 얻는다. 조지 산타나(George Santayna)는 이렇게 말한 적이 있다. "과거를 기억하지 못하는 사람들은 과거를 반복하는 저주에 휩싸이게 된다". 나는 알프레드 노스 화이트헤드의 말을 인용하여 이 말의 균형을 잡기 원한다. "과거를 어떻게 보존했는가 하는 것은 미래를 어떻게 보존할 것인가 하는 물음과 동일하다."[22]

우리가 지금 '교회'라고 말할 때 어느 교회를 말하는가? 내가 여기서 말하는 것은 '그리스도교회 역사의 그 교회'이다. 여러 공동체들이 교리들의 세세한 부분에서 서로 입장을 달리하고 의견을 달리하지만, 그리스도 예수를 따르는 그리스도인으로서, 우리 모두에게 속한 진리 체계가 있다. 우리가 어떤 사람들과 교리를 달리 한다 해도 하나님께서 그들을 축복하신 이유가 있을 것이다. 우리가 이런 이유를 생각해 보면 나름대로 유익을 얻을 수 있을 것이다. 우리가 그 사람들과 어떤 측면에서 어떻게 다른 견해를 갖고 있는지를 배우

당신이 성경에게 말을 건네지 않으면, 성경도 당신에게 말을 하지 않을 것이다

는 것은 좋은 일이라 생각한다. "자신의 입장만을 아는 자는 그것조차 알지 못한다"고 하는 말이 있다. 이런 말을 한 사람이 누군지는 생각나지 않지만 그 말은 참으로 사실이다.

역사신학은 우리의 교리를 고요한 상아탑에서 벗어나 시끄러운 싸움판으로 이끌고 간다. 우리는 이런 교리 전쟁으로 인하여 오히려 교리들이 얼마나 믿을 수 있는 것인지를 알 수 있다. 그리고 우리가 어떻게 그 교리들을 잘 사용해서 우리 자신을 방어할 수 있는지도 배우게 된다. 제1차 니케아 교회 회의와 웜스 의회에서 논한 내용들은 오늘날 우리 교회에서 우리가 부딪치는 목회적인 문제들과 아무런 관계가 없는 듯하다. 그러나 실제로는 그렇지 않다. 인간 본성은 그리 변하지 않았다. 영적인 필요성도 역시 동일하다. 우리가 하나님을 알면 알수록, 우리가 그의 뜻을 순종하면 할수록, 더욱더 좋은 교회, 더 하나님의 뜻을 따르는 교회가 될 것임에 분명하다.

해리 에머슨 포스딕은 천문학자와 천문학의 체계는 오고가지만 별들은 여전히 남아 있다고 말한 적이 있다.[25] 나는 포스딕의 신학에 동의하지 않지만, 이 점에서 나는 그의 의견과 같이 한다. 우리는 별들을 보기 위해서 교회 역사를 연구한다. 그러나 우리는 교회 역사를 연구하다가 천문학자들과 인터뷰를 하고, 그들이 그 별들을 잘 설명했는지를 살펴볼 수 있을 것이다. 그들이 옳은 장비를 가지고 별들을 잘 관찰했는지, 그들의 권위가 얼마나 타당한지를 알아보아야 할 것이다. 교회 역사는 진리뿐 아니라 거짓도 기록하고 있다. 여기서 우리의 판단력이 필요하다.

어떤 사람들은 역사가를 "과거를 좇아가는 사람들"이라고 말한다. 그러나 어떤 설교자들은 과거를 전혀 좇아가지 않는다. 신학

상상이 담긴 설교

교를 졸업한 다음에는 교과서들도 손에서 놓고, 이곳저곳 세미나를 쫓아다니기에 바쁠 뿐이다. 어떻게 하면 큰 교회를 세운 사람들을 따를 수 있을 것인가에 관심을 갖고 있을 뿐이다. 과거를 급히 흘려 보내고는 돛을 잃어버린 배처럼 이리저리 쏠려다니고 있을 뿐이다. 실용주의 바다에 자신의 몸을 맡겨서 그곳에 흘러 들어가 보기도 하고, 희미한 성공의 바다에서 표류해 보기도 하지만 이러저리 쏠려다니기는 마찬가지이다.

    교회 역사의 무대에 지금껏 나타나지 않았던 이단도 없고, 무슨 특별하고 희한하다고 할 신앙집회라고 하지만 이미 교회사에서 지나간 것들에 불과할 따름이다. 설교자는 사실 역사신학과 조직신학의 도움을 받아서 성경본문의 해석을 할 수 있다. 이 중 한 가지라도 무시해서는 안된다. 신학자들이 자신들의 신학교리들을 실질적이고 개인적으로 유지하기 위해서는 설교자가 되어야 한다. 그리고 설교자들은 자신의 신학적 교리들을 정확하고 권위 있도록 하기 위하여 신학자가 되어야 한다.[24]

    역사신학 도서들을 읽는 일은 매우 곤혹스러운 것이라 할 수 있다. 교회의 지도자들이라고 하는 사람들이 그리스도의 이름으로 서로 공격을 해대고 싸움을 하니 어떻게 그런 사람들에게서 그리스도의 모습을 찾을 수 있단 말인가 하는 생각이 들기 때문이다. 그들은 그리스도의 이름을 옹호하기 위해서 그러노라고 하지만 그리스도에게서 볼 수 있는 모습과는 전혀 딴판이다. 그러나 교회의 역사 가운데서 그런 갈등은 엄연한 역사의 한 부분이고, 오늘날의 교회도 역시 그런 측면에서 벗어날 수 없다. 필립 샤프 교수는 이에 대해서 이렇게 말한다. "그리스도 교회의 분열은 계시된 진리의 다양한 측면과 다양한 면모를 드러내게 하였다. 그리고 그런 분열을 통해서 오히려 더 깊고 풍부한 하모니를 만들어내었다. 그러나 그런 분열 가운데서도 역시 그리스도는 핵심 기둥이다. 그리스도 안에서, 그리고 그리스도에 의하여, 신학과 역사의 모든 문제들은 해결될 것이다. 다른 믿음을 가지고 있다는 사람들도 그리스도를 중심으로 해서 그에게 더욱더 가까이 가게 되면, 그들은 더욱더 서로 잘 이해하게 되고 사랑하게 된다.[25]

5. 본문이 내게 의미하는 바는 무엇인가?[26]

성서적 설교는 선포되어야 하고, 그 설교 속에서 설교자의 간증도 전달해야 한다. 다시 말해서, 목사가 본문과 씨름하면서 직접 발견한 영적 진리들을 청중들에게 깨닫게 해야 하는 것이다. "우리 설교에서 진리가 인격을 통해 나타날 때 진정한 설교가 된다"고 필립 브룩스가 유명한 예일대 초청강연에서 밝힌 것처럼,[27] 이 말은 언제 들어도 타당하다. 만약 말씀의 진리가 설교자의 인격을 통해서 나타나지 않는다면, 설교는 강의가 되어 버린다. 그러면 설교자는 위선자가 될지도 모른다. 만약 본문이 설교자 자신에게 감동적으로 와 닿지 않으면, 청중들에게도 그 본문을 감동적으로 전달하는 데 실패할 것이다.

우리는 자신의 경험을 자신의 행동에 연계시킨다고 얘기들 한다. 이것은 우리의 삶 모든 영역에 다 적용되지 않을지도 모른다. 그렇지만, 설교자들은 본문을 연구할 때 삶의 영역인 두려움, 소원, 실패, 기쁨, 그외의 다른 인간적인 경험들을 성경 본문에 연계시킨다. 이런 관점에서 생각해 보면, 삶의 영역에 민감한 설교자가 신뢰받는

상상이 담긴 설교

설교자가 될 수 있다는 것이다. 비록 하나님의 진리를 사람들의 마음에 진실하게 심을 만한 설교 강단을 갖지 못한 설교자일지라도 삶의 영역에 민감해야 한다. 신뢰받는 설교자가 되기 위해서 설교자 당신은 골방에서 진실한 고백을 하라. 하지만 무엇보다도 하나님이 당신의 영혼 속에 행하신 일을 말하라.

루터는 말한다. "기도, 명상, 유혹은 설교자를 만든다." 우리는 기도와 명상에 있어서는 별로 어려움을 느끼지 않는 것같다. 하지만 유혹으로 인해서는 고통을 겪는 듯하다. 하나님이 설교자들에게 고통을 허락하시는 한 가지 이유는 그 유혹들을 통해서 설교자가 영적으로 더 성숙해지는 기회를 갖게 하시기 위해서이며, 더 나은 설교를 하게 하기 위함이다. 주님께서도 그의 사역을 준비하기 위해서 고통을 겪어야 했다(히 2:14-18). 그걸 생각하면 우리가 고통을 외면할 수 있겠는가? "참된 설교자는 이 고통의 과정을 통해서 알려진다"고 에머슨이 말했다. 그는 또 "설교자는 고통을 통과한 자신의 삶을 사람들과 나눔으로써 비로소 참된 설교자가 된다"[28]고 했다.

설교자가 성경을 연구하는 것 그 자체가 거룩한 공간이다. 그것은 거기서 연구하는 사람 때문이 아니라 거기서 일어나는 사건들 때문이다. 우리는 하나님의 말씀을 연구하는 가운데서 주님을 만나고, 그분과의 만남 속에서 그분이 선포하기 원하시는 메시지를 받는다. 우리는 또한 그 말씀 가운데서 우리 자신을 만난다. 그리고 그 만남은 고통스러운 것이 되기도 한다. 그렇지만 그것은 설교자가 예배에서 청중들에게 선포해야 할 말씀을 받는 만남의 거룩한 장소이다.[29]

나는 앤드류 보나르(Andrew Bonar)가 로버트 머래이 맥체이니

(Robert Murray M' Cheyne)에 대해서 쓴 내용을 좋아한다.

> 처음으로 그는 자신이 받아 먹은 것을 남에게 먹였다. 그의 설교는 그의 영혼의 경험을 발전시키는 것이었다. 그것은 내적 생활을 자라게 하는 것이었다. 그는 목자장 되시는 주님이 그를 만나곤 했던 초장을 좋아했고, 그 초장에서 얻은 영양분으로 그의 양떼를 믿을 만한 길로 이끌었다… 그의 영은 충만했고, 그의 입술은 그의 영 속에서 느낀 것을 말하였다. 그는 생수만을 주었을 뿐 아니라, 그가 직접 마셨던 샘물로부터 솟아나는 생수를 주었다. 이것이 참된 복음사역 아닌가?[30]

설교준비는 설교자 자신에게 감동적이어야 하며 개인적인 모험이 되어야 한다. 설교는 하나님의 진리가 하나님의 섭리와 더불어 나타나야 하고, 동시에 설교는 설교자를 깨닫게 한 경험들을 나타내야 한다. 설교자가 뭔가를 말해야 하기 때문에 하는 설교와 말해야 할 뭔가가 있기에 설교하는 것은 크게 다르다. 청중들은 그 차이를 알아차린다. 그리고 설교자는 청중들의 반응을 통해서 결국 그 차이를 알 수 있게 된다.

설교 본문을 연구할 때, 설교 본문이 설교자에게 개인적인 체험이 되게 하고, 또 그 본문 속에서 말씀의 진지한 의미를 제대로 깨닫고자 한다면, 설교자는 본문을 기도속으로 끌고 들어가야 한다. 이를 위해서, 설교자 자신은 그 본문을 끌어안고 용서받아야 할 죄인으로서 기도하라. 찬양을 힘차게 이끌 예배자로서 기도하고, 주님의 뜻을 받아들일 종으로서 기도하라. 하나님의 인도와 안내를 받는 순례자로서 기도하고, 진리를 찾는 제자로서 기도하라. 다른 말로 하면, 본문을 당신 자신의 것으로 만들라는 것이다. 엠마오로 가던

상상이 담긴 설교

설교 본문을 연구할 때, 설교 본문이 설교자에게 개인적인 체험이 되게하고, 또 그 본문속에서 말씀의 진지한 의미를 제대로 깨닫고자 한다면, 설교자는 본문을 기도속으로 끌고 들어가야 한다. 이를 위해서, 설교자 자신은 그 본문을 끌어안고 용서받아야 할 죄인으로서 기도하라. 찬양을 힘차게 이끌 예배자로서 기도하고, 주님의 뜻을 받아들일 종으로서 기도하라. 하나님의 인도와 안내를 받는 순례자로서 기도하고, 진리를 찾는 제자로서 기도하라.	제자에게 일어났던 사건처럼 설교자 당신의 마음이 당신 안에서 불타게 하라는 것이다. 그러면 주님이신 예수 그리스도가 설교자 당신을 변화시키실 것이고, 당신은 말씀으로 마음의 눈을 뜨게 한 우리 주님을 누군가에게 전하는 데 있어서 느긋하게 마냥 기다릴 수 없을 것이다(눅 24:13-35). 이러한 뜨거운 열정은 당신의 설교를 변화시킬 것이다. 설교자는 사실 자체뿐 아니라 자신의 감정에도 충실해야 한다. 그래서 설교자는 우선 본문을 연구하고, 그 본문을 체험하고, 그 본문이 설교자를 깨닫게 해야 한다. 소로우(Thoreau)가 글쓰는 법에 대해 말한 것을 설교에도 적용할 수 있다. "힘있는 작가들은 그의 체험을 가지고 그의 언어 뒤에 분명하게 서 있다. 그는 책을 가지고 책을 만들지 않는다. 그는 단지 사람(사람들의 체험) 안에 있을 뿐이다."[31]

6. 본문이 청중들에게 무엇을 의미하는가?

바로 청중을 통해서 설교자는 목사가 되고 목사는 설교자가 된다. 만약 설교자가 성도들을 알지 못한다면 하나님의 말씀을 그들의 필요에 어떻게 구체적으로 적용할 수 있겠는가? 솔직히 말해서 인간 본성은 어느 교회를 막론하고 거의 같다고 본다. 그러나 대제사장이 자기 백성을 책임지고 모으며 그의 마음 속에 늘 품는 것처럼(출 39:1-21), 목사가 성도들을 그렇게 품을 때 성도들은 행복하다.[32]

마음의 눈으로 성도들을 측량하고 또 성도들이 얼마나 다양하게 설교에 반응을 보일 것인지 상상해 보라. 설교본문이 성적으로 학대받는 아이에게는 무엇을 말하는지, 고민하는 십대들에게는 무엇을 말하는지, 또 외로운 과부나, 실직한 가장, 은퇴한 사업가, 지친 주부, 초신자, 신혼부부들에게 무엇을 말하는지를 생각하라. 설교자인 우리가 그들을 어떤 태도로 대하든지 그들에게 확신을 줄 수는 없다. 하지만 말씀의 빛 안에서 그들이 확신을 갖게 할 수는 있다. 왜냐하면 훌륭한 의사인 주님이 우리에게 어떤 약을 투입하는지 알 수 있기 때문이다.

성도 각자는 다양한 '설교의 역사'를 지니고 있다. 당신이 설교 사역에 오랜 동안 몸담게 된다면 당신은 설교가 무엇인지를 배울 것이다. 예를 들어, 한 교회에서 목사가 오랫동안 목회하면서 선교를 강조하면 그 교회 교인들은 해외 선교에 관심을 갖지 않는 자신들을 부담스럽게 여긴다. 또 전임자가 모세의 율법을 강조한 반면에 그의 후임자가 전임자와 다르게 하나님의 은혜만을 전파한다면 성도들은 헷갈리게 된다(후임자가 하나님의 은혜를 지나치게 강조한 나머지 율법 준수를 강조한 전임 설교자의 설교와 상충될 수 있다는 뜻이다- 역자주). 만약 당신의 전임자가 말씀을 계속 전파하면서 오랫동안 목회를 한 교회에 당신이 부임했다고 하자. 이때 당신은 전임 설교자

상상이 담긴 설교

가 설교한 내용을 잘못 이해하거나 정반대로 생각하는 성도들을 발견하게 될 것이다.

나는 설교자가 신학적인 용어를 능숙하게 사용하면서도, 청중들의 삶을 날카롭게 지적하지 않는 '겉으로 보기에 선량한 설교자'가 되자는 것은 아니다. 우리는 "뱀같이 지혜롭고 비둘기같이 순결해야 한다"(마 10:16). 특히 우리의 설교를 듣기 원치 않는 성도들에게 말해야 할 때가 그렇다. 어떻게 말해야 하는가 혹은 무엇을 말해야 하는가가 아니다. 성도들이 무엇을 생각하며 사는지를 안다면, 우리는 설교에서 보다 건전하고 사랑스런 방법으로 그러한 문제들을 다룰 수 있다. 그러나 그 속에 더 복잡한 문제들이 산재해 있다.

교회 성도들이 사회나 성도들에게 영향을 미치는 수많은 '신화'[33]에 의식적이든 무의식적이든 영향을 받을 때, 우리 설교는 그들 삶에 장애물이 되는 신화를 제거할 수 있어야 한다. 동시에 그 속에서 사람들을 진리 가운데로 인도할 수 있어야 한다.

미국을 처음 찾았던 청교도들은 새로운 땅에 '새로운 이스라엘'을 세운다는 미국 신화에 스스로 흥분하고 있었다. 이 신세계(미국)는 그들에게 있어서 그야말로 '거룩한 언덕 위에 세운 도시'였다. 이스라엘 사람들이 약속의 땅에 그들 나라를 세웠으나, 하나님께서 여호수아에게 주신 약속과는 거리가 먼 것이 되어 버렸을 때 그들은 신화를 바꾸어 나라의 서쪽 경계를 확장하였다. 새 '미국 신화'는 미국을 세계를 이끌 하나님의 선택된 '메시야 왕국'으로 규정하였고, 다른 나라를 속박에서 구출해 내는 나라로 믿었다.[34] 노장층 뿐만 아니라, 특히 젊은 세대들 사이에서 뉴에이지 사고가 싹트기 시작했고, 이런 뉴에이지 사고에도 불구하고 그들은 미국이 선택을 받았다는 신화를 버리지 못하고 있다. 특히 뉴에이지 신화는 사람들을 향해서 "당신들은 하나님과 같아질 것이다!"라고 말한다.

　우리가 아무리 상담과 방문을 많이 한다 해도, 목회를 위한 최선의 선택은 역시 강단이다.[35] 결국 우리는 청중이 아닌 개개인에게 설교를 해야 한다. 하나님의 말씀의 영역은 제한되어 있지 않다(시 119:96). 하나님의 말씀이 제한되어 있지 않다는 점을 충분히 알고 있다면, 그 말씀은 놀라운 방법으로 사람들의 필요를 채울 것이다. 설교자가 삶 속에서 발생하는 모든 문제를 다루는 메시지를 준비한다는 것은 거의 불가능하다. 그러나 설교자가 하나님의 말씀에 진실하게 다가가고, 예수 그리스도에 설교 초점을 맞춘다면, 성령은 그의 백성들인 성도들에게 진리로 다가가 그들의 삶을 힘껏 도울 것이다. 만약 이것이 사실이 아니라면, 난 오래 전에 설교를 그만두었을 것이다.

7. 설교자는 청중들에게 어떻게 본문을 의미 있게 만들 것인가?

　자, 이제 설교자 당신은 거룩한 상상력을 다 끌어내어 당신의 설교를 돕게 해야 한다.[36] 이를 위해서 설교자는 상상력을 가지고 특수한 상황을 일반적인 상황으로 옮길 수 있도록 만들어야 하는 것이다. 다윗이나 예레미야에게 있었던 사건들은 이미 지나간 역사이다. 하지만 우리는 그들 경험의 이면에 나타난 원리를 본다. 그리고 이런 원리를 오늘날 우리의 삶과 연관시켜야 한다. 우리가 모아놓은 실제적인 데이타들은 성경강의를 위해서 사용될 수 있다. 그러나 그러한 데이터 이면에 담겨진 영적 진리들을 볼 수 없다면, 우리는 하나님을 영광스럽게 하고 성도들을 도울 수 있는 메시지를 만들 수 없다.

예를 들어, 사무엘상 30장에 기록된 시글락에서 있었던 다윗의 경험은 우리 현대인이 혹된 시련을 겪고 있을 때, 하나님이 우리를 어떻게 돕는가를 보여 준다. 우리는 뭔가를 포기하거나(4절), 뭔가 비난을 퍼부을 사람을 찾을 수 있다(6절). 혹은 하나님으로부터 용기를 얻을 수도 있다(6-8절). 이와같이 다윗도 그의 삶에서 하나님의 뜻을 찾았고, 하나님의 인도하심을 따랐고, 하나님의 힘에 의존했으며, 그 결과 승리로 하나님께 영광을 돌렸다. 조언을 얻을 만한 대상이 없을 때, 우리는 기도할 수 있는 중재자이신 대제사장이 있으며, 또 모든 약속을 가지고 있는 영감된 하나님의 말씀이 있음을 기억해야 한다.

설교는 역사적인 사실에 기초한다. 그러나 설교는 역사를 초월하는 영적 진리와 원리들에 초점을 맞춘다. 만약 우리 설교자가 특수한 상황을 일반적인 상황으로 옮기지 않는다면, 그것은 설교를 하지 않는 것과 같다. 그것은 우리가 단순히 성경의 이야기를 그대로 전달하는 것에 불과하고, 결론에서 '특별한 적용'만을 만들어낼 뿐이다. 단지 누군가가 아직도 듣고 있을 것이라는 희망만을 가지고서 말이다.

상상은 우리 설교자가 과거 상황으로부터 현재 상황으로 옮길 수 있도록 돕는다. 이것은 우리가 본문을 소위 현대화한다는 것이 아니다. 이를테면 복음서의 탕자의 비유를 벤츠를 타고 라스베가스로 도망가는 어떤 아들이 있었다는 식으로 말하는 것이 아니다. 우리는 또 성경을 '연관성 있게' 만들 필요는 없다. 왜냐하면 성경은 이미 우리의 삶에 연관되어 있기 때문이다. 황금 송아지를 만들어

당신이 성경에게 말을 건네지 않으면, 성경도 당신에게 말을 하지 않을 것이다

놓고 변명으로 일관하는 아론의 모습에서 사람들은 자신들의 모습을 본다. 엘리야의 모습 속에서 상처난 자존심이 치료받고 위로를 찾는 자신들의 모습을 본다. 가장 소중히 여기는 것까지 하나님께 드리는 아브라함의 마음에서 사람들은 자신들의 마음을 보며, 자신의 죄를 덮으며 상처난 마음으로 그 죄들을 고백하는 다윗의 모습에서 사람들은 자신들의 모습을 본다. 또 고통스럽고 후회스런 눈물을 흘리는 베드로의 모습에서 청중들은 자신들의 모습을 본다. 성경에 기록된 사람들과 사건들은 가히 현대적이다. 성경을 단지 종교 역사로 전락시켜 현재의 생생함을 제거해서는 안된다.

상상은 우리가 비인격적인 것에서 인격적인 것으로 옮기도록 돕는다. 나는 어린아이들이 놀고 있는 공원을 배경으로 하여 자연 세계를 찍는 사진작가에 대한 글을 읽은 적이 있었다. 어린아이들이 자신들을 찍고 있는 사진작가를 보고 있는데 그 중 한 아이가, "선생님, 언제 우리를 찍어 주시는 거예요?" 하고 물었다. 설교를 듣는 청중들도 우리가 설교하고 있는 동안 아이들과 똑같은 질문을 하면서 우리 설교자들을 방해할 수 있다. 그러나 설교를 준비하는 동안, 성도들이 '사진 안에,' 즉 설교자의 '설교 준비 안에' 포함되지 않는다면, 그들은 우리가 설교하는 동안 결코 설교 안에 함께 있지 않을 것이다.

만약 설교자가 여섯 가지 질문에 정직하게 대답한다면, 특히 네번째로부터 여섯번째에 이르는 질문에 정직하게 대답한다면, 청중들을 설교의 그림 안으로 들어가게 할 수 있다. 설교의 최종 도달점은 설교의 목적을 성취하는 것이지, 주제 설명이 아님을 기억해야 한다. 우리 설교자는 그 마음 가운데, 그리고 우리 성도들의 마음 가

상상이 담긴 설교

운데 뭔가가 일어나길 기대한다. 우리는 하나님의 영이 진리를 통하여 그리스도가 우리에게 생생하신 분으로 나타나시길 바란다. 또 하나님의 영은 우리의 인격이 예수님을 닮아가도록 우리를 변화시키길 원한다.

이제 서론과 결론에 대해 얘기해 보자. 설교의 두 부분(서론과 결론)은 매우 개인적이어야 한다고 생각한다. 서론은 짧으면 짧을수록 좋다. 설교자 당신의 청중들에게 설교할 때는 더욱 그렇다. 청중들은 당신이 설교하기를 기대하고 자신들은 듣기를 원한다. 그렇다면 왜 본론을 늦추는가? 알다시피, 서론의 가장 중요한 목적은 본문을 밝히는 것이다(이 본문은 설교 전에 읽혀져야 한다). 그리고 설교자는 청중들이 본문에서 하나님이 말씀하시려는 것을 왜 들어야 하는지를 말해야 한다. 그것을 말하는데 10분씩 걸릴 필요가 없다. 요즈음은 인스턴트 식품의 시대요, 5분 안에 자동차 엔진오일을 교환한다. 사람들은 본문에 나타난 모든 문제를 다루는 것과 본문의 배경을 설명하고 상황을 설명하는 서론이 담긴 전통적인 설교를 들을 인내가 없다. 장총을 쏘기 위해서 조준을 너무 오래하면 그 타켓이 사라질지도 모른다.

만약 내가 시글락에서 있었던 다윗에 대한 설교를 소개한다면, 아래와 같이 설교할 것이다.

> 일터에서 돌아오는 운전길에 당신은 가족들을 다시 만나 맛있는 저녁을 먹으리라고 예상한다. 또 안락의자에 앉아서 신문을 읽고, 좋은 음악을 듣는 것을 상상할 것이다. 그러나 코너를 도는 순간 사이렌 소리가 들린다. 그 순간 당신은 앞길이 완전히 막혀 있고 즐비한 경찰을 발견한다. "죄송합니다. 선생님. 통과

당신이 성경에게 말을 건네지 않으면, 성경도 당신에게 말을 하지 않을 것이다

하실 수가 없습니다!" 경찰이 말한다. "집이 불타고 있습니다!" 그 소리에 깜짝 놀라 불난 집을 자세히 본다. 그 집이 바로 당신의 집이라는 것을 알아채는 순간 당신은 그 삶의 위기에서 어떤 반응을 보이시겠습니까?

물론 위기는 화재만이 아닙니다. 위기는 가족들의 죽음일 수도 있고, 직장을 잃는 것일 수도 있고 손자가 에이즈에 걸렸다는 사실일 수도 있으며, 당신이 암에 걸렸다는 의사의 진단일 수도 있습니다. 그러나 그 질문에 대한 답변이 있어야 합니다. 우리는 그런 삶의 위기 속에서 어떻게 반응을 보여야 합니까?

이 내용에서 당신은 본문에 나타난 세 가지 반응으로 설교를 전개시킬 수 있다. 그리고 메시지를 전개시키면서 이 자료를 배경으로 설교를 진행시킬 수 있다. 첫번째 제안(당신은 어떻게 반응을 보이시겠습니까?)의 인칭 대명사가 두번째 제안 (우리는 어떻게 반응을 보여야 할까요?)에서 어떻게 바뀌었는지를 살펴보라. 설교자는 흉상조각을 설명하는 강사가 아니다. 손가락을 흔들며 당신의 청중들에게 무엇을 해야 할지를 말하는 것이 아니다. 설교자는 같은 성도일 뿐이다. 설교자는 성도들이 지나가는 골짜기를 같이 지나가는 사람일 뿐이다. 또 설교자는 하나님으로부터 배운 것과 하나님이 설교자를 도우신 것, 그리고 그분이 설교자에게 행하는 모든 것을 함께 나누는 사람일 뿐이다.

고전 설교학 책들의 대부분은 설교자가 설교를 잘하도록 돕는 여러 방법들을 말하고 있다. 하지만 그 책들은 "적용을 하라"에 강조점을 두고 있다. 나는 적용을 청중들이 무엇을 해야 하는지를 가르쳐 주는 것으로 이해하며 해석해 왔는데 최근에 그 태도를 바꾸었

다. 영어 단어 '적용하다'는 라틴어로 '접다' 혹은 '함께 가져오다' 란 뜻이다. 그림에 접목시켜 생각해 보자. 적용은 그림에서 당신이 붓과 그림그릴 화면을 함께 준비하는 것이라고 볼 수 있다. 이 말을 진리에 접목시켜 본다면, 설교자가 사람과 진리를 동시에 등장시키는 것이다. 이 말을 설교에 접목시킨다면, 청중들이 모든 설교의 요점들을 복습한다는 뜻이 아니다. 또 청중들의 '마음을 쾅쾅 두드리는 것' 처럼 적용시키는 것도 아니다. 적용부분에서 청중들이 하나님의 진리를 느끼도록(체험하도록) 만드는 것이며, 그들의 지성은 진리를 이해하고, 그들의 의지는 하나님의 말씀으로부터 배운 바를 실천에 옮기도록 만드는 것이다. '적용'은 하나님의 백성들이 하나님의 진리와 하나님의 영에 의해 감동되도록 '함께 펼쳐 나가는' 것으로서 개인적인 변화를 경험하게 하는 기회이다.

그러므로 적용은, 하나님의 영이 일하실 수 있는 상황이며 기회이다. 그런 상황은 몇분간의 묵상, 기도, 찬양을 드리면서, 혹은 교독 속에서 만들어질 수 있다. 여러 설교자들이 이미 설교에서 적용하려고 노력하며 또 적용을 위해서 기도하기도 한다. 이러한 태도, 즉 하나님의 말씀을 적용하려는 설교자의 노력은 아직도 가치 있는 일이다. 설교자가 창의적이며 적극적인 적용을 하는 순간에, 죄를 고백하는 성도들도 있을 것이며, 또 어떤 성도들은 즐거워할 것이며, 어떤 성도들은 그리스도에 대한 그들의 사랑을 확인할 것이며, 또 어떤 성도들은 하나님이 명령하신 것을 순종하겠다고 공언할 것이다. 그리고 어떤 성도는 구원받고자 처음으로 그리스도를 믿고 신뢰하는 시간을 갖기도 할 것이다.

언젠가 나는 신학교 도서관의 지하에서 뭘 찾고 있었다. 그러

당신이 성경에게 말을 건네지 않으면, 성경도 당신에게 말을 하지 않을 것이다

던 중 성경 연구를 주로 다룬 오래된 잡지 한 질을 발견하였다. 잡지를 넘기면서 나는 이러한 내용을 발견하였다. 모든 성경은 하나님의 감동으로 된 것이며 아래의 이유들 때문에 유익하다는 것이었다.

교훈 - 옳은 것이 무엇인지 알려 준다.
책망 - 옳지 않은 것이 무엇인지 알려 준다.
바르게 함 - 옳은 것을 찾게 해 준다.
의로 교육하기에 유익하니 - 옳은 것을 유지하도록 한다.

이것이 설교가 무엇인지를 한마디로 가르쳐 주는 것은 아닐까? 설교는 벽에 그림을 그리는 것이 아니며, 성도들이 감탄하도록 거기에 걸어 두는 것도 아니다. 벽에 있는 창문은 더더욱 아니다. 즉 삶의 실제에 도달하지도 못한 채 아름다운 삶의 겉모습만 보게 하는 창문이 아니란 말이다. 설교는 성도를 순례자의 길로 인도하는 활짝 열린 문이다. 이 문은 성도가 하나님의 영광에 이를 수 있는 봉사를 하게 하는 문이며, 성도 자신의 영적 성장을 위해 새로운 단계에 이르게 하는 문이다. 하나님의 말씀을 전하는 것이 얼마나 큰 특권인지! 이제 '상상이 담긴' 설교를 하는 방법을 생각해 보자.

> 설교는 벽에 그림을 그리는 것이 아니며, 성도들이 감탄하도록 거기에 걸어 두는 것도 아니다. 벽에 있는 창문은 더더욱 아니다. 즉 삶의 실제에 도달하지도 못한 채 아름다운 삶의 겉모습만 보게 하는 창문이 아니란 말이다. 설교는 성도를 순례자의 길로 인도하는 활짝 열린 문이다. 이 문은 성도가 하나님의 영광에 이를 수 있는 봉사를 하게 하는 문이며, 성도 자신의 영적 성장을 위해 새로운 단계에 이르게 하는 문이다.

"본래의 소리가 있는 곳에
수많은 메아리가 일어난다."

존 쉐드

"창조는 열심히 일한 산물이다."

앤드류 루니

"창의력을 발휘할 때 인간은
그 자신으로부터 뭔가를 끄집어낸다.
그는 마치 물동이를 그의 잠재의식 속으로
내려보내는 것과 같다.
그리고 그가 보통 닿을 수 없는
미지의 세계를 끄집어낸다.
인간은 그가 일상적으로 경험하는 것을
이러한 창의력으로 연결시킨다.
그러면 그는 예술 작품을 만들게 된다."

포스터

제 10 장
자르기와 합치기 : 분석과 종합

설교 요약(outline)은 설교에서 나름대로 중요한 가치를 지닌다. 그러나 우리가 잊어서 안될 것은 요약이 설교에서 반드시 필수 불가결한 것은 아니라는 것이다. 그렇다고 해서 설교요약을 중시하는 사람들을 심하게 비난할 생각은 없다. 나 역시도 신약과 구약의 각 장의 설교요약을 저술하여 출판한 적이 있기 때문이다.[1]

나는 신학교에서 본문을 어떻게 분석하고 주석하고 또한 그 요약을 발전시키는지를 배웠고, 이런 탁월한 가르침을 감사하게 생각하고 있다. 그러나 지금 나는, 설교 메시지가 한 본문을 요약해서 서론과 결론을 붙이고, 괜찮은 제목을 하나 붙여서 이루어지는 것이 아니라는 사실을 강조하고 싶다. 신학생일 때 나는 이에 대해서 매우 중요한 말을 들은 적이 있다. 그 당시에는 그게 무슨 말인지를 알지 못하여 그냥 지나치고 말았다. 본문 주석과 분석은 하나의 설교가 태어나는 데 있어 매우 중요한 예비 과정을 이룬다. 본문 주석과 분석을 하지 않으면 설교를 할 말이 떠오르지 않는다. 그러나 주석과 분석만을 의지하게 되면, 그 내용을 어떻게 효과적으로 전달해야 할지 알지 못한다. 주석과 분석은 단지 발판에 불과하다. 주석과 분석을 했다고 해서 끝났다고 생각하면 큰 오해다. 주석과 분석에 상상력이 들어가야 불이 붙게 되고 로켓 발사가 이루어진다.

단지 설교요약(본문 주석과 분석)을 가지고 사람들의 삶을 바꾸어 놓으려는 설교자들은 다음과 같은 명백한 사실을 깨달아야 한다.

1. 성경은 요약(outline)이라는 방법이 통하지 않을 때가 많다.

성경은 그런 식으로 기록되지 않았다. 로마서, 갈라디아서, 에베소서 등은 요약될 수 있는 여지가 있다. 그러나 전도서는 어떤가? 전도서는 그야말로 꾸불꾸불한 삶의 여정을 여기저기서 이런 저런 모양으로 관찰하고 있지 않은가? 요약이 되지 않는다. 잠언은 어떤가? 얼마나 많은 주제가 등장하는가? 요약이 불가능하다. 요한일서는 어떤가? 몇가지 관련된 주제들이 계속 반복되면서 나타난다.[2] 주님은 모든 일을 고상하고 체계적으로 하신다. 그러나 성령께서 영감 받은 필자들에게 성경을 기록하게 하셨을 때, 어떤 요약을 정해 놓고 그에 따라서 기록하게 했다는 증거는 없다.[3]

그리고 우리는 영감을 받은 일정한 설교학적 패턴을 따라서 성경의 설교들이 기록되었다는 증거를 찾을 수도 없다. 다섯 명의 설교자들이 오순절에 전한 베드로의 설교를 분석하면, 틀림없이 다섯 가지 다른 설교요약들이 나오게 된다. 설교는 '인격을 통하여 나타나는 진리'라고 말할 수 있다. 그렇다면 같은 진리라도 다른 설교자들에 의해서 각각 다르게 나타나게 된다. 예레미야는 이사야처럼 설교하지 않았다. 바울도 베드로처럼 설교하지 않았다. 그리고 성경에 나타난 어떤 설교자들도 예수님처럼 진리를 말씀하지 않았다.[4]

나는 요즘 유행하는 '스타디 바이블'(Study Bible)을 그리 환영하는 편이 아니다. 여기에 두 가지 잘못된 생각이 있다. 첫째로, 우리가 하나님의 말씀을 읽는 데 반드시 전문가의 도움이 있어야 한다는 생각이다. 둘째는 당신이 성경으로 더불어 할 수 있는 가장 중요한 일은 성경본문을 간단하게 요약하는 일이라는 것이다. 이 두 가지 생각은 정말 잘못된 생각이다. 성경 여백에 메모를 하고 본문을 요약하는 것은 성경의 기본적인 사실을 이해하는 데 분명히 도움을 준다. 우리는 이런 작업을 통해서 성경을 더 잘 이해할 수 있다. 그러나 성경연구를 해서 성경의 사실을 그렇게 주워 모으는 일보다 더 중요한 일이 있다.

T. S. 엘리어트는 이렇게 말한다. "분해하고 분석하는 연구는 단지 암탉이 알을 품는 것에 불과하다."[5] 주석은 언어를 '비우게 하여' 우리에게 사실을 더 많이 가지도록 한다. 그러나 상상력은 언어를 '채워서' 진리를 낳게 한다. 우리가 효과적으로 설교하려면 사실들을 쪼개고 자르는 것만으로 부족하다. 우리는 또한 의미들을 한데 모아서 창조적으로 재결합해야 한다. 분석과 주석은 중요하다. 그리고 좋은 요약은 매우 유용하게 사용될 수 있다. 그러나 여기서 그쳐서는 안된다. 워드워즈의 말을 인용하면, 분해하고 분석하여 본문을 죽여서는 안된다는 말이다. 본문에 우리의 인위적인 생각을 집어넣는다거나, 본문으로부터 진리가 흘러나오도록 하지 않고, 우리가 진리라고 생각되는 것을 억지로 밀어 넣어서는 안된다는 말이다. 마지

막으로, 우리는 사람들이 만든 본문 요약이 하나님 말씀의 영적 진리를 정확히 파악했기 때문에 나온 것이라고 항상 생각해서는 안된다.⁶ 나는 이미 이 문제를 본서의 첫부분에서 논의하였다. 다시 거론할 필요가 없다고 생각한다.

2. 진리는 항상 그런 식으로 발견되지 않는다.

"설교학은 과학이다. 그리고 그 과학에 토대를 둔 설교는 예술이다. 그리고 그 예술에 토대를 둔 설교는 생산이다". 나는 로이드 M. 페리 박사가 그의 설교학 강의 시간에 이렇게 말하는 것을 자주 들은 바가 있다. 나는 여전히 이 말에 전적으로 동의하고 있다. 설교는 기술이 있어야 한다는 면에서 과학이며 예술이다. 그리고 이 사실을 잊는 설교자에게 화가 있을지어다! 설교는 정보와 상상력, 분석과 종합, 논리와 직관, 모두를 필요로 한다. 그리고 하나님의 말씀의 진리를 발견하고 나서 메시지를 생산하게 된다.

사람들은 과학자들이 실험과 탐구뿐만 아니라 직관과 상상력을 토대로 해서 연구한다는 말을 들으면 의아해한다. "논리적 과학적 언어만 가지고 모든 문제를 해결하려는 시도는 물을 그물로 퍼올리려거나 바람을 가마니에 담아 두려는 것과 같이 스스로 실패할 수밖에 없는 일이다."라고 필립 윌라이트(Philip Wheelwright)는 말했다.⁷ 1851년 9월 5일 소로우(Thoreau)는 어떤 잡지에 다음과 같은 글을 기고하였다. "진리를 인식하고 발견하는 일은 분석 작업으로 그 목표에 이르게 된다. 우리는 손에서 시작하여 머리에 이르면서 추론을 한다."⁸ 탐구는 실제 사실을 모은다. 그러나 상상력과 직관은 그 자료에 의미를 주는 패턴을 발견한다. 월트 위트맨(Walt Whitman)의

자르기와 합치기: 분석과 종합

시에 나오는 '박식한 천문학도'(learn'd astronomer)는 이 진리를 잊어버렸고, 그래서 적어도 한 청중을 잃어버렸다.

> 나는 그 박식한 천문학자에 대해서 들은 적이 있다.
> 그 증거들, 그 모양들은 내 앞에 기둥처럼 늘어서 있었다.
> 나는 그 차트와 도표 앞에 서 있었다. 그것들을 더하고, 분리하고, 측정하기 위하여.
> 내가 강의실에 앉아서 그 천문학자의 강의를 들었을 때, 그는 얼마나 힘찬 강의를 하면서 많은 갈채를 받았던가!
> 그러나 나는 그게 지겨웠다.
> 나는 그 자리에서 살짝 아무도 모르게 빠져나와서 이리저리 헤매고 다녔다.
> 한밤중의 신비한 공기를 마시면서, 나는 때때로 고요한 적막 가운데서 하늘의 별들을 쳐다본다.[9]

나는 때때로 '거룩한 하나님의 강의실', 성경의 사실 배후에 숨겨져 있는 하나님의 거룩함과 위대함이 가득찬 그 강의실에 들어가서 진리를 찾고 싶다. 우리는 자주 성경의 외적 사실 때문에 시야가 넓어지지 못하고 좁아진다.[10] "최고의 진리들은 분석에 의해서 도달할 수 없다"고 휴 블랙(Hugh Black)은 말한다. "가장 깊이 있는 호소는 논리에 의한 것이 아니라 상상력에 의한 것이고, 지성에 의한 것이 아니라 마음에 의한 것이다. 과학은 최고의 것을 만들어내기도 하고 최악의 것을 만들어내기도 한다. 이때 우리는 자연을 우리에게 해석해 주는 시와 예언과 앞을 내다보는 통찰력을 필요로 한다. 그러나 이런 것들은 분석으로 되지 않는다. 직관에 의한 상상력으로 되는 것이다."[11]

상상이 담긴 설교

　　다시 한 번 노파심에 하는 말이다. 그렇다고 해서 주석과 분석이라는 도구를 버리라는 것이 아니다. 다른 데서 베낀 노트와 논리적 요약을 가지고 하는 설교를 더 이상 하지 말라는 말이다. 그리고 그런 것을 설교라고 부르지 말자는 것이다. 우리가 요리책에서 요리 재료가 무엇무엇이고 요리는 어떻게 하는 것이라고 재미있게 읽을 때, 사람들은 우리가 읽는 것을 들으면서 굶주린다는 것을 알아야 한다.

　　교수이자 시인인 마빈 벨(Marvin Bell)은 글쓰는 사람들에게 이렇게 주의를 준다. 우리는 설교자로서 이 충고를 달게 들을 수 있다. "글쓰기의 어려움은(설교자에게 설교의 어려움은) 이성적이고 실용주의적인 태도에서 벗어나 상상력의 세계로 들어갈 때 해소된다."[12] 우리는 또한 낸시 해일(Nancy Hale)이 한 말에도 귀를 기울일 수 있다. 그의 말은 소설가와 설교자 모두에게 해당되는 말이다. "탐구하는 자가 소설의 이성적인 무거움에 사로잡힐 때 머리는 굳고 만다. 그러나 그 가운데서 일부는 상상력으로 빛을 내며 생생하게 살아 있다."[13]

　　탐구심과 상상력 가운데 하나를 택하라는 말이 아니다. 진리를 발견하는 데 이 두 가지 방법이 서로 적대적인 관계에 있다는 말이 아니다. 모든 정직한 탐구심은 상상력을 포함한다. 그리고 과학실험실 내에서 지금도 계속 이런 상상력이 곁들여진 탐구심이 발휘되고 있다. 창조적인 과학자들은 추상적인 개념들을 잘 처리하기 위하여 어떤 '모델들'을 사용한다. 그렇게 해서 과학자는 놓치기 쉬운 발견을 해낸다. 에바 페더 키타이(Eva Feder Kittay)는 이 모델에 대해서 이렇게 말한다. "이런 모델들은 확대된 메타포라고 이해할 수 있다. 이 모델들은 문자적 사실이 아니다. 그러나 주어진 현상을 잘 드러내 주는 유용한 도구임에 분명하다. 과학자들은 이런 모델을 사용해서 훌륭한 이론적 개념들을 만들어내고 새로운 경험적 발견을 이루어낸다."[14]

나는 지금까지 소위 '논리적인 설교요약'이 어떤 것인지를 설명하기 위하여 두 가지 어려운 개념들을 다루었다. 성경은 논리적인 요약이 아니라는 결론을 말하기 위함이다. 그리고 진리도 그런 식으로 발견되는 게 아니라는 말이다. 세번째 어려움이 있다.

3. 삶이라는 것도 그런 식으로 이루어지는 것이 아니다.
1884년 11월판 『롱맨스 매거진』(Longman's Magazine)에서 로버트 루이스 스티븐슨(Robert Louis Stevenson)은 이렇게 말한다. "삶은 마치 괴물과 같은 것이다. 삶은 끝이 보이지 않고, 논리와 상관없고, 돌발적이고, 날카롭게 쏘는 화살과 같은 것이다. 그러나 삶과 비교해 볼 때 예술 작품은 산뜻하고, 끝이 있고, 자신을 한정하기도 하고, 이성적이고, 그 흐름이 도도하지만 동시에 유연한 면도 있다."[15] 현실 삶과 예술작품을 비교해 볼 때, 어느 정도 과장된 바도 있지만, 스티븐슨의 말은 핵심을 찌르고 있다. 우리의 삶의 드라마는 매우 어렵다. 또한 우리가 항상 그 드라마의 무대를 마음대로 선택할 수 있는 것도 아니고 그 내용을 우리 뜻대로 고칠 수 있는 것도 아니다.

교인들이 예배를 드리기 위하여 교회에 왔을 때, 그들은 혼돈과 추함과 불확실성이 춤추는 현실에서 벗어나서 예배 의식의 질서와 아름다움, 그리고 주의 깊게 다듬어진 설교의 세계 속으로 들어가게 된다. 그렇게 해서 많은 사람들은 예배 속에서 현실을 벗어나는 탈출을 경험할 뿐이지, 현실과 마주치는 경험을 하지 못한다. 그러나 예배와 설교를 통해서 현실과 마주칠 때 그들은 하나님과 그의 뜻을 더 깊이 이해하게 된다.

여러분은 내가 이 책의 앞장에서 한 말을 기억할 것이다. 환상(망상, 몽상)은 현실을 피하게 하여 다른 세계로 인도한다. 그러나 상상력은 현실을 뚫어 보고 하나님과 우리 자신, 그리고 우리를 둘러싸고 있는 이 세계를 더 잘 이해하게 한다. 예배가 환상에 기초를 둘 때는 단지 종교적인 여흥(餘興)으로 끝나고 만다. 우리가 살고 있는 이 현실 세계로부터 잠시 도피하게 할 뿐이다. 그러나 거룩한 상상력에 토대를 둔 예배는 우리가 살고 있는 이 세계를 향하여 여유 있는 풍부한 태도를 갖게 한다. 그리고 우리가 살고 있는 지금 이 세계와 마주 대할 수 있도록 우리의 삶을 바꾸어 준다.

확실히 설교는 깔끔하게 정돈되어야 한다. 왜냐하면 하나님은 혼돈의 하나님이 아니시기 때문이다. 하나님은 혼돈을 만들지 않으셨다. 그러나 우리가 모든 성경본문을 아주 깔끔하게 정돈하여 빈틈없이 조직화하게 되면, 우리는 교인들에게 믿음의 삶에 대한 허구적인 감동만을 주게 될 뿐이다. 하나님의 말씀인 성경은 그런 식으로 아주 깔끔하게 정돈하여 빈틈없게 조직화될 수 없기 때문이다. 그런 설교를 하는 사람들은 아마 성경을 기록한 사람들과 성경의 인물들이 '어떤 예술 작품'의 삶을 체험했다고 생각하고 싶어하는 듯하다. 그래서 그 사람들은 현실과 관계없는 비논리적이고 돌발적이고 날카로운 인생 체험을 하였다고 착각한다. 그런 설교자들은 청중들로 하여금 오늘날의 신산(辛酸)스러운 현실을 도피케 한다.

워치만 니(Watchman Nee)는 이렇게 말한다. "성경에 접근하는

자르기와 합치기: 분석과 종합

방법 중 이상한 일은 우리가 성경을 통해서 체계적으로 교리를 이해하지 않는다는 것이다." "아마도 바울과 다른 성경 저자들이 그리스도교의 자그마한 교리책을 집필했다면 조금은 나아졌을지 모르겠다. 그러나 하나님은 그것을 허락지 않으셨다. 하나님께서 그렇게 하기로 결심하셨다면 우리들 사이에서 일어나는 신학적 논쟁들을 얼마나 쉽게 종결시키셨겠는가? 그러나 하나님께서는 단지 지성적으로만 성경에 접근하는 사람들을 혼돈스럽게 하신다. 하나님은 성경에서 단지 교리를 끄집어낼 수 있게 하지 않으셨다. 하나님은 진리가 그 사람들을 사로잡기를 원하신다."[16]

삶은 모순과 역설, 애매모호함으로 가득차 있기 때문에 성경을 지성과 분석으로만 접근하는 설교자는 청중의 갈망을 채우지 못한다. 메타포가 성경 속으로 들어온 이유는 바로 이 때문이다. 설교자들이 추상적인 개념들만 다룰 때 사람들은 그 설교가 자신들과 아무런 관계가 없다고 생각한다. 그러나 우리가 그림을 그려 주고 그 그림 안에서 자신들의 모습을 찾을 때, 그들은 편안함을 느끼고 자신들을 향한 설교라고 생각한다. 테렌스 혹스(Terence Hawkes)는 다음과 같이 말한다.

> 고전예술은 균형 잡힌 하모니(조화)에 관심을 가진다. 자연 가운데서 우리는 잘 정돈된 질서를 볼 수 있기 때문이다. 고전예술의 근본 원리는 단아함이었고, 그 가운데 모든 요소들이 서로 알맞게 구조를 이루고 모양을 갖춘다… 그러나 낭만주의 예술은 통일성 묘사에 관심을 두었다. 통일성은 외적인 차이 배후에 놓여 있는 것이고, 분명한 경계선들을 무너뜨리는 것이다.[17]

삶 그 자체와 마찬가지로 메타포는 논리적이거나 간결하지 않다. 그러나 우리는 메타포를 통해서 '통일성 배후에 있는' 외적 차이, 즉 삶 그 자체를 더 잘 이해할 수 있다. 노드롭 프라이(Northrop Frye)는 이렇게 말한다. "이것은 저것이라고 비유해서 메타포를 사용하여 말할 때 당신은 철저하게 논리와 이성에 등을 돌리는 것이다. 왜냐하면 논리적으로는 두 개의 다른 것들이 절대로 하나가 될 수 없고 여전히 두 개는 두 개로 남아 있기 때문이다."[18]

설교에서 성경적인 메타포를 사용할 때, 우리는 이제 우리의 삶이 논리를 따라서 이해되는 것도 아니고, 또한 분명한 경계선 안에서 항상 움직이지 않는다는 사실을 인정하는 것이다. 그러나 동시에 메타포에 의해서 드러나는 배후의 통일성도 인정하게 된다. 또한 여러 가지 모습의 삶을 그림 가운데로 한데 뭉쳐서 하나님의 도움을 청하게 된다.

우리 주님은 목자없는 양떼처럼 흩어지고 아무런 도움을 받지 못한 채 헤매게 될 날이 다가오리라고 말씀하신다(마 9:36). 그리고 자신을 선한 목자라고 말씀하시면서, 그들을 위하여 죽기까지 사랑의 끈을 놓지 않으리라고 하신다(요 10장). '양떼 메타포'(양떼 이미지)에서 자신의 모습을 발견하는 사람들은 또한 '목자 메타포'(목자 이미지)에서 주님을 발견하게 된다. 그래서 그들은 주님을 신뢰하여 구원을 얻고 평안을 찾는다. "메타포는 감각 체험의 언어를 사용하여 우리를 보이지 않는 세계로 인도한다. 믿음, 죄책감, 마음, 하나님 등과 같은 보이지 않는 세계 말이다." 유진 피터슨의 말이다. "죄로 말미암아 갈라져 있는 보이는 세계와 보이지 않는 세계는 이제 메타포로 인하여 하나가 된다."[19]

자르기와 합치기: 분석과 종합

시카고에서 목회를 할 때 한밤중에 전화를 받은 적이 있다. 젊은 여인이었는데 자결을 하겠다는 것이다. "저는 그가 시키는 대로 모든 일을 다 해 보았는데 그게 전혀 안되더라구요"라고 중얼거리는 것이었다. 나는 한참을 그의 말을 들었다. 그래서 알게 된 것인데, 이 젊은 여인은 어떤 그리스도인 생활 세미나에 참석하여 인생 문제의 '확실한 해결 비법'을 강사로부터 배웠다는 것이다. 그래서 배운 그 공식을 실제 삶에 적용해 보니 잘 안되더라는 것이다. 그래서 내린 결론은 이 문제의 어려움이 전적으로 자기 탓이라는 것이다. 그리고 아무것도 잘 되는 게 없다는 말이다. 그 다음 논리적인 결과는 이제 끝장내야 한다는 것이다.

상처받은 사람들을 목회하는 우리들은 삶이 마치 간결하고 자그마한 문제꺼리 덩어리라고 생각해서는 안된다. 우리가 던진 설교 한 조각으로 그들의 모든 문제가 한번에 해결되었으면 하고 바랄 수는 없는 노릇이다. 그런 소망은 신기루에 불과하다. 우리의 인생이 그렇게 단순하고 잘 정돈된 것처럼 설교해서는 안된다. 인생은 잘 정리된 한편의 설교 이상의 것이다. "인간 정신은 닫혀진 체계를 그렇게 갈망하지 않는다. 작가들(설교자들도 마찬가지다)의 정신도 이와 마찬가지다. 그러므로 작가들(설교자들)은 어떤 대가를 치르더라도 체계적이고 조직적인 것들을 거부해야 한다. 삶을 산다는 것은 굴곡 있는 다양성과 어디서 다가올 줄 모르는 즉각적인 흐름인 것이다."[20]

4. 커뮤니케이션은 그런 식으로 작동이 되지 않는다.

우리가 말하는 것이 우리가 뜻하는 대로 다른 사람들에게 전

상상이 담긴 설교

> 성령의 사역이 없다면 설교자가 설교를 하고 청중이 그 설교를 들을 때 하나님의 말씀의 영적인 커뮤니케이션이 명확히 이루어지지 않을 것이다. 성령의 역사가 있을 때야 비로소 설교자와 청중 사이에 뗄래야 뗄 수 없는 관계가 형성되어 강력한 커뮤니케이션이 발생하게 된다. 따라서 청중들의 삶도 변화되는 것이다. 우리는 메시지를 요약하고 전하는 일에 있어서 성령을 슬프게 해서는 안된다. 또한 진리의 저자이신 성령보다 진리의 해석자(설교자)를 우선해서 성경본문을 다루어서도 안된다.

달된다는 믿음은 너무나 어리석다. 우리가 하는 말을 듣는 사람들이 우리가 하는 말을 아무런 손상없이 받아들인다고 생각하는 것도 너무나 순진하다. 우리가 하는 말은 아무런 흠집없이 금새 나온 동전마냥 그렇게 깨끗하게 다른 사람들에게 전달되는 게 아니다. 우리가 하는 말은 동전과 같지 않다. 우리말은 그 의미와 뜻이 항상 변하지 않고 그대로 전달되는 사인도 아니다. "말은 살아서 아무데나 마구 자기 마음대로 뛰어다니는 동물이다." 가이 다벤포트(Guy Davenport)의 말이다. "합쳐라. 그러면 그 단어들은 어느 정도 전체보다 느낌이 다르지 않게 될 것이다. 중성적인 의미를 가지게 될 때, 단어는 어떤 한 의미에 밀착되어 고집을 부린다. 그러나 그것들은 새로운 환경 가운데서 나름의 색깔을 가지면서 마치 카멜레온처럼 자신의 의미를 변화한다. 그래서 이 단어들은 괴팍하게 메아리를 다른 방향으로 발전시킨다."[21]

다른 말로 하면 언어는 다이나믹하고 때로는 애매모호하기까지 하다는 것이다. 성령의 사역이 없다면 설교자가 설교를 하고 청중이 그 설교를 들을 때 하나님의 말씀의 영적인 커뮤니케이션이 명확히 이루어지지 않을 것이다.²² 성령의 역사가 있을 때야 비로소 설교자와 청중 사이에 뗄레야 뗄 수 없는 관계가 형성되어 강력한 커뮤니케이션이 발생하게 된다. 따라서 청중들의 삶도 변화되는 것이다. 우리는 메시지를 요약하고 전하는 일에 있어서 성령을 슬프게 해서는 안된다. 또한 진리의 저자이신 성령보다 진리의 해석자(설교자)를 우선해서 성경본문을 다루어서도 안된다.

메시지를 준비하는 데 있어서, 우리는 각기 다른 두 가지 설교 요약을 필요로 한다. 하나는 설교학적이고 해석학적인 분석이고, 다른 하나는 시적이고 상상력이 가득찬 종합이다. 처음 것은 좌측뇌의 몫이다. 이는 정보를 모으고 성경구절의 발전을 이루어내는 것이다. 한편 두번째 것은 우측뇌의 몫이다. 이는 직관적이고 정리된 영적 진리를 상상력으로 이끌어내는 것이다. 예를 들어 마태복음 14장 22-33절을 보자.

1. 예수님
    (1) 제자들이 배에 오르게 한다(22절).
    (2) 제자들을 다른 곳으로 보낸다(예수님은 후에 그들과 함께 한다, 22절).
    (3) 무리들을 떠난다(22절, 요 6장을 보라. 그들은 예수님을 왕으로 삼기 원하였다).
    (4) 동산으로 홀로 기도하러 가신다(23절).
    (5) 시간이 지나간다-때가 밤이 되었다(23절).
    (6) 열두 제자의 곤경을 보신다(막 6:48).
    (7) 물 위에 있는 제자들에게 오셨다(25절).

2. 제자들
   (1) 주님의 뜻에 순종하였다-심한 폭풍 가운데로 들어갔다 (24절).
   (2) 뭔지 모를 물체가 접근하는 것을 보았다-두려움에 질려서 소리를 지른다(26절).
   (3) 주님이 주신 확신의 말씀을 듣는다(27절).

3. 베드로
   (1) 물 위를 걸을 수 있도록 허락을 요청한다(28절).
   (2) 허락을 받는다(29절) - 단 한마디 말씀, "오라"
   (3) 물위를 걸었다(29절).
   (4) 환경으로 인하여 두려워하게 된다(30절).
   (5) 가라앉는다(30절).
   (6) 예수님께 부르짖는다(30절).
   (7) 예수님에 의해서 구원을 받는다(31절).
   (8) 적은 믿음 때문에 꾸짖음을 받는다(31절).
   (9) 예수님과 함께 배로 돌아온다(32절).

4. 제자들
   (1) 예수님과 베드로를 배로 받아들인다(32절).
   (2) 폭풍이 가라앉는다(32절).
   (3) 그들의 목적지에 도착했다(요 6:21).
   (4) 예수님을 경배한다(33절).
   (5) 예수님이 하나님의 아들이라고 고백한다(33절).

자르가와 합치기: 분석과 종합

설교는 사실을 그냥 반복하여 말하는 것은 아니다. 그 내용이 아무리 드라마틱하더라도 그것을 그대로 우리의 청중들에게 반복하여 제시할 수는 없다. 설교는 사실에 대한 해석이 포함된다. 그리고 진리 탐구와 적용이 설교에 있어야 한다. 그리고 이 모든 것들은 사실에서 나온다. 상상력이 결핍된 설교자는 위의 설교요약을 가지고 별 생각 없이도 다음과 같은 분석을 만들어낼 수 있을 것이다.

1. 예수님은 우리의 삶을 명령하신다: 그에게 순종하라.
2. 예수님은 우리의 환경을 통제하신다: 그를 신뢰하라.
3. 예수님은 우리의 두려움을 가라앉히신다: 그를 경배하라.

그러나 이런 진부한 설교요약보다 더 신선하고 매력적인 요약이 있지 않겠는가? 조금만 노력하면 우리는 더 좋은 선택을 만들어 낼 수 있다. 거룩하게 된 당신의 상상력이 일을 하도록 하라! 상상력은 상호관계를 탐구하여 찾아낸다. 왜냐하면 그런 관계들은 일정한 패턴을 낳고, 그 패턴은 우리에게 새로운 진리들을 보여 준다. 상상력이 없는 본문은 단지 과거의 역사에 불과하고 오늘날의 현실을 드러내지 못한다.

폭풍으로부터 시작해 보자. 이 '폭풍' 메타포는 시련과 인생의 시험을 가리킨다. '인생의 폭풍'은 우리에게 친숙한 문구이다. 롱펠로우는 이렇게 말한다. "우리 각자의 인생에는 비가 내리기 마련이다." 우리의 상상력이 성경 안으로 들어가서 하나님의 말씀을 풍요롭게 한다. 이제 떠오르는 아이디어를 적어 보자.

요나는 불순종으로 인하여 폭풍 가운데 있었지만 제자들은 순종했기 때문에 폭풍 가운데 있게 되었다. 하나님의 뜻에 순종한다고 해서 그의 삶이 쉬워지는 것만은 아니다. 제자들이 폭풍 가운데 있을 때, 예수님이 그들과 함께 계셨다(마 8:23-27). 그러나 지금 그는 그들과 함께 계시지 않는다. 예수님은 폭풍에도 불구하고 제자들을 돕기 위해서 그들 곁으로 오신다. 폭풍은 그의 뜻에 순종한다. 폭풍은 우리 자신과 예수님에 대한 매우 중요한 진리를 가르친다. 폭풍은 믿음의 테스트이고 성장의 기회인 것이다.

이제 우리의 시선을 바꾸어서 베드로를 살펴보자. 베드로가 예수님과 함께 세 번이나 '배 체험'을 한 적이 있다는 것은 중요한 점이다. 매우 많은 물고기를 잡는 체험(눅 5:1-11), 폭풍을 잔잔케 하는 첫번째 체험(마 8:23-27), 폭풍을 잔잔케 하는 두번째 체험(우리의 현재 본문).[23] 여기에 무슨 관련이 있는가? 우리는 이 세 가지 사건을 통해서 영적 진리를 찾을 수 있다. 어떤 점이 공통점인가? 일정한 패턴을 찾을 수 있는가?

예수님은 베드로와 다른 제자들에게 어떻게 믿음을 움직일 것인가를 보여 주시는 듯하다. 첫번째 가르침은 조용한 아침 바다에서 있었다. 그때 예수님은 제자들과 배에 함께 계신다(눅 5:1-11). 두번째 가르침은 폭풍이 부는 밤바다에서 있었다. 이때 예수님은 배에서 주무시고 계셨다(마 8:23-27). 세번째 경험도 폭풍이 부는 밤바다에서였다. 이때는 예수님이 배에 계시지 않았다. 각각의 체험에서 예수님께서 제자들에게 더 많은 믿음을 요구하시는 것을 알 수 있다. 처음에는 예수님이 그들과 함께 계셨으나, 두번째는 예수님이 배에서 주무셨고, 세번째는 예수님이 계시지 않았다. 주님의 목적은 예수님이 배에 그들과 함께 있든 없든 간에, 그리고 그들이 배에 있든 없든 간에, 어떤 환경에서든지 주님을 신뢰하도록 하기 위함이다. 그래서 베드로가 물위로 걸어오겠다는 믿음을 보였을 때 예수님은 매우 기뻐하셨을 것이다.[24]

그러나 여기서 끝나서는 안된다. 우리의 상상력은 또다른 면을 생각하게 한다. 베드로의 생애를 살펴보면, 그가 '믿음의 눈'(히 12:1-2)을 예수님에게서 다른 곳으로 돌린 것이 처음이 아니라는 점이다. 그리고 이번이 마지막도 아니다. 누가복음 5장 8절에서 베드로는 자신에게 시선을 둘 뿐이다. 요한복음 21장 20-22절에서 베드로는 다른 믿는 자에게 시선을 둔다(여기서 베드로가 시선을 두는 사람은 사도 요한이다.).

이제 우리는 메시지를 구성할 수 있을 정도에 이르게 되었다. 지금까지의 내용을 종합하면 하나의 훌륭한 메시지가 될 수 있다고 본다. 우리는 '시선 분산 현상'에 대해서 설교할 수 있다. 이는 우리의 삶에서 끊임없이 우리의 시선을 고정시키지 않고 분산시킨다는 말이다. 그래서 우리는 믿음의 길에서 패배를 한다. 때로는 자신에게 시선을 고정시키고, 때로는 환경에, 때로는 다른 사람들에게 우리의 시선을 고정시킨다. 그러나 마태복음 14장 22-33절로 돌아가서 살펴보자. 우리는 여기서 결론을 찾아야 할 것이다.

믿음은 테스트(시험)를 거쳐야 한다. 테스트를 거치지 않은 믿음은 믿을 수 없는 믿음이다. 우리가 좋아하든 좋아하지 않든, 예수님을 향한 우리의 믿음은 폭풍 가운데 지나가는 우리 삶에서 테스트를 받아야 한다. 우리의 믿음은 폭풍을 어떻게 대하는가?

사도들의 경험에 미루어 볼 때, 우리의 삶 가운데 폭풍이 불 때 우리의 믿음은 어떻게 될지 궁금하다. 우리는 폭풍 가운데 있을 때, 믿음을 놓지 말아야 한다. 그리고 다음을 잊지 말라 . 이는 믿음의 확신의 내용이다.

    1. 주님이 나를 이곳으로 오게 하셨다.
    2. 주님이 나의 환경을 보신다.
    3. 주님이 지금 나를 위하여 기도하신다.
    4. 주님이 그의 약속의 말씀으로 내게 말씀하신다.
    5. 주님은 나의 믿음 안에서 나를 성장시키신다.
    6. 주님은 나를 철저하게 아신다.

    우리는 이 말씀에서 과거에 발생한 사건을 본다. 이 기록은 예수님이 제자들을 위하여 과거에 행하신 일들이다. 그러나 설교는 현재시제로 해야 한다. 예수님이 오늘날 그의 백성들을 위하여 행하시는 일을 전해야 한다. 위에서 언급한 '믿음의 확신' 은 본문을 통해서 전개되어야 하고, 이를 더 구체화할 수 있는 다른 성경구절들을 찾아서 인용해야 한다. 그러나 이런 접근방법이 유일한 것이라고 생각해서는 안된다. 이 사건에서 우리 주님이 그의 제자들에게 '삶에 대한 가르침' 을 주셨다고 생각할 수도 있다.
    1. 사랑에 대한 가르침, 주님이 제자들을 폭풍 가운데로 보내셨지만 그런 환경은 결국 그들을 유익하게 하기 때문이다.
    2. 믿음에 대한 가르침, 제자들이 주님을 신뢰하는 법을 배워야 하기 때문이다.
    3. 소망에 대한 가르침, 제자들의 곤경이 극도에 이르렀을 때 주님이 그들을 구하러 오시기 때문이다.

자르기와 합치기: 분석과 종합

　이 사건 전체는 오늘날 우리의 환경을 나타내 보여 준다. 폭풍의 삶 가운데 있는 우리를 구하시기 위해서 우리에게 오시는 주님, 그분을 우리는 지금도 기다린다. 이런 접근방법은 더욱더 발전된 것이지만, 첫번째 방법처럼 폭넓은 강해의 기회를 제공하지는 않는다.

　위의 실례에서 볼 수 있듯이, 우리는 주석작업을 끝낸 다음에, 본문분석과 설교요약 그리고 성경의 사실을 모아야 한다. 그러나 즉각 본문에 맞추어서 설교 준비에 들어가지 말라. 먼저 해야 할 일들이 몇 가지 있다.[35] 첫째로, 중요하게 나타나는 메타포가 무엇인지 결정해야 한다. 이 메타포는 설교의 발전에 결정적인 단서를 제공한다. 인생의 폭풍을 주요 주제 메타포로 삼을 것인가? 또는 인생을 하나의 학교로 본다면 우리는 이 학교에서 믿음의 가르침을 어떻게 배울 것인가? 또는 '시선의 분산'을 주요 메타포로 삼아서 베드로가 주님에게로 시선을 고정시키지 못한 것을 설교의 바탕으로 삼을 것인가? 제자들이 주인공인가? 주님이 우리의 메시지의 주인공인가? 누구에게 설교의 초점을 맞출 것인가? 주님이 제자들을 위해서 행하신 일에 초점을 둘 것인가, 아니면 제자들이 주님에게 행한 일을 초점으로 삼을 것인가? 사건의 과정에 초점을 둘 것인가, 사건의 결과에 초점을 둘 것인가? 등등.

　일단 위의 메타포 가운데 하나를 메시지의 중심 기둥으로 정하면, 그에 필요한 자료들을 정리해 가면서 필요치 않은 자료들은 과감하게 제거해 버려야 한다.[36] 메시지의 중심 기둥에 해당하지 않는 자료들은 철저하게 걸러야 한다. 그래서 나온 간추린 설교요약은 급할 때 써먹을 수 있는 노트 뭉치가 아니다. 이 요약은 더 세세하게 본문을 토대로 해서 발전되어야 한다. 청중의 관심을 끌 수 있도록

상상이 담긴 설교

적절하게 발전되어야 한다는 말이다. 이때 당신은 그 메시지에 해당하는 실제 사실들을 적절하게 배열할 수 있다.

메시지를 준비하는 일은 마치 운동경기에 참가하거나 음악을 연주하는 것과 같다. 우리는 그 일을 위해서 연습을 해야 한다. 익숙하게 해 두어야 한다는 말이다. 우리가 하는 모든 일은 사실 습관이나 천성적인 직관으로부터 나온다. 우리가 그 일을 더 자주 할수록 어떤 일이 일어나는지 더 잘 알고 그 일에 익숙하게 된다. 그러나 여기서 우리는 규칙을 알아야 한다. 모든 저명한 피아니스트들도 다른 피아니스트들과 똑같은 시작을 했다. 음표를 읽고 하나씩 하나씩 피아노를 치기 시작했다는 점에서 그들은 똑같다. 그러나 어떤 사람은 규칙을 넘어선다. 어떤 지점에 이르러 일단 한번 규칙을 깨뜨리고, 규칙을 넘어서면, 그 규칙들도 우리를 깨뜨리게 된다. '나는 규칙을 믿는다. 규칙이 없다면 우리가 어떻게 규칙을 깨뜨리겠는가? 라고 레오 듀로우처(Leo Durocher)가 말한다.

내가 설교학을 가르칠 때 설교에 관련된 기본적인 훈련을 거부하고 리포트를 제출하지 않는 학생들을 만난 적이 있다. 그들은 "이것은 아이언사이드 박사가 하신 방법이 아닙니다", 또는 "캠벨 모르간 박사님의 방법이 아닙니다. 찰스 스펄전이 하던 방법이 아닙니다"라고 말한다. 그리고 그들은 이 설교의 거장들이 신학교에서 공부를 하지 않

자르기와 합치기: 분석과 종합

앉다고 말한다.

그때 나는 이렇게 말한다. "여러분 가운데 누군가가 스펄전이나 캠벨 모르간 또는 해리 아이언사이드라면 우리는 즉시 그것을 알았을 것입니다. 스펄전은 목사를 훈련시키는 학교를 세웠고, 모르간과 아이언사이드는 그리스도의 사역자들을 위한 훈련 학교에서 교수를 하셨습니다. 자! 이제 잔말 말고 지난 주 과제물이나 제출하세요."

이것이 바로 우리의 결론이다. 하나님을 두려워하라. 그리고 숙제를 충실히 하라. 그러나 숙제를 마친 다음에 당신 자신에게 질문을 던지면서 상상력이 활동케 하라.

1. 이 본문에서 사용된 단어들은 다른 본문에서 어떤 뜻을 가지는가? 이 본문은 다른 본문과 어떤 관계를 가지는가? 예를 들면 폭풍, 배, 베드로 등의 단어가 사용된 다른 구절은 이 구절과 어떤 관계가 있는지를 살펴보아야 한다.
2. 이 본문에 어떤 패턴이 있는가?
3. 이 패턴에서 어떤 진리를 찾을 수 있는가?
4. 어떤 그림(이미지,메타포)이 사용되었는가?
5. 어떤 메타포가 이 본문의 메시지를 가장 잘 나타내고 있는가?[7]
6. 청중들이 이 설교를 좀더 자세히 들었을 때, 이 설교에서 뭔가를 볼 수 있는가?

다른 실례를 들어 보기로 하자. 나는 로마서 5장 1-11절을 본문으로 설교를 한 적이 있는데, 이런 방법을 사용했다.

몇 사람의 이름을 나열해 보겠습니다. 얼마나 많은 사람들을 알고 있는지 스스로 자문해 보시기를 바랍니다. 유니아, 율리아, 루포, 올름바, 뵈뵈, 우르바노. 몇 사람을 아시겠습니까? 이 사람들은 모두 다 사도 바울의 친구들입니다. 그들은 모두 다 다른 친구들과 함께 사도 바울이 인사를 전하는 사람들입니다. 이 사람들은 로마서 16장에 나오는 사람들입니다. 그들은 평신도일 뿐 신학자도 아니고, 학자도 아닙니다. 사도 바울은 로마서를 쓰면서 아주 일상적인 사람들에게 문안인사를 하고 있습니다. 로마에 있는 그리스도인들이 로마서 5장 1-11절에 있는 이 말씀을 주일에 모여서 들을 때에 얼마나 스릴을 느꼈는지 생각해 보신 적이 있습니까? 우리는 지금 이 말씀을 읽으면서 당연하게 생각을 합니다. 그러나 바울의 이 말씀에서 우리는 교리적 역동감을 찾을 수 있습니다. 바울은 이 구절에서 죄인들이 예수 그리스도를 신뢰하고 구원의 선물을 받아들일 때 어떤 놀라운 일이 일어나는지를 설명하는 것입니다.

나는 다음과 같은 설교요약을 작성해 보았다.
1. 법적 소송이 해결되었다-의인이라 칭함을 받았다!(1절 하반절)
2. 전쟁이 끝났다-하나님과 평화를 누리자!(1절 상반절)
3. 보물함이 열렸다-하나님의 은혜(2절)
4. 변화가 시작되었다-경건한 성품(2-5절)

위의 설교요약을 가지고 해야 할 작업은 청중들이 이해할 수 있도록 모든 교리들을 잘 섞어서 청중들이 생소하지 않도록 하는 것이다. 그러나 교리들은 반드시 그림언어를 사용해서 전달해야 한다. 그래야 신학적인 딱딱한 용어들이 따뜻한 마음을 가진 메시지로 바뀌게 된다. 그때 청중들은 하나님을 찬양할 마음이 생기고 다른 사

자르기와 합치기: 분석과 종합

람들에게 복음을 전할 마음이 생기게 된다.

본문을 분석하여 '자르는' 작업을 하는 설교요약만으로 충분치 않다. 우리는 이 분석으로부터 시작하지만 여기에 머물러서는 안된다. 오히려 이 분석을 더 발전시켜서 여러 가지 상황을 종합하는 '합치기' 작업을 해야 한다. 그래야 우리의 청중들이 진리를 보게 될 것이다. 대부분의 성경구절들은 자신의 고유한 메타포를 가지고 있다. 그리고 우리는 이 메타포를 통해서 그림을 보게 되고, 이 그림은 진리를 보여 준다. 본문에서 여러 가지 상황들이 합쳐지면, 당신이 발견한 일정한 패턴에 스스로 '감격해' 하고, 그 본문에서 그림들을 찾아내고, 이를 통해서 당신은 당신의 메시지에서 진리를 생생하게 만들 수 있게 된다. 당신의 설교요약은 그 그림들의 '기둥'이 된다. 주의해야 할 일이 하나 있다. '기둥'이 중요하다. 그러나 기둥이 그림들의 가치를 떨어뜨리게 해서는 안된다. 그렇게 되면 당신의 메시지는 생생한 맛을 잃게 될 것이다. 사무엘 존슨은 젊은 작가들에게 이렇게 충고한다. "당신의 작문을 읽으라. 그리고 당신 스스로 진짜로 괜찮다고 생각되는 구절이 있으면, 그 문장을 빼내서 특별히 보관하라."[28] 설교 요약은 될 수 있으면 단순하고 명확해야 한다. 메시지를 듣는 청중들이 "왜 이렇게 설교가 어렵지, 도대체 무슨 말을 하는지 알 수 없을 정도야…"라고 말을 해서는 안된다.

나는 어느날 교회 예배시간에 피아니스트의 연주곡을 듣고 있었다. 그 피아노 연주는 현란하고 기교가 뛰어난 것이었다. 연주가 끝나자 청중들은 열광적인 반응을 보였다. 그러나 나는 뭔가 속았다 하는 생각이 들었다. 그의 훌륭한 피아노 연주는 사람들의 관심을 그에게로만 끌게 하였고, 예배의 진정한 의미를 분산시켜 버리고 말왔다. 우리의 관심과 영광을 홀로 하나님께만 드려야 한다는 단순한 진리를 잊어버린 장면이었다. 섬세한 찬송 연주는 우리의 예배체험을 더욱더 고양시키게 될 것이다. 우리 설교자들도 이런 실수를 자주 저지르고 있다는 사실을 명심해야 할 것이다.

 도날드 코간은 어떤 주교의 이야기를 이렇게 한다. 그 주교는 너무나 훌륭한 연설을 했기 때문에 그 연설이 끝났을 때에 사람들의 열광적인 찬사를 한 몸에 받게 되었다. 그리고 나서 그는 그 자리에 프랜시스 드 살레(Francis de Sale)가 참석했다는 것을 알게 되었다. 그는 그 영적인 지도자에게 방금 전에 한 연설이 어떠했는가고 물었다. 한참 동안 침묵이 흐른 후에 성 프랜시스는 대답한다. "당신은 오직 그분만을 기쁘시게 해야 합니다."[29]

 어떤 설교자들은 말을 잘 하는 은사를 가지고 있다. 그래서 동의어 사전, 반의어 사전 등을 사용해서 다른 사람들의 마음을 혹하게 하는 설교요약을 만들 수 있다. 그러나 이때 당신은 먹는 음식이 아니라 메뉴에만 관심을 두는 형편이 되고 만다. 음식은 먹는 것이 더 중요하지 않는가? 그들의 설교학적인 죄는 '문자유희'(언어유희)만을 사용하여 겉치장을 요란하게 하는 것이다.

 우리가 설교를 할 때 '문자유희'를 사용해서 메시지를 전할 때가 있다. 예를 들어 '사랑'이라는 주제로 설교를 한다고 하면, 1. '사랑을 심어라.' 2. '사랑을 키워라.' 3. '사랑을 전하라' 등으로 '사랑'이라는 단어를 앞세워 언어유희를 하는 것이다. 그런 설교요약이 본문에서 자연스럽게 나온다면 그것을 사용하는 게 무리라고는 할 수 없을 것이다. 어쩌면 청중들의 마음에 더 잘 파고들 수도 있을 것이다. 그러나 억지로 단어들을 꿰맞추어 설교요약을 만들려고 하면 무리가 오고, 청중들은 그 메시지를 외면하고 만다. 무리하게 이런 식으로 단어들을 짜맞추려 하면 메시지의 핵심을 망가뜨리고 사람들의 관심을 분산시키고 만다. 설교내용보다 겉치장에 더 중점을 두어서는 안된다는 말이다. 청중들은 설교 자체보다 말장난에 시선을 갖게 된다. 그래서 청중들은 하나님의 진리보다는 설교자의 말장난에 놀아나고 말게 된다.

링컨이 유명한 게티스버그의 연설에서 "국민을 위한, 국민에 의한, 국민의 정부"라는 말을 했을 때, '국민'이라는 단어를 앞에 두어 그 연설을 듣는 사람들의 뇌리에 오래도록 남게 하였다. 이런 언어유희는 나름의 가치가 있고, 사람들에게 어떤 사실을 전달하는데 좋은 효과를 보여 주기도 한다. 나를 가르친 신학교 교수의 경고가 나의 머리에서 아직까지 떠나지 않고 있다. "학생 여러분, 언어유희는 당신을 싸구려로 팔아버릴 것입니다."[30]

나는 다음과 같은 설교요약을 만들어 보았다. 이는 소위 '문자유희' 기술이 얼마나 본문의 가치를 죽이는지를 보여 줄 것이다. 본문은 시편 23편이다. 이 설교를 당신의 교회에서 하고 싶거든 그것은 자유다. 그러나 내 이름을 언급하지는 말기 바란다(아래의 설교요약의 실례는 첫단어가 R로 시작되는 언어유희를 보여 준다. R자로 시작되는 설교요약은 청중들에게 어느 정도 호소력을 가질 수 있지만 너무 심하면 말장난으로 끝이 나고 만다는 것을 말한다. - 역자주)

1. 관계(relationship)가 중요하다("나의 목자").
2. 자원(resource)은 풍부하다("내가 부족함이 없으리로다")
3. 휴식(rest)은 유쾌한 것이다("초장에 …물가")

4. 회복(restoration)은 완전하다.
5. 의로움(righteousness)은 실질적이다.
6. 재확신(reassurance)은 개인적이다("당신이 나와 함께하신다").
7. 과거 회상(repast)은 평안이다("내게 상을 베푸시고").
8. 회복(recovery)은 힘이 넘친다("기름으로… 내 잔이 넘치나이다").
9. 깨달음(realization)은 분명한 것이다("나를 따르리니").
10. 규칙성(regularity)은 긍정적이다(날마다).
11. 보상(reward)은 영속적이다(주의 집).

위의 실례는 단지 설교요약에 불과하지만, 너무나 장난스럽게 해서 죄송하다는 말을 하고 싶을 정도이다. 그러나 내가 독자들에게 보여 주려는 것은 언어유희가 지나치면 아무것도 안된다는 것이다. 설교자의 이런 언어유희는 청중들이 메시지의 중심 주제를 놓치게 한다. 설교자가 사용하는 단어는 하나하나 분명한 의미를 지니고 있어야 한다. 정확한 단어 정의가 없이 사용되어서는 안된다.[31] 그럴 때 말장난이 되기 쉽다는 것이다. 설교를 인상적으로 하려는 태도에서 이런 시도가 나오게 되는데, 더 중요한 것은 설교 메시지를 분명히 표현하는 것이 되어야 한다. 언어유희에 집착하는 설교는 본문의 자연스러운 흐름을 깨트리게 된다. 너무나 인위적인 말장난을 해서는 안된다는 말이다. 설교는 권위를 가져야 하고 생생하고 살아 있는 체험적인 것이어야 한다. 그런 설교는 제조되는 것이 아니다. 진정한 설교는 태어나는 것이라 말하고 싶다.

"상상은 영혼의 눈이다."

조세프 쥬베르

"생생한 사실을 발견할 때,
인간은 그것을 언어로 표현하는 데 어려움을 겪는다.
모든 예술가는 완성된 자신의 작품과
또 자신의 내면에서 무제한으로 경험되는
복잡한 실체를 비교하면서 고통을 겪는다."

폴 투르니에

제11장
상상력과 인물설교

해리 파라(Harry farra)에 따르면, 인물설교는 설교라는 영역에서 가장 효과적인 결과를 얻어낼 수 있는 설교방법이라고 한다. 인물설교는 성경강해와 '생활현장' 설교의 장점을 합친 설교방법이기 때문이다.[1] 사람들은 다른 사람들에 관한 이야기를 좋아한다. 그래서 성경인물들의 이야기 역시 사람들의 흥미를 자아낸다. 사람들은 성경인물들이 오늘날의 우리와 그리 다르지 않다는 것을 알고는 내심 놀란다. 당신이 성경인물을 설교할 때, 추상적인 진리를 구체적으로 제시하게 되고, 보편적인 원리를 매우 개인적인 원리로 드러나게 할 수 있다.[2] 인물설교는 말씀에 육과 혈을 입히는 것이다. 여기서 지금 말이다.

성경은 믿음의 남녀 영웅들의 생애를 제시한다. 물론 그들도 흠이 있고 잘못이 있다. 그럼에도 불구하고 그들은 하나님을 위하여 뭔가를 해낸 사람들이다. 지금 우리가 살고 있는 이 세계에서 진정한 영웅을 찾기는 힘들다. 그래서 우리는 대체영웅(代替英雄)을 만들었는데, 영화배우, 운동선수, 가수 등이 그들이다. 그들은 유명하다는 이유 때문에 명성을 얻으며, 또 돈이 많은 부자라는 사실 때문에 유명하게 된다.[3] 이제 역사가 배출해 낸 우리가 자랑스러워하는 영웅들은 그 자리를 내 주어야 하는 상황에 이르렀다. 그들이 과거에 빛나는 업적을 이룩했다 해도 지금 우리가 보기에는 별 것이 아니라는 생각이 들기 때문이다. 그래서 우리가 지금 역사책이나 잡지에서 어떤 영웅 이야기를 읽었다 해도, 우리가 참으로 찬양하고 싶은 그런 인물을 찾기는 어려울 것이다. 저 사람이야말로 참된 영웅이라고 말할 수 있는 사람이 거의 없는 시대에 살고 있기 때문이다.[4]

"위대한 인물은 하찮은 사람들로 하여금 자신들이 얼마나 하찮은 존재인지를 깨닫게 해 준다." 이 말은 역사가 아더 슐레진저(Arthur M. Schlesinger, Jr.)가 『새터데이 이브닝 포스트』(The Saturday Evening Post) 지에 기고한 글에서 발췌하였다. 사실 이 말은 에머슨의 말, "우리는 천재들 때문에 먹고 산다. 위대한 사람이 존재하는 이유는 더 위대한 사람들이 있기 때문이다"[5]에서 나온 말이다. 슐레진저는 그의 글에서 사회에서 영웅이 사라지는 것을 한탄한다. 그리고 그는 영웅이 그렇게 사라지는 세태에 대해서 나름의 이유를 설명한다.

설교자가 성경이 담고 있는 남녀 영웅의 삶을 있는 그대로 포착하는 것은 중요한 일이다. 그래서 설교자는 그 성경 영웅의 삶을 교회에 제시하여 교인들의 믿음의 경쟁을 유도해 내어야 한다. 설교자는 성경의 인물설교를 통하여 신학, 역사, 경건한 삶을 동시에 가르칠 수 있다. 성경을 교과서로 해서 말이다. 인물설교는 고대의 인물들이 다시 살아나게 하는 것이고, 고대의 인물들 앞에 선 교인들은 그들을 통해서 자신의 모습을 본다. 그리고 그들을 통해서 성경과 주님에 대해서도 배우게 된다. 교인들은 성경인물을 통해서 심도 있는 믿음의 도약을 할 수 있게 되고, 그들이 살고 있는 오늘날 이 세계에서 그들 스스로 믿음의 영웅이 될 수도 있을 것이다.

성공적인 인물설교의 필수 조건은 무엇인가?

정직 - 많은 설교자들은 성경의 인물들을 경건한 사람들, 경건치 못한 사람들로 양분해서 생각한다. 그러나 경건한 사람들이 때때로 죄인처럼 행동하고, 경건치 못한 사람들이 훌륭한 행동을 하기도 한다. 또한 어떤 경우에는 하나님께서 그들의 죄를 거부하기도 하신다.[6] 성공적인 인물설교의 첫째 조건은 우리의 '경건한' 편견을 우선 한쪽으로 치우는 일이다. 우리는 단지 그 성경인물을 영적인 시선으로 바라보아야 한다. 그리고 그들을 실재하는 사람으로 성경 드라마에 나오는 배우로 보아야 한다. 성경이 그들을 있는 그대로 보는 것처럼 우리도 그들을 있는 모습 그대로 바라볼 수 있어야 한다.[7]

우리가 성경인물을 검토할 때에 이는 우리 자신을 검토하는 것으로 끝을 맺어야 할 것이다. 우리가 성경인물들을 정직하게 바라보지 않으려는 것은 아마도 우리 자신을 정직하게 바라보지 않으려 하기 때문일 것이다.[8] 인물설교는 설교자가 다루고 싶어하는 인물을 통해서 설교를 하는 것이지만, 동시에 설교자 자신의 모습이 그 설교를 통해서 드러나는 자서전과 같은 것이기도 하다. 설교자는 인물설교를 하면서 동시에 자신을 드러내게 된다. 칼럼니스트 러셀 배이커는 이렇게 말한다. "어떤 인물의 전기를 쓰는 사람의 문제는 그가 대상 인물을 충분히 알 수 없다는 것이다. 그러나 자서전을 쓰는 사람의 문제는 그가 대상 인물을 너무나 많이 알고 있다는 것이다."⁹ 당신이 인물설교를 준비한다면 당신은 어떤 사람이 어떤 삶을 살았는지 살펴보게 되지만, 동시에 당신 자신의 삶을 살펴보게 된다. 당신은 그 사람을 바라보면서 동시에 당신 자신을 보게 된다. 어쩌면 이는 때로 견디기 어려운 고통스러운 체험이기도 할 것이다.

우리가 하나님의 백성들의 기록을 살펴볼 때에 참으로 필요한 것은 영적인 집중력이다. 우리는 결국 어떤 스캔들이나 캐내는 신문기자는 아니잖는가? 또한 우리는 역사를 재조명하는 사람들도 아니다. 그들은 과거를 폭로하고 새로운 사실들을 공개한다. 그러나 우리는 왕의 대사들이다. 우리는 하나님의 영감받은 '그림 전시회'를 둘러보는 사람들이고, 하나님이 선택하신 그림의 주제가 어떤 것인지 살피는 자들이다. 하나님이 선택하신 믿음의 영웅들, 그들의 신들메를 우리가 풀 수 있는가? 우리는 그들의 삶의 방식을 알기 원한다. 그들은 하나님을 알았고 우리는 그들에게서 하나님을 배울 수 있기 때문이다.

철저한 탐구 - 캐서린 드링커 보우엔(Catherine Drinker Bowen)은 매우 활기찬 그녀의 저서, 『전기:수공과 직업』(*Biography: The Craft and Calling*)이라는 책에서, 연구하는 사람들의 탐구하는 태도를 설명한다. 그는 연구하는 사람들에게는 매우 분명한 점들도 다른 사람들에게는 미스테리(mystery)일 경우가 있다는 것을 잊어서는 안된다고 한다. 독자들이 반드시 알아야 한다고 강조하지만, 실제로 독자들은 여전히 그 문제가 무엇인지 잘 알지 못하는 경우가 많이 있다. 그러므로 독자들이 그 문제를 충분히 이해하기까지 우리는 충분히

상상력과 인물설교

시간을 갖고 그들 입장에 서서 기다려야 한다.[10] 성경에 대해서도 마찬가지이다. 많은 교인들이 교회사나 성경에 대해서 잘 알지 못하고 있다. 우리 교인들이 아브라함은 모세에 앞서서 나오는 사람이라는 사실을 잘 알고 있다고 단정해서는 안된다. 왜 이스라엘 왕국이 분열되었는지, 어떻게 바울이 예루살렘에서 로마에 가게 되었는지를 모든 교인들이 잘 알고 있다고 단정해서도 안된다. 교인들은 우리가 충분한 설명을 제공해야 할 대상이다.

그러므로 우리는 철저한 탐구를 통해 성경이 말하는 어떤 한 인물의 삶을 알아야 할 뿐 아니라, 역사적인 맥락, 정치적 배경, 문화적 상황 등을 또한 알아야 한다. 물론 우리는 우선 성경이 말하는 성경 자체의 설명을 철저히 이해해야 한다.[11] 그러나 우리는 여기서 머무를 수 없다. 성공적인 인물설교를 하기 원하는 설교자는 이에 관련된 폭넓은 독서를 해야 한다. 새로운 발견이 이루어져 자신이 탐구하는 인물에 대한 새로운 이해가 이루어질 수도 있기 때문이다. 인물설교를 하기 원하는 설교자는 성경연구를 하는 데 있어서 단지 '경건' 위주의 성경묵상에 그쳐서는 안된다. 성경인물에 대한 영적인 성경 진리가 우리의 설교에 매우 중요하다. 그러나 이 모든 것에는 그 인물에 대한 역사적 사실들이 그 기반을 이루고 있어야 한다. 그래야 우리는 이 현실 세계 내에서 숨을 쉬고 있는 생생한 인물을 만나게 된다.

인물설교에서 가장 손쉬운 도구는 우선 그 자료들을 그대로 복사하는 것이다. 나는 몇년 전 침례 요한에 대한 일련의 라디오 설교를 준비하고 있었다. 그때 나는 복음서에서 침례 요한을 언급하는 복음서의 모든 구절을 그대로 복사했다. 그후에 나는 복사한 그 자료들을 시간순으로 다시 정리하였다. 그리고 시간순으로 정리된 자료들을 하나씩 하나씩 분류하였다. 그러나 성경에 나오는 모든 인물들을 이런 방식으로 분류할 수는 없을 것이다. 어떤 인물들은 많은 자료들을 찾을 수 없을 것이다. 이런 자료들은 설교를 준비하는 데 매우 유용한 도구가 되고 시간을 절약하게 한다.

우리가 성경인물들을 연구할 때에 어떤 사실을 찾아내야 하는가? 나는 다음 사항에 유의해서 인물들의 다양한 측면들을 탐구해 보라고 권고하고 싶다.

인물설교를 위한 성경연구 리스트

1. 인물의 연대기
   (1) 가족 배경:주요한 인척들
   (2) 출생-출생에서 어떤 특이한 사실들이 없는가?
   (3) 이름-특별한 의미를 찾는다.
   (4) 영향:가족, 민족, 적들, 사건들
   (5) 소명과 봉사:직업 전환
   (6) 직무와 직책
   (7) 위기:승리, 실패, 좌절
   (8) 자녀들-가족들의 행동
   (9) 죽음과 장사
   (10) 업적:당시의 업적과 궁극적인 업적

2. 삶의 배경

(1) 역사적 배경(성경 역사, 일반 역사)
(2) 지리적 배경
(3) 문화적 배경
(4) 종교적 배경

3. 주요 구절들
   (1) 구약성경
   (2) 신약성경
   (3) 일반 역사
   (4) 최근의 견해들

4. 인물 특성
   (1) 덕목들
   (2) 행악들
   (3) 하나님과의 체험들
   (4) 다른 사람들을 향한 영향들

5. 실제 적용
   (1) 이 인물이 우리에게 가르치는 바가 무엇인가?
   (2) 이 인물은 오늘날 우리 사회에서 어떻게 그의 삶을 살아갈 것인가?
   (3) 이 인물이 구원사에 기여한 바가 무엇인가?
   (4) 이 인물의 삶에서 우리가 알 수 있는 교리는 무엇인가?
   (5) 이 인물의 삶을 나타내는 메타포는 무엇인가?

(6) 이 인물의 생애를 한마디로 나타내는 성경 구절이 있는가?
(7) 이 인물을 연구하는 데 하나님께서 내게 주시는 말씀은 무엇인가?

직접 성경에서 어떤 인물을 설정하여 연구를 해 나가다 보면 여기에 또다른 리스트를 첨가해야겠다는 생각을 하게 될 것이다. 위에서 내가 제시하는 리스트는 인물설교를 하기 위한 출발점에 불과하다고 생각하면 될 것이다.

통찰력 - 인물설교를 한답시고 그 사람의 생애를 그대로 모아서 반복해서는 안된다. 여기에는 실질적인 몇 가지 삶의 적용이 있어야 한다.[12] 우리가 이미 앞에서 논의한 바대로 정보는 반드시 해석되고 조명되어야 한다. 여러 가지 사실들 가운데 있는 상호관계들을 찾아내어야 한다. 이때 거룩한 상상력이 필요하다. 여기서 우리가 찾아내는 상호관계들은 어떤 일정한 패턴을 드러낸다. 이렇게 새롭게 발견한 패턴을 도구로 해서 새로운 진리를 찾게 되는 것이다.

나는 사울 왕의 생애에 관한 일련의 설교를 준비하면서 '사울의 창' 이 성경에서 여러 차례 언급되는 것을 보고 매우 큰 충격을 받은 적이 있다(삼상 18:10; 19:9-10; 20:33; 22:6; 26:7, 11-12, 16, 22; 삼하 1:6). 사울 왕은 창을 그의 왕권의 상징으로 사용했음에 분명하다. 사울의 창은 그의 주변 사람들에게 그가 왕권을 쥐고 있다는 것을 보여 주는 도구였을 것이다. 그러나 그의 창은 실제로 그를 그렇게 보호해 주지는 못했다. 적어도 우리는 두 가지 경우를 말할 수 있다. 다윗과 그의 부하들은 창으로 사울을 죽일 수 있는 기회가 있었다. 그러나 사울은 창으로 다윗을 여러 번 죽이려 했으나 죽일 수 없었다. 결국 사울은 자신의 창에 찔려 죽고 만다! 하나님은 우리에게 묻는다. 그가 모세에게 물었던 것처럼 말이다. "네 손에 들고 있는 것이 무엇이냐?"(출 4:2). 다윗이 거인 골리앗과 부딪쳤을 때, 그가 가진 것은 막대기와 돌과 물매가 전부였다. 사사 삼갈은 소모는 막대기로 블레셋 사람 육백을 죽여 이스라엘을 구원하였다(삿 3:31). 기드온과 그 부하들은 항아리와 횃불을 가지고 있었을 뿐이다. 그러나 하나님은 그들에게 거대한 승리를 주셨다. 하나님이 영광스럽게 사용하는 인물들은 창과 같은 어떤 무기를 손에 든 자들이 아니다. 그들은 마음이 충성된 자들이다.[13]

나는 사울의 또 다른 측면을 발견한다. 그가 왕권을 시작하는 때는 이른 아침이었다. 새날이 밝아오는 동트는 새벽이었다(삼상 9:25-10:1). 그러나 시간은 어두움으로 점차 움직이고 있다. 영적으로 그리고 문자 그대로 말이다. 사울은 전쟁터에서 전사하기 전 어느날 밤에 어떤 무당을 찾는다. 그리고 영적 세계의 도움을 간청한다. 나는 이 사건을 보고 잠언 4장 18-19절을 머리에 떠올렸다. "의인의 길은 돋는 햇볕 같아서 점점 빛나서 원만한 광명에 이르거니와 악인의 길은 어둠 같아서 그가 거쳐 넘어져도 그것이 무엇인지 깨닫지 못하느니라."

성경이 제공하는 인물들의 사실(事實)을 연구하는 동안, 그 사실들의 배후에 있는 영적 진리를 볼 수 있는 통찰력을 달라고 하나님께 기도해야 한다. 인물설교 연구에서 중요한 분야가 하나 있는데 그것은 이름 연구이다. 인물들의 이름에 세심한 관심을 쏟으라. 이름의 변화 또는 새로운 이름이 주어지는 상황 등을 염두에 두고 연구해야 한다.[14] 성경인물의 모든 이름들이 다 의미를 가지고 있거나 중요한 것은 아니다. 그러나 어떤 사람들의 이름은 매우 중요하니 이를 놓치지 말고 철저하게 탐구해야 할 것이다.

민족의 명칭 '유다'는 '유다'라는 개인의 이름에서 나온 것이다. 이 이름은 '찬양하다'라는 뜻을 가진다. 예수님은 그를 '멸망의 자식'(요 17:12)이라고 하셨다. 여기서 '멸망'이라는 말의 본래 뜻은 '낭비하다'(apoleia)이다. 마태복음 26장 8절과 비교해 보라. 여기서 유다와 다른 제자들이 이렇게 묻는다. "무슨 의사로 이것을 허비하느뇨?" 그러나 허비하는 자는 마리아가 아니라 유다 자신이었다. 유다는 예수님이 그에게 주신 모든 영적인 기회를 허비하고 말았다. 그래서 그가 만지는 모든 것들은 멸망의 늪에 빠지고 만다. 그의 이름까지도 말이다. 오늘날 누가 자기 아들을 유다라고 부르겠는가?

삼손이라는 이름은 '태양이 빛나는', 또는 '작은 태양'이라는 의미를 지닌다. 그러나 그의 생애는 어두움으로 끝을 맺는다. 그는 영적으로 어두움 속을 걸었기 때문이다. 유다도 역시 어두움 안에서 그의 생애를 마쳤다. "유다가 그 조각을 받고 곧 나가니 밤이러라"(요 13:30). 사울, 삼손, 유다 이 세 사람은 어두움 가운데서 그들의 생애를 마쳤다. 이와 비슷한 또다른 패턴이 있는가? 니고데모는 한밤중에 예수님을 만나러 온 사람이다(요 3:2; 7:50). 그러나 그는 자기 생애를 갈보리에서 마쳤다. 그는 환한 대낮에 예수님과 함께한다! 여기서 우리는 어떤 교훈을 찾을 수 있는가?(요 3:20-21)

우리는 모두 다 아브람의 이름이 아브라함으로 바뀌었다는 것을 잘 알고 있다. 사래라는 이름도 사라로 바뀌었다. 시몬이라는 이름도 베드로 또는 게바라고 바뀌었다. 이 이름의 뜻은 '바위'이다

(요 1:42). 그러나 랍비 사울은 바울이 되었다. 라틴어 바울은 '작은, 조그만' 이라는 뜻을 가진다. 구약성경에서 사울은 그의 친구들보다 머리가 더 큰 사람이었다. 그러나 신약성경에서 바울 - 사울은 그렇게 장대한 사람이 아니었다(고후 10:10). 사울 왕은 패배하여 자살로 그의 생애를 마친다. 그러나 사도 바울은 승리의 순교자로서 그의 생애를 마친다.

베노니(슬픔의 아들)는 야곱에 의해서 베냐민(나의 오른손의 아들)이라고 이름이 바뀐다. 이는 매우 현명한 일이었다(창 35:16-18). 에서는 에돔이 되었고, 이는 '붉다' 는 뜻을 가진다. 예수님은 야고보와 요한에게 '우뢰의 아들' 이라는 별명을 주신다. 요셉은 바나바라는 이름을 얻는다. 이는 '격려자' 라는 뜻을 가진다. 이름은 무엇을 담고 있는가? 이름은 그 사람의 생애를 담고 있다.

해석자는 아주 작은 말 하나도 주의하지 않으면 안된다. 하찮게 보이는 작은 말 하나가 영적인 풍요함으로 우리를 이끌기도 한다. 사울의 창, '위로자' 라는 뜻을 가진 바나바라는 이름, '밤이 되었더라' 는 어떤 시간을 알리는 말, '왜 이를 허비하느냐? 라는 짧은 물음, 또는 동산에서 베드로가 검을 빼어 휘두르는 행동 등을 유의해서 살펴야 한다. 성경을 읽을 때 우리는 그 장면 한가운데 들어가서 이렇게 물어 보아야 한다. "나도 여기서 이렇게 말을 했을까? 나도 여기서 이렇게 행동했을까? 그렇다면 왜 그런 말을 하고, 그런 행동을 했을까? 그 사람은 무엇 때문에 그런 말을 하고 그런 행동을 했을까?"

어떤 한 인물의 성장과 쇠퇴를 살펴보는 것도 의미 있는 일이다. 사울 왕은 겸손한 모습으로 등장한다. 자신의 가문이 왕족이라

상상이 담긴 설교

설교자들이 인물설교를 하는 이유는 단지 청중들이 성경인물에 친숙하게 하려 함이 아니다. 인물설교를 하는 이유는 청중들의 인격적인 성숙을 위함이다. 인물설교의 메시지는 그 내용(content)을 강조하는 성경 강의가 아니다. 그 메시지는 성경말씀이 담고 있는 그 인물 생애의 의도(intent)를 강조하는 것이다.

는 사실을 말하기 꺼려할 정도이다. 그리고 이스라엘 가운데 있는 그의 적들을 죽여 없애자는 말을 듣지 않는다. 그러나 그는 변한다. 그리고 그는 교만하게 자신의 생애를 스스로 다스리기 시작한다. 교만은 하나님이 미워하시는 첫번째 죄이다(잠 6:16-19). 여기서 언급하는 죄는 모두 다 교만으로부터 시작된다. 사울의 생애에는 이런 죄들이 나타났다. 사울은 하늘의 지혜를 따르지 않고 이 세상의 지혜를 따랐다(약 3:13-4:10).

내가 위에서 인용한 야고보서와 잠언의 말씀은 어떤 사람의 생애가 성경의 한마디 말씀으로 요약될 수 있다는 것을 보여 준다. 잠언 28장 13절은 다윗의 생애 중 어떤 한 시기를 정확히 나타내 주고 있다. 죄를 감추려 하는 자는 번영치 못한다. 단지 죄를 고백하고 자백하는 사람만이 긍휼을 얻을 수 있다. 그러나 우리는 인간 본성을 그렇게 단순하게 생각지 않도록 주의해야 한다. 그래서 한 사람의 생애, 한 사람의 본성을 몇마디로 요약해서 말할 수 있다고 착각하기도 한다. 저명한 미국의 역사가 찰스 A. 비어드 교수는 어떤 사람의 전기를 쓰지 않으려 했다. 그래서 그는 이렇게 말한다. "나는 인간 성격과 인간 행동의 동기를 충분히 이해하면서 그 사람의 생애를 온전히 기록할 수 있다고 생각하지 않는다."[15]

초점 - 설교자들이 인물설교를 하는 이유는 단지 청중들이 성경인물에 친숙하게 하려 함이 아니다. 인물설교를 하는 이유는 청중들의 인격적인 성숙을 위함이다. 인물설교의 메시지는 그 내용(content)을 강조하는 성경 강의가 아니다. 그 메시지는 성경말씀이 담고 있는 그 인물 생애의 의도(intent)를 강조하는 것이다. 말씀이 기록된 의도가 중요하고, 우리는 이 의도를 찾아야 한다. 그래서 우리 설교자들은 한 사람의 생애를 설교함으로 그 말씀의 의도를 전달하는 것이다. 그러나 어떤 사람의 눈으로 그 인물의 생애를 바라볼 것인가 하는 문제가 남는다.

우리 주님의 눈으로 유다를 볼 것인가? 예수님은 유다에 대하여 이런 저런 말씀을 하시고, 이런 저런 행동을 하셨다. 예를 들면, 마지막 만찬에서 예수님은 유다를 어떻게 하든지 구원해 보려 하셨다.[16] 아니면 유다를 사단의 눈으로 볼 것인가? 사단의 시선으로 그 사람의 도덕과 영적인 몰락을 볼 것인가? 마태복음 10장 4절에서 유다는 열심당 시몬과 한패로 나타나고 있다. 이로 보건대, 우리는 이 두 사람이 함께 다니면서 함께 사역을 했다고 추측해 볼 수 있다. 시몬은 유다를 어떻게 말할 것인가?[17] 내가 '만약 그곳에 그와 함께 있었다면' 하고 가정을 하면서 그 사람의 생애를 우리 기준으로 해석할 수도 있을 것이다. 인물을 바라보는 시선은 매우 중요하다. 왜냐하면 이것은 우리가 선택하여 해석하려는 인물을 대하는 출발점이 되기 때문이다.

인물설교는 어떤 한 관점(시선)이 중요하지만, 또한 주제를 놓쳐서도 안된다. 유다는 탐욕과 위선을 경고하는 인물인가? 디모데전서 6장 10절이 언급하는 인물은 누구인가? 돈을 사랑하는 유다의 뿌리와 그 열매는 무엇인가? 마태복음 7장 21-23절에서 우리는 하나님 나라가 위선자들과 얼마나 멀리 있으며, 끝내 그들은 하나님 나라와 아무런 관계가 없다는 것을 알 수 있다.[18] 이런 내용은 단 한번의 설교로 끝낼 수 없을 정도로 풍부하다. 그래서 2-3번의 연속 설교를 해야 할 것이다. 그래야 그 사람의 생애를 몇 가지 측면에서 좀더 자세히 다루어 볼 수 있을 것이다. 여기서 우리는 네번째 요점에 이르게 된다.

시간 - 진지한 전기 작가들은 자신이 연구하는 인물에 대하여 오랫동안 시간을 바쳐서 탐구한다. 그들은 편지를 읽고, 그 논문과 발표된 글들을 자세히 탐독한다. 그 인물이 저술한 책을 읽고 그 주변 사람들을 만나서 그 사람에 대해서 물어 본다. 그 사람이 말한 녹음으로 육성을 들어 보기도 하고, 비디오를 보기도 한다. 심지어 그 인물이 살았던 장소를 찾아가기도 한다. 그 사람에 대해서 얻을 수 있는 모든 정보를 가능한 많이 모으려고 한다. 우리는 그렇게 많은 시간과 정열을 쏟아서 성경인물 설교를 준비할 수는 없을 것이다. 그러나 우리 역시 성경인물 설교를 하기 위해서 어느 정도의 시간을 들이지 않으면 안된다.

우리가 설교하려는 인물과 친숙하게 되려면 시간이 걸려야 한다. 나는 침례 요한에 대한 설교를 준비하기 전까지는 그를 어느 정도 잘 알고 있다고 생각했다. 그러나 막상 침례 요한에 대한 설교를 준비하면서, 나는 그를 얼마나 모르고 있는지를 절감하게 되었다.

이사야는 요한과 비교될 수 있다. 그들은 둘 다 왕의 사자이며 길을 준비하는 자이다(사 40:1-5). 가브리엘 천사는 요한의 사역이 선지자 엘리야의 사역과 흡사하다고 말하였다(눅 1:11-17). 스가랴는 그의 아들 요한이 전도자가 되어 죄인들을 구하고 이스라엘에게 새

상상력과 인물설교

로운 날을 가져다 주리라는 것을 알고 있었다(눅 1:76-79).

그러나 우리가 침례 요한의 생애를 연구하면서도 여전히 놓치지 말아야 할 사실은, 우리의 초점은 요한이 아니라 주님이라는 사실이다. 예수님은 신랑이시다. 요한은 결혼식 날을 준비하는 최선의 사람이다(요 3:29). 예수님은 빛이시다. 요한은 단지 등불일 뿐이다(요 5:33-35). 그리고 그 빛을 증거한다(요 1:6-9). 예수님은 말씀이시다. 그러나 요한은 하나님의 메시지를 전하는 소리일 뿐이다(요 1:23).

기쁨은 요한의 생애에서 계속 나타나는 주제이다. 천사는 요한이 많은 사람들에게 기쁨을 가져다 주리라고 말한다. 그는 우선 그의 부모님께 기쁨을 가져다 줄 것이다(눅 1:14). 그는 마리아의 음성을 들었을 때 태중에서도 기뻐하였다(눅 1:39-45). 요한이 성인이 되어 사역을 할 때 그의 최대 기쁨은 그리스도를 영광스럽게 하는 것이었다(요 3:27-31).

어떤 인물의 자료를 이해하고 그 핵심에 도달하기 위해서는 시간을 투자해야 한다. 그리고 그 사람의 생애를 어떻게 오늘날 우리들의 삶에 적용할 것인가 하는 문제를 연구하기 위해서는 시간을 투자하여 연구하지 않으면 안된다. 요한의 출생이 기도 응답의 결과라면 이에 대해서 성경은 어떻게 말하고 있는가? 어린시절의 요한은 어떤가? 그리고 그 부모님들과는 어떤 관계를 맺었는가? 하나님께서는 요즈음도 '광야에 사는' 하나님의 사람들을 우리에게 보내시는가? 그리고 그 사람들은 지금도 여전히 묵시적인 메시지를 전하는가? 오늘날에 침례 요한이 나타났다면 우리 사회는 어떻게 반응할 것인가? 오늘날의 설교자는 어떻게 주님의 길을 예비해야 하

상상이 담긴 설교

는가? 바른 대답을 찾기 위해서 우리는 시간을 투자해야 한다. 그러나 더 중요한 것은 바른 질문을 던지기 위함이다.

참여 - 우리는 성경인물들의 생애와 성경의 장엄한 드라마를 멀리서 그냥 물끄러미 바라보는 사람들이 아니다. 우리는 될 수 있는 한 성경 드라마의 흐름 속으로 들어가야 한다. 성경의 드라마에서 어떤 일이 발생했는지를 직접 이해하고 체험하기 위해서는 상상력과 감각을 이용해서 그 드라마 가운데로 들어가야 한다. 우리가 그 드라마 가운데로 들어갈 때 우리는 성경의 인물들과 함께 기쁨과 고통을 함께 느끼게 된다. 그 가운데서 우리는 혼돈에 빠지기도 하고, 갈등에 부딪치기도 한다. 그 인물들이 그렇게 행동하게 된 배후 동기를 이해하게 되고, 그런 결단을 내린 이유를 알게 된다. 이런 온갖 일들이 오늘날에도 발생하는가? 어떤 사람들이 그런 사건 가운데 있는가? 왜 그런 사건 가운데 있는가? 우리 가족이나 우리 교회가 그런 상황 가운데 있다면 우리는 어떻게 할 것인가? 나는 어떻게 할 것인가? 하나님께서는 우리가 어떻게 행하기를 원하시는가?[19]

또다시 우리는 어떤 이야기를 단순하게 정리해서는 안된다. 예를 들면, 성경인물 이야기를 성경이 말하는 대로 말해 버리면 별 의미가 없다는 말이다. 지루한 설교보다는 '힘이 넘치는' 이야기 한 편이 더 감동적일 수 있다. 이야기를 힘있고 재미있게 할 줄 아는 사람들(예를 들면, 게리슨 케일러, 프레드릭 뷰크너, 로버트 풀검, 월터 왕그린[20])이 있는가 하면 그렇지 못한 사람도 있다. 이야기를 재미있게 하기 위해서는 그 이야기의 결정적인 흐름(플롯)이 무엇인지 파악하고 그 내용을 다루어야 한다.

선이 악으로 변질되는 비극적인 플롯인가? 실패가 성공으로 변하는 희극적인 플롯인가?[21] 악한 사람들이 벌을 받는가? 아니면 선한 사람들이 보상을 받는가? 선한 사람들이 악한 사람들 때문에 고난을 당하는가? 악한 사람들이 선하게 변하는가? 그 이야기의 플롯(흐름)에 영웅이 등장하는가? 그들은 승리하는가? 실패하는가? 우리는 이런 질문을 사용해서 인물이야기, 사건이야기와 그 메시지를 더 잘 이해할 수 있게 된다.

단순한 이야기는 어떤 한 사건을 보고한다. 이런 이야기는 통상 시간 순서를 따른다. 그러나 플롯을 가진 이야기는 더 복잡하게 전개된다. 복잡한 이야기에는 원인과 결과가 이어지고, 사람들의 행동 동기와 행동 목적 등이 나타난다. 소설가 E. M. 포스터는 이렇게 말한다. "왕이 죽었다. 그리고 왕비도 죽었다는 말은 단순한 이야기에 불과하다. 그러나 왕이 죽었고 왕비는 슬픔으로 죽었다고 말하면 이 이야기는 플롯을 담고 있다."[22]

성경인물들도 다른 사람들과 마찬가지로 욕망과 동기와 선한 목적과 악한 목적을 가지고 살았던 삶의 이야기를 가진다. 어떤 인물들은 사건의 흐름 한가운데 있는가 하면, 어떤 사람들은 사건의 흐름을 주도하기도 한다. 어떤 사람들은 그들의 환경에 안주하는가 하면, 어떤 사람들은 그들의 환경을 넘어서기도 한다. 그리고 이런 사람들과 사건들의 배후에는 하늘 보좌에 앉아 계시는 하나님이 계시다는 것을 잊어서는 안된다. 하나님은 그들의 드라마에 등장하는 배우들의 목적을 이루는 분이시다. 이때 그 배우들은 그 드라마의 최후 목적을 알지 못한다. 배우들이 하나님을 거역하기도 하지만, 하나님이 짜놓으신 극본에 따라서 드라마는 흘러간다. 배우들이 알지 못하고 있다 해도 말이다. 설교자의 상상력이 얼마나 도전을 받는가? 다음의 리스트는 인물설교를 위한 여러 가지 유용한 도구들이 될 수 있다.

성경인물 이야기를 위한 가이드

1. 본문
(1) 이 본문이 속한 성경 전체 메시지와 본문의 관련성(예를 들면, 창세기 3장에서 아담을 중심으로 해서 인물설교를 한다면, 창세기 3장이 창세기 전체와 어떤 관련을 맺는지를 우선 살펴보아야 한다는 말이다-역자 주).
(2) 이 본문이 속한 단락과 본문의 관련성(창세기 3장에서 아담 설교를 한다면, 아담의 기록이 시작되고 끝나는 한 단락과 창세기 3장 전체의 관련성을 살펴보아야 한다는 말이다-역자 주).

2. 인물
(1) 관련 인물의 개인사(個人史)와 그 의의
(2) 인물들 상호간의 관련성
(3) 미래 역사:그들에게 어떤 일이 일어났는가? 그리고 왜 그런 일이 일어났는가?
4.성경 다른 곳에서 그 인물을 언급하는 구절이 있는가?

3. 장소
(1) 성경이야기에서 장소의 중요성
(2) 이름의 의미, 이름의 변화

(3) 세속 역사에서의 중요성
(4) 고고학적 자료들

4. 사건
(1) 연대기적 시간 순서에 따라서 사건을 배치한다.
(2) 역사에서 시간의 틀을 정한다.
(3) 세속사에서 비슷한 사건을 찾아본다.
(4) 사람들의 행동 배후 동기를 살펴본다.
(5) 행동의 결과를 살핀다.
(6) 각 사람들의 입장에서 사건을 바라본다.
(7) 성경 다른 곳에서 이 사건을 언급하는가를 살펴본다.

5. 화자(이야기를 전하는 자)
(1) 누가 말하는가? 누구에게 말하는가? 왜, 어떻게?
(2) 그런 말은 화자의 어떤 점을 나타내는가?
(3) 그런 말의 결과는 무엇인가?
(4) 침묵이 있었는가? 하지 않은 말이 있는가?
(5) 반복된 말, 반복된 구절이 있는가? 어떤 변화가 있는가?
(6) 특별한 의미를 가진 말이나 구절이 있는가?

6. 교리
(1) 이 인물 이야기는 하나님에 대해서 무어라고 말하는가?
(2) 이 인물에 대해서는 무어라고 말하는가?
(3) 창조와 섭리에 대해서는 무어라고 말하는가?

(4) 이 인물 이야기는 구원사와 어떤 관련이 있는가?
(5) 메시야적인 메시지가 있는가?
(6) 하나님의 백성에 대해서는 무어라고 말하는가?

7. 상징
(1) 상징이 될 만한 물건, 사람, 사건, 행동, 단어가 있는가?
(2) 명백한 모형들이 있는가?

8. 본문의 특별한 문제들
(1) 번역의 문제
(2) 신학적 문제
(3) 역사적 문제(연대기적 문제)

9. 실제적인 적용
(1) 약속과 격려
(2) 경고와 명령
(3) 영적 원리들
(4) 현재 사건과 흡사한 사건들
(5) 구약의 실례들: 신약의 해석

"아무리 무지한 사람이라도
침묵이 삶에서 정말 중요한 것임을 안다."

카임 파툭

"참된 창의력은
가끔 언어가 끝나는 곳에서 시작한다."

아더 코스틀러

"살 의욕을 잃고 글을 쓰려고 앉아 있는 것은
얼마나 어리석은 일인가?"

헨리 데이비드 소로우

제 12 장
상상력과 위로

나의 초기 목회 때에는 앤드류 블랙우드의 『장례식: 목회지침서』(The Funeral: Source Book for Ministers)라는 책이 인기를 끌어 모든 목회자들의 필독서였다. 나 역시 그 책을 구입해서 탐독하였고, 그 책은 나의 목회에 큰 도움을 주었다. 그 책의 지침을 따르기를 잘 했다는 생각을 지금도 가지고 있을 정도이다. 그 책을 통해서 장례식과 같은 일을 처리하는 데 도움을 얻었고, 장례식 설교를 준비하는 데도 아주 좋은 지침이 되었다. 나는 그 책을 통해서 시간도 절약할 수 있었고, 전통을 벗어나지 않게 되었다. 블랙우드 박사가 지금 그 책을 집필했다면 틀림없이 몇 가지 내용을 바꾸었을 것이다. 사회 구조가 바뀌었기 때문이다. 그러나 그 책의 기본적인 철학은 여전히 변하지 않았으리라고 믿는다. 그래서 나는 변하지 않는 그의 목회 철학을 존중하고 있다.

상상이 담긴 설교

　블랙우드는 장례식 설교에 대해서 이렇게 말한다. "설교의 호소는 주로 상상력을 향한 것이어야 한다." "몇분 안에 하나의 진리를 전하라. 그리고 이 진리 전달은 명료한 것이 되어야 한다… 왜냐하면 시간이 많지 않기 때문이다. 짧은 주석이 되어야 하고, 논쟁은 없어야 한다."[1]

　장례식에 참석하는 사람들은 너무나 슬프기 때문에 교리적 논쟁을 이해할 수 없고, 그런 것에 신경을 쓰지 않는다. 이런 때에 헬라어가 어쩌구 히브리어가 어쩌구 하는 것은 정신나간 짓이다. 물론 교리적으로 건전하지 않으면 안될 것이다. 그러나 상처를 받은 사람들의 마음을 씰어 주는 위로의 메시지, 위로의 하나님의 말씀을 전달하는 최선의 방법은 논쟁이 아니라 그림을 그리는 것이다. 좋은 장례식 설교는 거룩한 상상력을 요구한다.[2]

> 장례식 설교는 목회자가 일상적으로 전하는 메시지와 다르다. 이 설교는 성경적이어야 하고, 잘 짜여져야 한다. 그러나 주의할 점은 설교투가 되어서는 안된다는 것이다. 또 뭔가 교훈적인 내용을 굳이 담으려고 해서도 안된다. 설교를 전할 때나 설교 구성에서 전형적인 설교투의 흐름은 바람직하지 않다는 말이다. 이 설교는 하나의 진리를 아주 명료한 방법으로 전해야 한다. 그래서 설교를 듣는 사람들이 잘 이해할 수 있고, 자신들에게 적절하다는 느낌을 주어야 한다.[3]

　목사 친구가 한 명 있는데, 그는 한 장례식을 다른 목사와 함께 집례하게 되었다. 그 목사는 고린도후서 5장 1-5절을 본문으로 설교를 했는데, 충분하게 준비하지 않았던 것같다. 그는 "하늘에 있는 영원한 집"을 그리스도인의 영광스러운 몸으로 보지 않고, 이 말씀을 요한복음 14장 1-6절과 연관시켰다. 그렇게 되자 그 설교내용은 예수님의 말씀과 예수님의 승천을 괴이하게 해석하게 되었다. 즉 사다리를 타고 오르락내리락 하면서 하늘의 집을 짓게 되는 것이다. 이런 '환상적인 설교'는 조심하지 않으면 장례식이 아니라도 언제든지 가능성이 있다.

성경에 나타난 이미지들을 살펴보면, 죽음과 삶에 대한 수많은 이미지들이 있다는 것을 알게 될 것이다. 이런 이미지들은 하나님 없이 죽는 불신자들의 소망 없는 죽음을 강조하지만, 예수 그리스도를 신뢰하는 신자들의 사후는 빛나는 소망으로 넘친다는 것을 그리고 있다. 성경의 메타포를 찾아내어 적절한 상황에 알맞게 전달하고, 그 상황에 처해 있는 사람들의 필요를 채워 주는 것이 바로 센스 있는 설교자의 몫이다.

아내하고 어떤 장례식에 참석했는데, 장례식을 집례하는 목사가 고린도전서 15장을 본문으로 해서 그리스도인의 부활과 신자의 몸에 대한 학술적이고도 교리적인 견해를 거의 30분이나 펼치는데, 간신히 참으면서 어쩔 수 없이 들은 적이 있다. 이때 설교자는 고린도전서 15장 전체를 강해하려 해서는 안된다. 오히려 설교자는 이 구절에 있는 바울의 메타포 하나를 끄집어내어 거기에 초점을 맞추어야 한다. 예를 들면 다음과 같은 것들이 있다. 죽음은 잠과 같은 것이다(6, 18, 51절), 그리스도는 첫열매이시다(20, 23절), 무덤에 들어가는 것은 씨를 심는 것과 같고, 부활은 추수와 같다(35-44절), 우리가 바라는 영광은 옷을 갈아 입는 것과 같다(50-55절). 우리의 정신은 항상 논리적인 데만 머무르지 않는다. 그러나 우리의 마음은 그림에 즉시 반응을 보인다.

죽음에 대한 성경의 그림들

죽음은 잠과 같은 것이다. 우리는 죽음에 대한 그림을 성경 전체에서 자주 볼 수 있다(신 31:16; 욥 14:12; 시 13:3; 17:15; 렘 51:39; 단 12:2; 마 9:24; 요 11:11-14; 행 7:59-60, 13:36; 고전 15:6; 살전 4:13-18). 물론 죽음의 이미지들은 우리 영혼이 몸에서 떠났기 때문에 몸의 기능이 멈추었다는 것을 몸의 잠으로 비유하는 것이다(약 2:26). 신자들의 경우에 영혼이 몸에서 떠나가는 것은 주님과 함께 있는 것을 뜻한다(고후 5:6-8). 이때 우리 몸은 땅 속에서 잠을 자게 된다.

> 죽음과 잠은 보편적 경험이다. 따라서 죽음을 나타내는 잠 이미지는 모든 사람들에게 중요한 의미를 지니게 될 뿐더러, 이를 토대로 해서 사람들의 감성에 호소할 수 있다. 사람들은 누구나 - 갓난아이들이나 양로원에 있는 노인들도 - 잠을 자야 한다. 그리고 몸이 피곤할 때도 잠을 자야 한다. 우리는 잠을 무서워하지 않는다. 우리는 오히려 잠을 좋아

죽음과 잠은 보편적 경험이다. 따라서 죽음을 나타내는 잠 이미지는 모든 사람들에게 중요한 의미를 지니게 될 뿐더러, 이를 토대로 해서 사람들의 감성에 호소할 수 있다. 사람들은 누구나 - 갓난아이들이나 양로원에 있는 노인들도 - 잠을 자야 한다. 그리고 몸이 피곤할 때 잠을 자야 한다. 우리는 잠을 무서워하지 않는다. 우리는 오히려 잠을 좋아한다. 그리고 잠을 한숨 푹 자고 나서 새로운 날을 가뿐하게 맞이한다. 사람들은 죽음과 잠이 매우 명백한 유사점을 가지고 있다는 것을 알고 있다. 그리고 사람들은 죽음을 잠으로 나타내는 이미지를 통해서 위로를 받는다.

예수님이 그의 제자들에게 나사로가

잠이 들었다 말씀하실 때 (자주 그렇듯이) 그들은 예수님의 말씀을 오해하였다. 제자들은 잠이 들었다는 예수님의 말씀을 나사로가 잠이 들어 쉬는 것으로 생각하였다(요 11:11-14). 예수님은 신자들의 죽음을 잠을 자는 것이라고 말씀하신다. 신자들의 부활은 그들이 잠든 것을 깨우는 것이다. 바울도 역시 죽음을 잠이라고 하는 이 메타포를 사용하여 말씀한다. 물론 우리와 나사로가 같지는 않다. 우리의 "부활은 새롭고 영광스러운 몸을 입는 것이다. 마치 새옷을 갈아입는 것과 같은 것이다."⁴ 우리는 그분을 볼 뿐만 아니라, 그분을 닮게 될 것이다(요일 3:2).

> 한다. 그리고 잠을 한숨 푹 자고 나서 새로운 날을 기쁘게 맞이한다. 사람들은 죽음과 잠이 매우 명백한 유사점을 가지고 있다는 것을 알고 있다. 그리고 사람들은 죽음을 잠으로 나타내는 이미지를 통해서 위로를 받는다.

　예수님은 자신의 죽음을 '탈출' (눅 9:31, 한글개역, '별세')이라고 말씀하신다. 베드로도 역시 이 메타포를 사용한다(벧후 1:14-15). '탈출'이라는 단어는 이스라엘 백성들의 출애굽사건을 생각나게 한다. 이 탈출은 기쁨과 두려움, 승리와 불안을 체험하게 했고, 마지막에는 승리를 얻게 한다. 죽음은 우리를 정복하려는 우리의 적이고(고후 15:26), 우리를 영원히 사로잡아 두려는 적이다. 그러나 그리스도는 그의 백성들을 죽음의 사슬에서 이끌어내어 승리로 인도하실 것이고, 자유를 얻게 하실 것이다(히 2:14-15). 이제 우리는 죽음을 두려워하지 않는다. 우리는 단지 죽음의 신비를 경험하게 될 뿐이다. 하나님 말씀은 신자의 죽음이 승리의 '탈출'이라는 확신을 불어넣어 준다.

히스기야는 죽을 병에 걸린 후에 다시 살아나서 찬송을 부른다(사 38:9-20). 여기서 히스기야는 죽음을 비유하는 세 가지 놀라운 메타포를 사용한다. 1. 문으로 걸어 들어가는 것(10절) 2. 장막을 걷는 것(12절) 3. 베를 걷어 말음 같은 것(12절)

"사망의 문"이라는 말은 시편 9편 13절과 107편 18절에서 사용된다. 이런 이미지를 통해서 우리는 문을 통과해서 어떤 성으로 들어가는 것을 연상하게 된다. 죽음은 히브리어에서 '스올'이다. 스올은 죽은 자들이 거하는 공간이다. 구약성경에서 스올은 그림자가 끼어 있는 어두운 곳이고, 이곳에서는 아무런 소망도 찾을 수 없다. 우리가 죽음을 단지 스올이라고 생각한다면 절망하여 낙심할 수밖에 없을 것이다. 그러나 스올의 문은 예수 그리스도를 넘어뜨리지 못한다(마 16:18). 예수님은 복음을 가지고 죽음을 파괴하셨고, 생명과 영원한 삶을 빛으로 가져오셨다(딤후 1:10).

죽음은 또한 텐트(장막)를 거두는 것과 같다. 이때 몸은 우리가 일시적으로 거하는 장소일 뿐이다. 어느날 우리는 영광스럽게 영원히 거할 처소를 가지게 될 것이다(고후 5:1-8). 헬라어 '아날루시스'는 디모데후서 4장 6절에서처럼 '출발'을 뜻한다. 본래 이 단어는 '선원이 배를 띄우기 위해서 닻을 풀다', '군인이 텐트를 거두어 캠프를 없애다'라는 뜻을 가진다(빌 1:23의 '아날루오'를 보라).

히스기야 왕은 죽음을 베틀에서 짠 직조물을 자르는 것이라고 말한다. 이사야 38장의 이미지에 대한 논의에서 나는 이 이미지가 어떻게 시편 139편과 관련되는가를 보여 주었다. 생명은 짜여진 직물과 같다(욥 7:6). 그리고 하나님만이 생명의 베틀에서 짜여져 나오는 직물의 패턴(모양)과 그 직물이 다 짜여질 시기(삶의 마지막)를 아신다. 우리는 생명, 즉 삶의 직물이 짜여지는 동안 그 오밀조밀한 구조를 볼 수 있지만, 항상 그것을 이해하는 것은 아니다. 그러나 언젠가는 우리도 하나님이 엮으신 그 그림을 볼 수 있을 것이다. 그리고 하나님이 만드신 그림은 훌륭한 작품이 될 것이다. 지금 말하는 이런 이미지들은 성경이 뒷받침을 해 주지 않으면 모두가 헛것이 되고 말 것이다.

사람의 죽음이 신비의 멜로디를 울려낼 때, 생명의 직물을 짜는 베틀이라는 이미지는 매우 유용하다. 사람들은 이런 이미지를 듣고 이렇게 묻는다. "이런 일이 왜 일어나는가? 하나님이 하시는 일이 무엇인가? 우리는 결국 하나님의 시야를 가지고 직조물의 구석구석을 다 볼 수는 없다. 우리는 하나님이 최선을 행해 주시리라는 믿음을 갖고 하나님을 신뢰할 수밖에 없다. 이런 직조물의 이미지는 인생이 끝이 날때를 의미한다. 즉 그 직조물이 다 짜여졌을 때 장례식을 치르는 상황에 적절하게 들어맞는다. 그는 이제 하늘 나라에 들어가서 살아야 할 사람이 되었다(엡 1:12-14). 하나님께서 아름답게 짜 주시도록 삶의 직물을 맡긴 헌신적인 노성도(老聖徒)가 있다면, 우리는 그 성도로 인하여 하나님께 감사를 드려야 한다.[5]

시편 23편은 아마 장례식에 가장 많이 읽히는 말씀일 것이다. 장례식을 치른 어떤 가정에 가서 설교를 했던 메모를 들추어 보니, 시편 23편의 말씀이 적혀 있었다. 많은 사람들은 사랑하는 사람과 사별했을 때, 시편 23편을 본문으로 해서 말씀을 전해 달라는 요청을 많이 한다. 시편 23편은 어린시절 내가 가장 먼저 암송한 말씀이고, 나는 이 말씀과 함께 성장했다고 해도 과언이 아니다. 예수님은 목자이시고, 그를 믿는 신자들은 양떼라는 이미지와 인생이란 하나님 아버지의 집으로 나아가는 여행이라는 이미지, 이런 이미지들은 우리에게 용기를 주고 위로한다. 우리의 환경이 어떠할지라도 말이다.[6]

그러나 시편 23편이 강조하는 바는 죽음이 아니다. 이 말씀은 오히려 목자가 우리의 생명이 마치는 날까지 우리를 위해서 일하신다는 것을 보여 준다(시 23:6).[7] 목자는 우리가 어떤 환경에 처한다 해도 우리를 돌보시고 이끄신다. 하나님 아버지의 집에[8] 이르렀을 때 우리가 걸어온 인생길을 돌아볼 수 있고, 그때 우리는 하나님의 선하심과 사랑하심이 우리 인생의 모든 날을 따라다녔다는 것을 알게 된다. 그날이 올 때까지 우리는 하나님이 선하신 목자라는 믿음을 갖고 걸어야 한다. 로마서 8:28의 말씀을 믿으면서…[9].

크로슬리 모르간(F. Crossley Morgan)은 어릴 때부터 늙을 때까지 목자의 선하신 일이 평생 그를 뒤따랐다고 말한다. 시편 23편을 인용해서 하는 말이다. 시편 23편에서 하나님의 이름 '여호와'가 매우 다양하게 나타난다는 사실은 여러 학자들이 언급하고 있다. "내가 부족함이 없으리로다"라는 말씀은 '여호와 이레'(하나님은 미리 준비하신다)를 말하고, "나를 푸른 초장에 누이시며 쉴 만한 물가로 인도하시는도다"라는 말씀은 '여호와 살롬'(하나님은 평안이시다)을 말하고, "내 영혼을 소생시키시고"는 '여호와 라파'(하나님은 치유하신다)를 뜻한다고 한다.[10] 아마 여러분은 이런 말씀을 장례식에서 사용하기가 좀 꺼려질 것이다. 장례식에 참석한 일반 청중들은 히브리어가 여러 차례 사용되는 통에 뭐가 뭔지 잘 알지 못하고 어리둥절해 할 것이다. 단지 이와 비슷한 본문에 이를 적용해서 사용할 수 있다면 그래도 괜찮은 소득일 것이다. 우리는 여전히 이런 본문 가운데서도 상상력의 풍부함을 본다.

　나는 여러분이 성경에 나타난 이미지들을 하나씩 적어 놓은 노트가 있어야 한다고 생각한다. 이런 노트는 특히 상처를 받은 사람들을 위로하는 메시지를 준비하는 데 도움이 된다. 당신이 그런 이미지들을 때때로 묵상해서 연구하고 기도하면, 하나님께서 그런 이미지에 대한 여러 가지 깊은 생각을 주시고, 이를 적어 놓고 발전시키면 장례식을 위한 좋은 설교가 되리라고 믿는다. 실상 장례식은 거의 예고없이 찾아온다. 그렇다고 갑자기 닥치는 장례식을 시간을 잡아먹는 '방해거리'라고 생각할 수는 없지 않은가? 묵상을 하고 아이디어를 붙잡아 놓은 목사들은 준비가 된 목사들이다.

　시편 90편 12절에 숨겨진 이미지를 자세히 묵상해 보라. "우리 날 계수함을 가르치사 지혜의 마음을 얻게 하소서." 이 말씀에 담겨진 이미지를 생각해 볼 때, 나는 이스라엘의 가데스 바네아 광야의 경험이 이 시편의 배후에 있다고 믿는다(민 13-14장). 이스라엘의 옛 조상들은 그들의 날들을 헤아렸고, 이와같이 그들도 역사의 장구한 장례행렬을 시작한 것이다.

　이 지상에 태어난 사람들은 누구든지 장례행렬을 뒤따라가고 있다. 우리 신자들도 역시 죽음을 맞이하게 된다. 그러나 우리는 그 때 주님이 우리의 삶에 다가오셔서 그의 영광 가운데로 이끌어 주실 것을 믿는다. 예수 그리스도를 신뢰할 때 우리는 더 이상 장례행렬 가운데 서 있지 않다. 우리는 혼인잔치에 참여하고 있기 때문이다(마 9:14-15). 이로 인하여 우리 앞에 놓여 있는 모든 것들이 바뀌었다! 우리는 신부로서 신랑을 기다리고 있다. 신랑이 올 때 우리는 그와 함께 혼인잔치에 들어갈 것이다.

많은 사람들은 그들의 남은 날을 '바르게' 계수하지 못한다. 그들은 단지 그들의 '연수'를 헤아리지 '날'을 헤아리지는 않는다. 우주에 있는 모든 것들이 하루하루, 시간시간을 지내고 있음에도 불구하고 우리는 1년 단위로 살려 한다. 많은 사람들은 야고보가 말한 성공한 장사꾼과 같은 생각을 한다. 그는 1년 동안 장사를 하려고 거창하게 계획하지만, 죽음이 내일 당장 다가오고 있다는 것을 모른다. 앞날을 거창하게 내다보지만, 하나님의 뜻의 엄숙함, 얼마 남지 않았는데… 가까이 다가온 죽음의 현실을 무시한다(약 4:13-17). 나는 다른 사람들의 장례식 설교를 준비하면서, 남아 있는 사람들의 '날'이 얼마나 되는지를 계수해 보라고 권면하였다. 나는 메시지에서 여러분의 남아 있는 '날'을 헤아려 보라고 권면하고, 나 자신의 '날'도 계수해 보았다. 나는 우리에게 남아 있는 날이 얼마나 짧은지를 알고 참으로 놀라지 않을 수 없었다. 우리에게 남아 있는 날은 우리가 하루하루를 헤아려 보면서 사는 날들뿐이다.

삶은 우리가 거쳐야 할 학교이다("우리를 가르치소서"). 우리는 그 학교에서 산수를 배워야 한다("우리의 날을 바르게 계수하게 하소서"). 그래야 우리는 실제적인 지혜를 배운다("지혜의 마음을 얻게 하소서"). "무릇 지킬 만한 것보다 더욱 네 마음을 지키라 생명의 근원이 이에서 남이니라."(잠 4:23). "내 아들아 네 마음을 내게 주며"(잠 23:26). 어떤 교육자의 장례식에서 전하는 말씀의 본문으로 얼마나 적당하며, 신실한 교회학교 교사의 장례식에 들을 수 있는 말씀인가! 이때 우리는 하나님의 복음을 전할 수 있는 기회를 갖게 된다.

때때로 죽은 자의 직업, 죽은 자의 취미생활까지도 설교자료가 될 수 있다. 정원가꾸기를 취미로 즐기던 어떤 사람의 장례식에서 나는 성경에 나타난 세 가지 종류의 정원을 설교한 적이 있다. 죄가 들어온 정원(에덴), 죄가 패배한 정원(갈보리, 요 19:41). 죄가 절대로 들어올 수 없는 정원(계 21:22).[11] 목수가 죽었을 때 우리는 목수이신 예수님의 생애를 설교할 수 있다. 영광 가운데서 집을 짓고 계신 예수님 말이다.[12] 우리는 성경에서 '빛이 나는 말씀'을 많이 발견할 수 있다. 그러나 그 구절의 문맥에서 비틀어 잡아 빼내어 자신의 아이디어에 맞도록 바꾸어서는 안된다. 우리가 말씀을 읽고 연구할 때, 그 말씀이 우리 앞으로 튀어나오는 때가 있다. 그때 그 말씀에 대한 당신의 묵상을 노트에 기록해 두라. 부지런히 갈고 닦아야 한다. 블랙우드는 이를 '설교의 씨뿌리기'라고 말한다. 그래야 우리는 사람들에게 용기를 주는 설교를 할 수 있게 될 것이다.

"비록 창문으로 보는 경치가 여전히 좁아 보이지만,
아주 작은 경치조차도 복잡하거나
제한된 것으로 느끼지 않았다.
거기에는 내가 상상할 수 있는
충분한 초원이 있었다."

헨리 데이비드 소로우

"이성은 차이점을 존중한다.
그리고 상상은 유사성을 존중한다."

퍼시 비쉐 쉘리

"하늘은 눈을 위한
매일의 빵이다."

랄프 왈도 에머슨

"내 상상력은 내가 보고 듣고 배우고 느끼고
또 살아있는 세계를 기억하는 데 방향을 잡아 주고
상상에 힘을 더해 준다."

유도라 웰티

제 13 장
특별한 날을 위한 메시지

추수감사절 며칠 전에 나는 친구 목사에게 강림절에 어떤 설교를 할 것이냐고 물어 보았다. 그러자 그는 이렇게 말한다. "나는 아직 결정하지 못했는데…" 나는 그의 설교를 들어야 할 교인들에게 절로 동정이 갔다.

설교자들이 설교를 하는 동안 시계를 쳐다보게 되는데 시계를 쳐다보는 것만으로는 안된다. 설교자들은 또한 달력을 쳐다보아야 한다. 그들이 설교를 준비하는 동안 달력의 날짜를 주시해야 한다는 말이다. 달력에는 특별한 날들이 표시되어 있다. 특별한 날들은 해마다 있다. 그리고 우리는 그날들을 준비해야 한다. 교회 전체를 위한 날들이 있는가 하면, 우리가 속한 교회를 위한 특별한 날들이 있다.[1] 설교자들이 어떤 특별한 날을 기념하여 지킨다고 해서 은혜를 멀리하는 것이라고 생각지는 않는다. 그런 특별한 날을 지키면서도 우리는 예수님께 초점을 맞출 수 있고, 예수님을 영광스럽게 할 수 있다. 이런 날을 우리가 기념하여 지킨다고 해서 우리의 구원이 더 탄탄해지는 것은 아니다. 구원과는 아무런 관계가 없는 일이다. 다른 사람들이 그런 날을 지키지 않는다고 하면 굳이 강요할 필요는 없을 것이다. 헌신된 신자들 가운데서도 이에 대한 의견 차이가 있지만, 우리가 어찌 이를 나무랄 수 있겠는가?(갈 4:10; 롬 14:1이하). 오히려 나는 이런 차이를 '사랑스러운 불일치'라고 말하고 싶다. 교회가 교회의 특별한 날을 지키는 일은 '구원의 역사'를 한번 돌이켜 보면서 하나님께서 그의 백성들에게 행하신 일을 함께 기뻐할 수 있는 기회를 갖는 것이다.

나는 매년 주님의 탄생을 기념하는 강림절 설교를 계획한다. 그리고 우리는 현현절을 또한 인정한다. 사순절에 맞추어서 일련의 설교를 계획할 수도 있고, 성금요일과 부활절 주일 설교도 계획할 수 있을 것이다. 그리고 오순절, 삼위일체 주일, 종교개혁 주일도 역시 교회에 중요한 날들이라고 생각한다. 여기에 더한다면 국가적인 공휴일(현충일, 광복절 등)을 더할 수도 있을 것이다. 우리는 미리 앞서서 설교를 계획해야 하고, 이런 특별한 날들을 일상적인 설교계획 가운데 넣을 수 있다. 그래야 설교자들의 강해설교 계획이 지장을 받지 않을 것이다.[2]

강림절 설교 계획[3]

강림절 설교의 첫번째 규칙은 크리스마스에 대한 어떤 새롭고도 특이한 내용을 전하려는 유혹을 뿌리쳐야 한다는 것이다. 대신에 설교자는 옛 진리를 새로운 방법으로 전하려 해야 한다. 각각의 설교를 새로운 틀에 넣어서 전해야 한다. 내가 목회한 어떤 교회에서 강림절 기간에 새로운 크리스마스 음악(여기서 '새롭다'는 말은 20세기 현대음악을 말한다)을 예배 시간에 연주한 적이 있는데, 청중들의 반응은 거의 '경악'에 가까운 것이었다. 우리는 심지어 그 예배에 참석한 방문자들에게서도 비난에 가까운 말을 들었다. 사람들은 자신들이 익숙한 크리스마스 찬송을 듣기 원한다. 이는 분명한 사실이다. 일반적으로 교인들은 성가대가 '현대 음악'을 연주하는 것을 썩 내켜 하지 않는다.

내가 즐겨 하는 크리스마스 설교 시리즈는 "어떤 크리스마스 질문들"이라는 제목의 설교들이다. 이는 네 가지 질문으로 구성되어 있다. 1. 왜 베들레헴인가? 2. 왜 목자들인가? 3. 왜 마구간인가? 4. 왜 구세주인가? 이런 설교는 사람들의 관심을 불러일으키고, 사람들이 매우 흥미를 가지고 듣는다.

크리스마스의 네 가지 찬양은 탁월한 설교 시리즈를 만들어 낸다. 이는 엘리사벳의 노래(눅 1:39-45)와 마리아(눅 1:46-56), 스가랴(눅 1:67-80), 천사들(눅 2:13-14)의 노래를 말한다. 크리스마스 후에는 시므온의 노래(눅 2:25-35)를 주제로 해서 설교할 수 있다. 나는 한때 마리아의 노래를 본문으로 해서 일련의 시리즈 설교를 한 적이 있다. 나는 이를 "마리아의 크리스마스"[4]라고 제목을 붙였다.

크리스마스는 어떤 한 아기의 탄생을 다루는 설교의 주제이다. 따라서 우리는 성경에 나타나는 소위 여러 가지 '출생 예언'을 참고로 해서 설교를 준비해야 한다. 하나님은 우리의 처음 조상에게 첫번째 출생 예언을 주셨다. 창세기 3장 15절에서 최초의 출생 예언

상상이 담긴 설교

을 듣는다. 이사야는 이사야 7장 14절에서 유대 민족에게 출생 예언을 준다. 가브리엘 천사는 마리아에게 출생 예언을 준다(눅 1:26-38). 그리고 천사들은 목자들에게도 출생 예언을 준다(눅 2:1-20). 이 설교 시리즈는 구세주의 강림에 대한 성경의 예언들을 광범위하게 다루어 보는 기회가 될 것이다.

"크리스마스는 어린이들을 위한 날이다"라는 말은 어른들이 흔히 하는 말이지만, 실제로 어린이들을 위해서 무언가를 하지는 않는다. 사실, 크리스마스는 어린이들을 위한 날이다. 설교자는 놀라운 두 명의 어린아기를 위한 설교를 준비할 수도 있다. 침례 요한과 예수님에 대한 설교 말이다(요한은 태어나기 전부터 예수님의 탄생을 기뻐했다.). 크리스마스는 또한 젊은 사람들을 위한 날이기도 하다. 예수님의 어머니 마리아는 참으로 젊은 여인이었다. 예수님을 출생할 때 마리아는 아마 10대가 아니었나 싶다. 크리스마스는 또한 바쁘게 사는 어른들을 위한 날이다. 목자들과 박사들이 여기에 해당된다. 크리스마스는 또한 노인들을 위한 날이기도 하다. 스가랴, 엘리사벳, 시므온, 안나가 여기에 해당된다. 크리스마스가 아무런 의미를 지니지 않는다 해도, 적어도 세대차를 없애는 일은 할 수 있다.

영국의 윌리엄 왕이 16살이었을 때 그는 우연히 발모랄 성에서 '공포의 버튼'을 누르게 되었다. 그러자 애버딘 경찰 본부에 있는 경보 장치에서 소리가 났다. 그렇게 되자 왕궁 전체에 비상이 걸렸다. 그러나 그들은 곧 왕자의 실수라는 것을 알고는 비상을 중단한다. 이 사건을 신문에서 읽었을 때 나는 크리스마스를 생각하게 되었다. 우리가 그리스도의 탄생을 천사들이 한 말, "두려워 말라"와 연결시켜도 좋은 설교가 될 수 있을 것이다. 그러나 하나님께서는 그의 아들을 보내시면서 '공포의 버튼'을 누르시는 것같다. 그래서 이 세상을 향해서 경보를 울리게 하시는 것이다. 어떤 시인의 시를 읽어 보자.

> 나는 마구간의 구유에 있는 거의 벌거벗은
> 작은 아이를 본다.
>
> 황소들도 그분이 누구신지 알고, 그분을 돌본다.
> 사람들에게는 그분이 낯선 자이다.
> 이 세상의 안전이 그곳에 누워 계시고
> 이 세상의 위험도 함께 있다.[5]

그리스도의 탄생은 사단에게 옛 예언이 성취된다는 경고였다(창 3:15). 강한 자 비유는 예수님의 탄생으로 인하여 어떤 일이 일어났는지를 생생하게 나타내고 있다(눅 11:14-28). 사단아! 주의하라! 그리스도의 강림은 또한 교만하고 마구잡이로 행하는 자들에게 경고가 된다. 이제 상황이 바뀌게 될 것이기 때문이다. 헤롯 왕은 정신이 번쩍 났다(마 2장). 교만한 자들을 향한 마리아의 노래는 이를 잘 나타내고 있다.

예수님의 탄생은 이스라엘의 교만한 지도자들을 향한 경고이다. 하나님은 이런 경고의 말씀을 전세계를 향하여 말씀하신다. 이스라엘은 이방인들을 향해서 '여호와의 종'이 될 것이라고 말씀하신다. 그러나 그들은 그 사명을 이루지 못할 것이라고 또한 말씀하신다. 이제 하나님의 '고난받는 종'은 전세계의 죄인들을 위하여 죽으러 오셨고, 그의 나라는 이스라엘로부터 취하게 될 것이다. "아버지가 아들을 세상의 구주로 보내신 것을 우리가 보았고 또 증거하노니"(요일 4:14).

우리는 또한 예수 그리스도 앞에 무릎을 꿇지 않는 사람들을 향한 경고를 찾을 수 있다. 그들 앞에는 위험이 놓여 있다. 요한복음 15장 18-25절에 있는 주님의 말씀은 매우 적절한 말씀이다. 특히 "내가 와서 … 하지 아니하였더면"이라는 말씀은 참으로 타당하다 (22절). 크리스마스 동안에 예수 그리스도를 흘깃 쳐다볼 뿐 무릎을 꿇지 않는 사람들이 많이 있다. 그들은 예수님을 믿지 않는다. 그리고 경고 소리를 듣지 않는다.

나는 사실 이런 제목을 붙이고 싶지는 않다. 그러나 "위험하다! 크리스마스가 다가오고 있다!"는 제목의 시리즈 설교를 하고 싶은 심정이다.

사순절 설교

성금요일과 부활절 주일 일곱 주일 전은 전통적으로 신자들이 '주님의 고난에 참여' 하고, 부활의 영광에 참여하기 위하여 자신을 준비하는 때이다. 모든 주일을 사순절 설교에 바친다고 해도 그리 잘못된 것이 없을 것이다. 그러나 성도들이 십자가에 서 있도록 준비하고, 그 빈 무덤을 찾아가 보도록 하는 기회를 활용하는 것이 사순절 설교의 중요성이다. 이때부터 주일 예배에 참석하는 사람들이 증가한다. 설교자들은 이때를 놓치지 말고 복음전도를 위한 귀한 기회로 삼아야 할 것이다.

인물설교는 매우 효과적일 수가 있다. 예수님의 수난기록에 나오는 사람들을 중심으로 한 인물설교를 생각해 보라. 우리가 선택할 수 있는 인물들은 매우 많이 있다. 빌라도, 헤롯, 안나스, 가야바, 베다니의 마리아, 니고데모와 아리마대 요셉, 구레네 시몬과 유다 등이 있다.[6] 우리가 십자가 사건과 관계없다고 생각하던 인물들도 염두에 두어야 한다. 우리는 그들에게도 마땅히 관심을 가져야 한다. 또 다른 사람들도 있다. 아브라함, 이삭, 모세(유월절 어린 양, 높이 들린 뱀), 룻과 보아스(구속자 친척), 다윗(시편에 기록된 그리스도의 고난), 이사야(복음예언), 사도 바울 등이 있다.

실제로 우리는 구약과 신약의 인물들을 한데 모아서 갈보리에서 만나게 할 수 있을 것이다. 아브라함은 마리아를 만날 수 있다. 왜냐하면 이 두 사람은 모두 다 아들을 희생제사로 바쳤기 때문이다. 모세는 니고데모를 만날 수 있다. 예수님이 니고데모에게 높이 들린 뱀에 대해서 말씀하셨기 때문이다(요 3:14). 모세는 또한 침례 요한을 만날 수 있다. 여기서 그들은 유월절 어린 양에 대한 논의를 할 수 있다. 이사야는 또한 바울을 만날 수 있다. 바울은 자주 이사야의 예언을 인용했고, '하나님의 고난받는 종'의 모습을 확대하여 설명한다. 안나스와 가야바는 대제사장 아론을 만날 수 있다. 그들은 유대교의 희생제사의 진정한 의미를 배우게 될 것이다. 그리고 변화산에서 예수님과 말씀을 나눈 모세와 엘리야를 잊지 말아야 한다.

그러나 우리가 어떻게 상상력을 발휘하여 이런 시리즈 설교를 한 묶음으로 만들어낼 수 있는가? 우리는 클로비스 채펠(Clovis Chappell)의 아이디어를 빌려서 그 시리즈 설교를 "갈보리 앞의 십자가"[7]라고 부를 수 있을 것이다. 또다른 제목으로는 "그들은 주님을 십자가에 못박을 때 그곳에 있었다 - 그러나 누구도 그들을 보지 못하였다"라고 할 수 있다. "십자가 앞에 있는 보이지 않는 사람들"

이라는 제목도 괜찮다.

　십자가는 화목의 처소일 뿐 아니라 대속의 처소이기도 하다. 구레네 시몬은 시몬 베드로의 자리에 섰다. 베드로는 예수님이 죽는 자리에까지 따라가겠다고 큰소리를 땅땅 치던 사람이 아니었던가? 예수님은 바라바의 자리에 섰다. 예수님은 잃어버린 모든 죄인들의 자리에 서신 것이다. 니고데모와 아리마대 요셉은 주님을 장사지냈어야 할 제자들의 자리에 섰다(물론 이사야 53:9은 이에 대하여 미리 예언을 한다.). 사도 요한은 예수님의 자리에 섰다. 그가 마리아를 그의 어머니로 대접할 때 말이다.

　어떤 복음서 기자들보다도 사도 요한은 그리스도의 죽음을 강조하고 있다. 희생당하는 어린 양(1:29), 파괴된 성전(2:13-25), 높이 들린 뱀(3:14), 자신을 헌신하는 목자(10:11-18), 열매맺는 씨앗(12:20-25) 등이 있다. 예수님이 '높이 들린' 이라는 용어를 사용하시는 세 번의 경우를 자세히 기록했다는 것을 주목하라(3:14, 8:28, 12:32).[8] 우리는 요한복음만으로도 십자가에 대한 설교를 얼마든지 행할 수 있다.

　존경하는 설교학 교수, 찰스 콜러(Charles W. Koller)는 "살아 있는 더하기 사인" 이라는 제목으로 강력한 설교를 행한 적이 있다. 이 설교는 십자가 위에서의 그리스도의 화목 사역에 초점을 두고 있다.[9] 바울은 로마서 4장, 고린도후서 5장, 에베소서 2장에서 특히 화목의 신학을 다룬다. 십자가에서 하나님은 사랑과 공의를 화해시키셨고, 유대인과 이방인을 화해시키셨으며, 하나님과 죄인들을 화목케 하셨다. 십자가는 여전히 화목의 수단이고, 십자가의 말씀은 교회가 마땅히 앞세워야 하는 화목의 메시지이다(고후 5:11-21).

성금요일의 드라마에 나오는 여러 배우들은 십자가에 대해서 어떤 생각을 하는가? 유대 종교 지도자들은 십자가를 '말썽꺼리 예수님'을 제거하는 수단이라고 생각했다. 베다니의 마리아는 십자가 처형을 하나님의 뜻이 이루어지는 장소라고 보았다. 그래서 마리아는 예수님의 장례를 준비하였다. 베드로는 십자가를 반대하였다는 것을 기억할 것이다(마 16:21-28). 그리고 베드로는 또한 동산에서 칼을 휘둘러 예수님을 보호하려 한다. 예수님이 지고 가야 할 십자가를 대신 구레네의 시몬이 지고 간다. 십자가는 그에게 치욕이었을 것이다. 그러나 이런 체험은 그를 변화시킨다(막 15:21). 빌라도에게 십자가는 유대인들을 만족시키는 유일한 방법이었다. 그래도 이 나약한 정치가 빌라도는 유대인들의 손아귀에서 예수님을 구하려고 애쓴다. 예수님에게 십자가는 하나님 아버지의 뜻이었고, 그는 십자가를 운명으로 받아들였다. 그는 십자가를 견디셨고, 끝내는 십자가를 통해서 승리를 거두셨다.

예수님의 십자가 위에서 어떤 일이 발생하였는가? 우선 십자가 위에서 희생이 발생하였다. 하나님의 어린 양은 그의 생명을 이 세상의 죄를 위하여 드린다. 그러나 빌라도의 선언이 바로 그곳에 기록되었다(마 27:37; 막 15:26; 눅 23:38; 요 19:19-22). 그래서 "우리를 거스리고 우리를 대적하는 의문에 쓴 증서를 도말하시고 제하여 버리사 십자가에 못박으시고"(골 2:14)라고 말씀하신다. 그리고 놀랍게도 모든 신자들이 바로 그곳에 있었다. 예수께서 죽으실 때 우리는 그와 함께 죽었다(롬 6장).

하나님의 백성들은 그리스도의 죽음의 심오한 신학적인 측면을 생각해야 한다. 십자가 위에서 이루신 그리스도의 사역 때문에

이 세상과 육체는 그들의 세력을 빼앗겼다(갈 5:24; 6:12-18). 그리고 사단도 패배했다(요 12:31; 골 2:15). 이 세 가지 적들은 우리를 한때 지배했으나 지금은 무장 해제되고 말았다(엡 2:1-3).

사순절 동안에 어떤 교회들은 전통적으로 예수님께서 십자가 위에서 하신 일곱 마디 말씀을 주제로 해서 설교를 한다. 또는 시편에 나타난 일곱 가지 속죄 시편을 주제로 말씀을 전하기도 한다(6, 32, 38, 51, 102, 130,143편). 여러분의 교회가 마련한 스케줄에 어긋나지 않으면 사순절 기간에 특별 주일 저녁 예배 등을 통해서 시리즈 설교를 전할 수도 있을 것이다.

국가가 정한 기념일들

달력에는 설교자들도 알 수 없는 날들이 빨갛게 표시되어 있다. 그렇게 표시되긴 했지만 설교자들은 무얼 하는 날인지 알 수 없을 것이다.[10] 어버이 날, 어린이 날, 노동절, 감사주일(추석), 독립기념일, 인권 기념의 날, 경찰의 날, 재향군인의 날 등 이루 헤아릴 수 없을 정도로 갖가지 날들이 있다. 당신이 어떤 특정 교파에 속한 목사라면, 그에 따른 특정한 날이 있을 것이다. 이때는 미리 설교 계획을 세워야 한다. 해외 선교의 날, 진흥원의 날, 목회자 주일, 은퇴 목회자 주일, 가정을 생각하는 주일, 선교사의 날 등이 있을 수 있다.

설교자가 이런 날에 맞추어서 설교를 하면 어떤 이점이 있는가? 나는 이미 당신의 설교 계획에서 이런 날에 맞추어서 특별한 설교를 계획하라고 제안한 바 있다. 당신이 일련의 계획을 세워서 설교를 하고 있더라도, 그 가운데 특별한 설교를 특정한 날에 끼워 넣

특별한 날을 위한 메시지

으라는 말이다. 어머니날에 나는 특별한 설교를 계획하고, 주변의 어머니들을 교회로 초청해서 설교를 한 적이 있다. 그때 어떤 어머니는 나에게 다가와서 처음 교회에 발을 디뎠노라고 말하였다. 어버이날에 어버이를 위한 설교를 하지 않는다고 생각해 보라. 교인들 모두가 이상하게 생각하고 거부감을 가질 것이다. 어떤 특별한 이유가 있어 그날에 어버이들을 위한 설교를 하지 못하게 되면, 몇주일 앞서서 미리 그렇다고 양해의 말을 구하라. 결코 어머니, 아버지를 무시하는 것이 아니라고 말이다. 그래야 교인들이 이상하게 보지 않을 것이다.

또 다른 방법이 있다. 그것은 당신이 계속해서 설교를 하는 그 본문을 그대로 유지하면서 그날을 지키는 방법이다. 그 본문을 그대로 지키면서 '어머니' 또는 '어버이'라는 관점에서 설교를 준비하도록 하는 것이다. 예를 들면, 성경의 어머니들, 역사에 나타난 어머니들을 설교자료로 활용하는 것이다.[1)] 어버이날에도 이와 비슷한 시도를 할 수 있을 것이다. 그렇다고 해서 아무 본문이나 끌어대서 그날에 맞추려고 해서는 안될 것이다. 일련의 연속적인 설교를 준비하듯이 처음에는 그냥 그 본문으로 일단 준비를 하라. 후에 특정한 날을 위한 특별한 메시지를 그 설교 흐름에 넣어야 할 것이다.

어머니날, 어버이날, 어린이날 등에 몇 가지 문제가 있다. 이런 날일수록 우리 설교자들은 감상적이 되기 쉽다. 그래서 영적인 측면을 무시하기도 한다는 말이다. 그런 설교는 주로 일상적인 이야기나 싯구들로 가득차 있다. 또 성경구절이 거의 사용되지 않고, 영적인 문제에서 거리를 두고 있다. 나이가 드신 설교자들은 "옛날에는 좋았는데" 하면서 한탄이나 하고, "옛날에는 어머니들은 집에 계시고,

아버지는 이래라 저래라 하시고, 아이들은 그대로 했는데" 하면서 설교를 해야 할 시간에 타령을 늘어놓는다. 젊은 설교자들은 옛날에는 없었던 가정의 자유를 감사할는지 모른다. 그리고 사회 속에 드리워진 위험이 얼마나 많은지를 알면서 가정의 중요성을 더욱더 강조할 수 있을 것이다.

역사가들은 옛날이 좋았다고 하는 말은 사실이 아니라고 한다. 정직하게 사실을 대하는 학자들은 현대 가정이 옛날보다 더 폭력적이라는 말도 그리 신빙성이 없다고 한다. 물론 현대 가정에 학대를 당하는 아내들도 있고, 매를 맞고 자라는 아이들도 있다. 그러나 서로 돌보아주고, 기쁨을 주는 행복한 가정도 얼마나 많이 있는가? 혼자 살지만 성실하게 아이들을 돌보는 어머니, 아버지가 있는가 하면, 부부가 살지만 아이들이 전혀 없는 집안도 있고 이혼한 사람들이 때로 외로움을 느끼기도 하지만, 이런 사람들은 보통 사람들이 모인 그런 교회에 참석하기는 원치 않는다. 우리는 그들에게 무어라고 말을 해야 하는가? 우리가 할 수 있는 최선의 일은 그들에게 그리스도인의 신앙의 진리를 전해 주는 것이다. 그들의 상태가 어떠하든, 그들의 집안 사정이 어떠하든, 모든 사람들은 한 명도 빠짐없이 이 진리를 갈급해 한다. 그리고 우리는 이 진리를 전달할 때에 한 묶음으로 잘 포장해서 주어야 한다. 그래야 사람들이 잘 이해하고 잘 받아들일 수 있을 것이다.

성경에서 어린이들은 여러가지 그림으로 그려지고 있다. 하나님의 은혜로운 선물(창 33:4-5), 유산, 화살(시 127:3-5), 포도송이, 감람나무(시 128:3), 주춧돌, 나무들(시 144:12) 등이다. 그런데 불행하게도 어떤 사회에서는 아이들을 유산(遺産)이라고 생각지 않고, 단지 책임이라고 생각한다. 아이들을 키우는 데 비용이 많이 든다면 아이들을 내팽개치겠는가? 어린아이들이 없다면, 새로운 세대가 없다면, 우리는 어떻게 도덕, 영적 가치, 문화적 가치를 보존하고 전달하겠는가? 어린이들을 교회의 미래라고 말해서는 안된다. 어린이들은 지금 현재 우리 가운데 있는 교회 내의 미래이다. 디모데후서 2장 2절에서 바울이 염두에 둔 것은 바로 이런 메시지였다.

성경 시대의 여인들과 어린이들은 오늘날과는 전혀 다른 삶을 살았다. 그러나 가정을 유익하게 만드는 가치는 그제나 지금이나 달라진 바가 없다. 아브라함 때나 지금이나 진리, 사랑, 훈련, 예배, 충성, 희생 등의 가치는 똑같다.[12] 뿌리가 없이는 열매를 맺지 못한다. 오늘은 과거의 결실이라고 보아야 한다. 우리가 키우는 아이들은 사실 아름다운 나무라고 보아야 한다. 우리는 그 나무들을 가꾸고, 보존하고, 보호해서 바르게 해야 한다. 마치 화살통의 화살과 같이 말이다. 화살은 곧게 펴 있어야 한다. 그리고 강해야 한다. 또한 어린이들은 주춧돌이기도 하다. 그래야 가정이라는 우리 미래의 건물을 잘 세울 수 있을 것이다. 이런 이미지들은 매우 강한 힘을 가지고 있다.

감사주일

많은 목사들은 감사주일 설교준비에 어려움을 겪지 않는다. 성경에서 감사와 찬양에 대한 많은 말씀을 찾을 수 있기 때문이다. 그러나 우리에게 익숙하다고 해서 그냥 지나쳐서는 안된다. 늘 감사에 대한 메시지를 전한다 해도 감사주일에는 그에 걸맞게 해야 하고, 성도들을 깜짝 놀라게 하는 새로운 감사 설교를 해야 한다.

우리는 항상 성도들에게 하나님께서 주신 축복을 깊이 감사하라고 설교하고 가르친다. 그러나 하나님께서 우리에게 주시지 않은 것들에 대해서도 감사해야 한다고 생각해 본 적이 있는가? 예를 들면, 응답되지 않은 기도에 대해서도 감사를 드려 본 적이 있는가? "여호와께서 저희의 요구한 것을 주셨을지라도 그 영혼을 파리하게 하셨도다"(시 106:15). 우리는 때로 떡을 달라고 간구해야겠다고 생각하면서도 실제로는 돌을 달라고 간구하는 수가 있다. 아버지가 우리를 사랑한다면 어떻게 우리가 원한다고 해서 돌을 주시겠는가? 하나님께서 응답해 주시지 않은 것에 대해서도 감사를 드려야 할 이유가 여기에 있다. 이에 대한 다른 성경구절로는 시편 103편 10절, 열왕기상 8장 56절, 데살로니가전서 5장 9절, 디모데전서 1장 7절 등이 있다. 이 구절 외에도 많이 있을 것이다. 그러나 이 구절들로 시작해서 연구를 해 보라.

"하나님께서 감사할 이유를 주실 때"라는 제목으로 말씀을 전해 본 적이 있는가? 주님께서 이 땅에서 사역을 하실 때 감사를 드리는 장면이 있다. 요한복음 6장 11절, 23절, 누가복음 10장 21절, 마태복음 11장 25-30절, 요한복음 11장 41절, 마태복음 26장 26-27절 등을 자세히 살펴보도록 하라. 당신의 상상력을 사용하여 위 구절들에서 반복되는 일정한 패턴이 있는지를 유의해서 보라.

정치적 공휴일들

독립기념일 등은 정치적 공휴일이라고 할 수 있다. 이 정치적 공휴일에 대한 설교에는 매우 미묘한 문제들이 있다. 어떤 사람들은 우리나라를 위하여 싸운 영웅들을 범죄자들이라 말하고 그들의 용맹을 한낱 만용이라고 치부한다. 나이가 든 사람들은 그런 영웅들을 존경하지만, 젊은 사람들은 그렇게 생각지 않고 무시하는 경향도 있다. 이런 상황에서 설교자들은 성경이 말씀하는 바에서 떠나지 않고 그대로 전하는 것이 중요하다. 정치나 역사는 전문가들에게 맡기는 것이 좋다.

여기서 중요한 질문은 본래 이스라엘에게 주신 하나님의 약속이나 경고를 오늘날 우리나라에 적용해서 전하는 것이 가능한가 하는 것이다. 하나님과 이스라엘이 맺은 언약관계가 오늘날 우리 국가와도 동일한 관계인가 하는 것이다. 이 질문에 어떻게 대답하는가에 따라서 당신이 어떻게 본문을 선택할 것인가 하는 문제가 결정될 것이다. 도덕의 기본적 원리가 모든 나라에 적용되지 않는다고 하면, 아모스 1-2장과 로마서 1장 18-32절의 말씀이 부분적으로 틀리다는 말이 된다.

우리 설교자들이 피해야 하는 위험은 어떤 한 나라를 지칭해서 경고를 하거나 언약의 대상이라고 말하는 것이다. 예를 들면, 미국이 하나님의 축복을 특별히 받은 나라라고 메시지를 전하는 것 등이다. 우리는 여러 개인을 향해서 말씀을 전하고 있다는 사실을 잊어서는 안된다. '나라'는 우리가 전하는 메시지를 듣지 않는다. 만약 어떤 '나라'가 설교자가 전하는 메시지를 듣고 회개하기 시작한다면, 그 회개는 실상 개인들, 하나님의 백성들에게서 발생하여 시작되는 것이다. 우리는 이 땅의 소금이고, 이 세상의 빛이다. 우리나라가 만약 파멸된다면, 죄인들은 죄인들처럼 날뛰면서 행동하겠지만, 신자들은 신자들처럼 행동하지 않기 때문이다. 죄인들의 그런 행동은 우리의 기대를 벗어나는 것이 아니지만, 신자들의 행동은 우리의 기대를 벗어나는 것이다.[13] 다니엘 웹스터는 1820년 12월 22일 매사추세츠 플리마우스에서 이런 연설을 한 적이 있다. "사람들을 선한 그리스도인들로 만드는 것이 무엇이든지 간에 그 사람들은 선한 시민이 될 것이다." 설교자들이 국가를 기념하는 날에 설교할 때 염두에 두어야 할 말이다.[14]

다윗은 동굴 안에서 하나님께 물을 부어 드렸다(대상 11:15-19). 나는 이 성경본문이 자유를 위해 목숨을 바친 위인들을 명예스럽게 하는 기념일 설교의 좋은 텍스트라고 생각한다. 각 세대들은 나름대로 자유의 컵을 물려받았다. 우리는 이 자유의 컵을 온전히 우리 자신의 것으로 돌릴 것인지, 하나님께서 행하신 것으로 여겨야 하는지를 결정해야 한다. 이는 위대한 영웅들이 우리를 위하여 희생의 피를 흘린 것을 하나님께 감사해야 하는가 하는 문제이다. 물론 그렇게 해야 한다. 다윗의 컵과 우리 주님의 다락방의 잔과 겟세마네 동산의 잔은 사실 그리 멀리 있지 않다.

여호수아서를 읽으면 우리는 여러가지 '기념일'들을 찾을 수 있다. 어떤 날들은 위대한 승리를 기념하는 날이고, 때로 비극적인 패배의 날을 기념하기도 한다(수 4:9, 20-24; 7:26; 8:29-30; 32; 10:27; 22:10 이하; 24:26-28). 여호수아의 고별설교는 23-24장에 있는데, 여기서 그는 기념일을 만들어낸다. 우리 설교자들은 이 구절에서 한 나라가 번영하는 데 그리스도인들이 하나님께 헌신하는 것이 얼마나 중요한지 설교할 수 있다. 아간의 불순종(7:26)은 여호수아의 헌신과 커다란 대조를 보여 주고 있다. 여호수아는 여기서 하나님의 신실한 자들을 선택하여 하나님께 순종하는 백성들의 약속을 이끌어낸다

(24:26-28).

교회 절기들

교회절기들은 매우 중요하다. 따라서 설교자들은 이 교회절기들을 놓치지 말고 매년 잘 준수하는 것이 필요하다고 생각한다. 교회절기들은 교회 식구들에게 에벤에셀을 세우는 기회를 갖게 하고, 기쁨으로 고백하게 하고, 하나님께서 우리를 지금까지 도우신 일을 잊지 않도록 한다(삼상 7:12).[15] 옛 선조들은 과거를 회상하면서 기뻐하고, 새 세대들은 과거에 무슨 일이 일어났는지를 배워서 교훈을 얻는다. 그들은 지금 컴퓨터니 크레디트 카드(credit card)니 하면서 현대문명을 즐기지만, 그들이 현재 역사에 등장하기 전에 어떤 일이 있었는지를 배워서 가르침을 받아야 한다. 과거 그 자체에 초점을 맞추는 것이 아니라 과거에 역사하여 일하신 하나님께 초점을 맞추어야 한다. 그럼으로써 믿음의 선조들의 하나님, 그분이 피난처가 되시고, 지금까지 도우신 분이라는 사실을 배우게 된다.

시카고 무디 교회의 나의 전임자, 조지 스위팅 목사는 이 교회에 새로운 전통을 하나 만들었는데, 그것은 '창립자의 날'이다. 이날은 드와잇 무디 목사를 기념하는 날이다. 그러나 이날의 초점은 하나님께서 그를 어떻게 사용하셨는가에 있다. 우리는 때로 이날에 설교자를 초빙해서 예배를 드렸는

> 교회절기 설교에서 우리가 유의해야 할 점은 이 설교가 과거에 역사하신 하나님의 선하신 일과 하나님께서 행하실 미래의 일들을 보여 주어야 한다는 것이다.

데, 굳이 무디의 유산과 관련해서 메시지를 전할 필요가 없다고 초

빙된 설교자에게 미리 말하기도 했다. 어떤 해에 나는 무디 목사가 좋아하던 요한일서 2장 17절을 본문으로 해서 설교를 한 적이 있다. 그리고 다음 해에 나는 또 무디 목사가 좋아하는 시편 91편을 본문으로 하여 설교를 했다. 이런 식의 설교는 청중들에게 어떤 관심을 불러일으켰고, 이것이 계기가 되어 무디 목사에게 특히 중요했던 성경본문을 더욱더 연구하는 분위기를 만들기도 했다.

어떤 교회절기는 교회사에 나타난 위대한 인물들과 관련되기도 한다. 그리고 사건에 관련된 절기도 있다. 교회사에 나타난 위대한 사건, 위대한 인물들을 연구하여 그 사건이나 위인들의 삶에서 메시지를 뽑아서 당신의 에벤에셀을 세울 수도 있을 것이다.[16]

교회절기 설교에서 우리가 유의해야 할 점은, 이 설교가 과거에 역사하신 하나님의 선하신 일과 하나님께서 행하실 미래의 일들을 보여 주어야 한다는 것이다. 아주 좋은 교회절기 설교는 언제나 과거의 역사를 기뻐하면서 미래의 싸움을 준비하도록 하는 것이어야 한다. 그렇지 않으면 우리 교회는 백미러를 쳐다보면서 앞으로 잘 나아가지 못하는 격이 되고, 쟁기를 잡고 뒤를 돌아보는 것과 같다.

교회의 여러 가지 이미지들은 절기설교를 위한 가능성을 제공해 준다. 교회는 우선 신부이다. 결혼한 사람들은 매년 결혼기념일을 갖는 이유를 안다. 그들은 결혼기념의 의미를 알고 있는 사람들이다. 그들은 또한 결혼 후에 서로에게 헌신함으로 성장을 경험해 간다. 그리고 그들은 나름대로 미래를 향한 계획을 세운다. 교회는 신부로서 신랑의 음성을 기뻐해야 한다(요 3:29). 우리 주님과의 허니문 시절의 기쁨을 놓치지 않고 있는가?(렘 2:1-2; 계 2:1-4). 그분이

다시 오실 때 우리는 정결한 모습으로 그를 맞을 준비가 되어 있는가?(고후 11:1-6).

때로 '변화'는 절기설교에서 중요한 주제가 된다. 특히 교회가 변화를 거부할 때는 더욱 그렇다. 고린도전서 9장 7절에는 교회의 세 가지 이미지가 언급된다. 여기서 우리는 아주 흥미있는 주제를 찾을 수 있다. 포도원과 무리들이라는 이미지는 매우 오래된 그림들이다. 이런 이미지는 변하지 않고 그 의미를 그대로 담고 있다. 당신이 포도를 원하면, 포도나무를 심고 잘 가꾸어야 할 것이다. 당신이 양모, 우유, 고기를 원하면, 양무리 또는 다른 동물들을 키워야 할 것이다. 여기에 변화하는 이미지들은 없다.

그러나 군인에 대한 이미지는 그때와 사정이 많이 달라졌다. 많은 변화를 볼 수 있다는 말이다. 요즈음 군대는 활이나 돌 같은 무기를 사용하지 않는다. 군인들은 최근에 개발된 무기를 사용해서 전력을 증가하며 나라를 지킨다. 여기에서 우리는 변화를 본다. 레이놀드 니이버(Reinhold Niebuhr)의 유명한 기도는 여기에 정확히 적용된다. "오, 하나님! 변화시킬 수 없는 것을 그대로 받아들일 수 있는 평온함을 주시고, 변해야 할 것을 변하게 하는 용기를 주옵소서. 그리고 변해야 할 것과 변하지 않을 것을 분변하는 지혜를 주옵소서."[17]

" '바른 단어'와 '거의 바른 단어' 사이의 차이점은
'번개'와 '반딧불' 사이와 같다."

마크 트웨인

"독창성은 단지 청명한 눈이다."

히긴손

"날마다 꿈을 꾸지 않고
또 환희가 없는 인생은 정말로 가난한 삶이다."

유진 라우세프

제14장
상상력, 유머, 설교

제임스 서버(James Thurber)는 윌리엄 워드워즈(William Wordsworth)의 시¹에 대한 유명한 정의를 설명하면서 유머를 "평정한 상태에서 기억되는 정서적 혼란"²이라고 말한다. 여기서는 '혼란'이라는 말과 '평정'이라는 말이 대조되고 있다. 우리는 이런 대조를 통해서 유머와 역설은 항상 함께 나타난다는 것을 알 수 있다. 그리고 역설은 항상 메타포와 상상력을 포함한다는 것도 배운 바 있다. 유머를 잘 구사하는 사람은 "한 대상을 다른 측면에서 바라볼 줄 아는 사람"이라고 말한다. 그렇게 해서 사람들을 웃게 만든다. 에바 페더 키타이는 "어떤 대상을 동시에 두 가지 관점에서 보는 것"³이라고 정의를 내린다. 결론적으로 유머는 대체로 상상력에 의존한다고 말할 수 있다.

예를 들어, 비가 몰아치는 날에 초라한 모습의 여자 노인이 버

상상이 담긴 설교

스를 기다리는데 트럭이 흙탕물을 한바가지 끼얹고 달아났다면 '저걸 어쩌나!' 하고 불쌍한 생각이 들어 도와 주려고 뛰어갈 수도 있을 것이다. 그러나 똑같은 일이 손에 지팡이를 들고 코를 높이 치켜들고 폼을 잡고 걸어가는 잘생긴 귀족에게 일어났다면, 처음에는 웃음이 터져나올 것이다. 도움을 준다 해도 말이다. 우아하게 차려 입은 모습과 그 위에 끼얹어진 흙탕물, 잔뜩 폼을 잡고 있는데 흙탕물이 덮었으니 주체할 수 없는 어정쩡한 모습, 이런 것들이 우리의 상상력을 자극하고, 키타이가 말한 대로 "어떤 대상을 동시에 두 가지 관점에서" 보게 하는 것이다. 그렇게 해서 우스운 상황을 연출해 내는 것이다.[4]

광대라든지 개그맨의 우스개, 재치있고 수준 높은 유머 등은 모두 다 '기대치 않았던 대조'를 만들어내어 웃게 하는 것이다.[5] 나는 빅터 보르그(Victor Borge)를 TV에서도 보고 직접 보기도 했다. 피아노 의자에 앉아서 안전 벨트를 매고 있는 그의 모습은 상상하기만 해도 웃음이 터질 정도였다. 지금도 그 일을 생각하면 웃음이 난다. 그러나 유머스러운 대조는 볼거리로 제공되기도 하지만 말로도 할 수 있다. 우스갯소리는 상상력을 가지고 이야기를 듣는(혹은 읽는) 사람들이 '이해하는' 데 달려 있다. 어떤 사람이 "나는 이 이야기가 왜 그렇게 우스운지 모르겠다"고 말한다면 이는 곧 상상력이 부족하다는 것을 뜻한다. 이 경우에 말하는 사람이 재미있게 말하지 못했다는 생각도 가능하지만, 대체로 듣는 사람의 상상력 결핍에 원인이 있다고 보아야 한다. 유머를 이해하는 정도는 그 대조를 파악하는 능력과 상상력을 가지고 역설의 핵심을 알아차리는 데 있다.[6]

나는 특히 전통적인 랍비들의 유머를 좋아한다. 어떤 랍비는

상상력, 유머, 설교

밤중에 잠을 자다가 소리가 들리기에 깨어났다. 그래서 "거기 누구 있느냐?"고 물었다. 어떤 그림자가 이렇게 대답을 한다. "도둑입니다." "무엇을 찾고 있는데?" 랍비가 묻자, 이런 대답이 들려온다. "돈이요." 랍비는 이렇게 말한다. "잠깐 기다리게, 나도 일어나서 당신을 도울 테니까."

이런 대답은 우리가 기대하던 바가 아니다. 그래서 우리는 웃게 된다. "내 아내는 오늘 아주 좋은 미용실에서 4시간이나 보냈어"라고 코미디언이 말한다. "단지 견적을 내기 위해서 말이야". 그래서 우리는 웃는다. 왜? 우리는 단지 견적을 내기 위해서 미용실을 가지는 않는다. 견적을 내기 위해서 미용실을 갈 정도면 얼마나 얼굴에 치덕치덕 쳐발라야 하겠는가? 완전히 부서진 자동차의 견적을 내기 위해서 정비공장으로 갈 수는 있다. 그런데 못생긴 아내와 부서진 차는 완전히 다른 두 종류이다. 여기서 우리가 웃을 수 있는 것은 하나의 사실을 보면서 동시에 다른 것을 볼 수 있는 능력 때문이다. "유머는 우리 삶에서 가당찮은 것들을 우리 면전으로 끌고 온다"고 필립 킨(Philip S. Keane)은 말한다.[7] 가당찮은 것을 볼 수 있는 능력과 그것을 보고 웃는 능력은 우리를 감정적으로 성숙하게 만든다.

그러나 화이트(E. B. White)는 또 이렇게 말한다. "유머는 해부될 수 있다. 마치 개구리를 해부하는 것처럼 말이다. 그러나 해부를 하는 동안 유머는 죽어 버리고 만다. 순수하게 유머를 연구하려는 사람들을 빼고는 유머의 내용을 일일이 설명해서 분석하면 실망하고 만다."[8] 당신이 유머 감각이 있다면 내가 무슨 말을 하는지 알아들을 수 있고, 유머 감각이 없다면 내가 무슨 말을 하든 당신은 묵묵

상상이 담긴 설교

부담일 것이다.⁹

이런 모든 사실을 우리의 설교에 어떻게 적용할 것인가 하는 것이 실질적인 문제다. 훌륭한 유머 감각을 가진 사람들은 매우 창조적인 사고를 할 줄 아는 사람들이라 생각된다. 그들의 상상력은 매우 건강한 모습을 띤다. 유머 감각을 가진 사람들도 하나님의 일을 매우 신중하게 생각하지만, 오히려 자신을 대할 때 진지하지 않을 수도 있다. 즉 그들은 자신이 이룬 업적을 보고 별것 아니라는 듯이 빙그레 웃을 수도 있고, 실수를 저질렀다 해도 그 실수를 보고 웃을 여유를 갖는다는 말이다. 성경은 물론 유머집이 아니다. 그러나 우리는 성경 가운데서 수많은 유머를 찾을 수 있고, 성경 해석자들은 유머를 더 잘 찾아낼 수 있고, 왜 그것이 유머인지를 알 수 있어야 한다.¹⁰

> 유머 감각을 가진 사람들도 하나님의 일을 매우 신중하게 생각하지만, 오히려 자신을 대할 때 진지하지 않을 수도 있다. 즉 그들은 자신이 이룬 업적을 보고 별것 아니라는 듯이 빙그레 웃을 수도 있고, 실수를 저질렀다 해도 그 실수를 보고 웃을 여유를 갖는다는 말이다.

때때로 성경의 유머는 아이러니의 형태를 띠기도 하고 풍자 형식을 띠기도 한다. 이사야가 우상에 대해 말하는 것을 보라. 매우 품질 높은 풍자라고 할 수 있다(사 40:18-20; 41:5-7, 특히 44:9-20을 보라). 우리는 주님이 바리새인들의 속내를 폭로하는 풍자를 볼 수 있다(마 23장). 바울도 '탁월한 사도'에 대해서 말할 때 이와 비슷한 접근을 한다(고후 11장). 그리고 율법주의자들(빌 3:1-2)을 대할 때에도 이와 비슷한 언급을 볼 수 있다. 우리는 또한 욥을 향해서 하나님이 말씀하실 때에도 이와 비슷한 말씀을 하는 것

상상력, 유머, 설교

을 알 수 있다(욥 38장).[11]

성경이 쓰여질 때 성령께서 유머를 타당하다고 여기셨다면, 우리 설교자들도 설교 시에 유머를 마음껏 사용할 자유가 있지 않은가? 유머가 설교자들에게 자연스러운 것이라면, 설교자들은 당연히 유머를 설교 시에 사용해야 한다. 그러나 단지 청중을 한번 웃기기 위해서 유머를 억지로 끼워 넣는 짓을 해서는 안된다. "유머는 진정한 삶의 일부분을 파악해 내는 도구여야 한다"고 필립 브룩스가 말한다. "유머는 설교자가 소유할 수 있는 가장 유용한 장점 가운데 하나이다."[12] 설교자가 코미디언은 아니지만 참된 유머는 그의 메시지를 청중의 가슴에 도달케 하고, 설교자가 유머를 설교에서 지혜롭게 사용할 때 그의 달란트는 빛이 난다.

"스펄전은 강단에서 설교할 때 쾌활한 모습을 지녔고 유머를 가득 담고 있었다." 헬무트 틸리케(Helmut Thielicke)의 말이다. "그는 설교 시에 자신을 그 설교에 온전히 몰아 넣었다. 그는 자신의 전인격을 설교 속에 몰아 넣었다. 그는 설교를 듣는 사람의 관심을 최우선으로 쳤고, 청중들이 그의 설교 안에 있기를 원하였다. 그래서 그는 자신이 다른 사람들보다 앞서 그 설교 안에 있었다… 교회가 거룩한 강단에서 웃음을 몰아내고, 카바레와 나이트 클럽, 파티장에서나 웃음을 찾을 수 있게 만든다면, 그것은 매우 좋지 않은 상황이 되고 마는 것이다."[13]

설교자의 전인격이 강단 위에 서 있어야 한다. 하나님의 성령으로 능력을 받고 거룩해진 설교자의 전인격 말이다. 설교자가 유머 감각이 있다면 이것은 하나님이 주신 것이다. "설교자의 유머는 다른 사람들의 엄숙함과 같이 귀한 것이다." 윌리엄 주잇 터커(William

Jewett Tucker)¹⁴의 말이다. 그러나 우리는 어떤 '우스개'가 우리 마음에 들어올 때 그게 어떤 상황인지 잘 파악해야 한다. 청중들이 웃을 것을 기대하고 설교자가 유머를 던졌는데, 침묵으로 대응한다면 설교자는 이내 당황하게 될 것이다. 많은 설교자들은 이런 경험을 가지고 있다.

> 설교자의 전인격이 강단 위에 서 있어야 한다. 하나님의 성령으로 능력을 받고 기록해진 설교자의 전인격 말이다. 설교자가 유머 감각이 있다면 이것은 하나님이 주신 것이다.

경건서적 가운데 서재에 반드시 비치해야 할 책이 한 권 있다면, 그것은 『하나님, 당신을 최고로 대하는 것이 나의 최대 관심사 입니다』(*My Utmost for His Highest*)라는 오스왈드 챔버스(Oswald Chambers)의 책이다. 이 책을 읽어 보면 그가 얼마나 탁월한 유머 감각을 지녔는지 알 수 있고, 그의 설교에 유머를 얼마나 잘 사용했는지를 알게 된다. 어떤 사람은 그를 가리켜서 이렇게 말한다. "오스왈드 챔버스는 내가 만난 목사들 가운데서 가장 목사답지 않은 목사이다." 물론 그는 광대가 아니다. 그는 사람들이 하나님의 말씀을 받아들이는 방법으로 유머를 준비했을 뿐이다. 어떤 청중은 그에게 이렇게 말한다. "아, 이제 알겠습니다! 당신의 유머와 쾌활한 태도는 미리 땅을 갈아 놓는 것이군요. 그 다음에 씨를 심지요."¹⁵ 다른 이미지를 사용해서 말하면, 하나님의 말씀은 화살촉이다. 그러나 유머는 화살이 목표물에 정확히 도달하도록 방향을 조준해 주는 화살 뒤에 달린 깃털이다.

그러므로 유머는 성경 메시지를 더 잘 이해할 수 있도록 해 준다. 우리 설교에 적당하게 사용된 유머는 청중들이 그 메시지를 더 잘 받아들이게 한다. 유머 감각은 용기를 가지고 우리의 삶을 마주 대하게 해 준다. 왜냐하면 유머는 우리의 삶을 거리를 두고서 바라볼 수 있도록 해 주기 때문이다. 유머는 우리의 설교에 균형을 준다. 항상 싱글거리면서 밝게 빛을 내는 듯하는 낙관주의도 성경의 믿음과 거리가 멀다. 또한 항상 우울하고 푹 처져 있는 비관주의도 역시 성경의 믿음과 거리가 있다. 우리의 메시지는 이런 극단에서 벗어나 균형을 잡아야 한다. 균형 잡힌 신자들은 현실주의자들이다. 그들은 진리가 교수대에서 처형당할 즈음에도 보좌 위에 계신 하나님의 얼굴을 볼 수 있는 사람들이다.

진지한 신학과 유머 감각이 진리를 위한 전투에서 동지가 될 수 없다는 생각이 드는 사람들은 C. S. 루이스 교수의 『악마의 편지들』(The Screwtape Letters)이라는 책을 시간을 들여서 읽어 보아야 할 것이다. "유머는 바깥에서 거리를 두고 당신 자신을 바라볼 수 있도록 하는 힘이고, 일종의 균형 감각"이라고 루이스 교수는 이 고전적인 책 서문에서 말한다. 우리는 이 말을 진지하게 생각해 보아야 한다.

"예술가의 임무는 세상의 조화, 아름다움,
인간이 세상에서 행한 폭력, 그리고 비난 등을
보통 사람들보다 더 날카롭게 느끼고
이를 사람들이 알게 하는 것이다."

알렉산더 솔제니친

"상상은 지식보다 더 중요하다".

알버트 아인슈타인

제 15 장
상상력과 복음적인 설교

모든 설교는 복음적이어야 한다. 설교내용이 어떤 것이든 간에 그 설교의 목적과 의도는 그리스도를 높이는 것이어야 한다. 설교는 십자가에서 주님이 사람들을 위하여 행하신 일을 선포하는 일이다. 본문과 주제가 어떤 것이든, 설교자들은 예수 그리스도를 전해야 한다. 바울 서신을 읽다 보면 그리스도의 십자가를 실제적인 생활과 관련해서 말씀하는 것을 알 수 있다. 주는 것(고후 8:9), 용서(엡 4:32), 시민권(딛 3:1-8), 형제들의 사랑(엡 5:2), 남편과 아내의 사랑(엡 5:25) 등이다. 십자가의 메시지는 교회 바깥에 있는 잃어버린 죄인들에게 기쁜 소식이 되지만, 또한 교회 내에 있는 구원받은 죄인들에게는 영적 각성의 동기가 된다. 우리는 절대로 십자가의 메시지를 필요로 하지 않을 만큼 성장할 수는 없을 것이다.

하나님의 백성들 가운데 어떤 사람들은 특별한 복음전도의 은

사를 가지고 있다(엡 4:11). 우리는 복음전도 사역 가운데 있어야 하고, 복음전도 일을 해야 한다(딤후 4:5). 성령께서는 우리에게 능력을 부으셔서 우리 모두가 그리스도 예수를 위한 증인이 되기를 원하신다(행 1:8). 왜냐하면 모든 죄인들은 그리스도를 알아야 하기 때문이다.[1]

성경에 나타난 복음전도자의 이미지는 죄인들의 곤경과 신자들의 사역이 무엇인지 잘 알 수 있도록 해 준다. 잠언 11장 30절은 '사람을 얻는' 지혜로운 자에 대해서 말씀하는데, 그리스도인들은 사람의 영혼을 얻는 사냥꾼이 되어야 한다. '얻다' 는 말의 히브리어는 구약성경에서 1,000회 정도 사용되고 있다. 그런데 이 단어의 본래 뜻은 '취하다, 사로잡다, 낚아채다' 이다. 이는 마치 사냥꾼이 탈취물을 낚아채는 것과 같다. 압살롬이 유대 사람들의 '마음을 훔쳤다' 고 말씀할 때도 이 단어가 사용되었다(삼하 15:6). 그리고 창녀는 유혹하는 눈으로 남자를 포로로 잡는다(잠 6:25). 잠언 11장 30절은 우리가 잃어버린 영혼을 강제로 폭력을 써서 얻어내라는 말씀이 아니다. 실질적인 지혜를 터득하고 복음전도의 기술을 익혀서, 사냥꾼이 동물을 잡듯이 그렇게 해야 한다는 말씀이다. 우리가 복음전도의 먹이를 낚을 때에는 정당한 미끼를 사용해야 한다.

예수님이 다소의 사울에게 말씀하신다. "가시채를 뒷발질하기가 네게 고생이니라"(행 26:14). 이 말씀은 교회를 핍박하는 사울이 함정에 빠져서 몸부림을 치는 동물과 같다는 뜻이다. 사울은 예수님의 제자들을 향하여 여전히 "위협과 살기가 등등하여"(행 9:1) 마구 날뛰었다. 시편 22편과 32편을 살펴보면 동물들의 영적인 상징과 이미지를 알 수 있다. 바울은 자신을 '포행자' (딤전 1:13)라고 과거 자신의 모습을 말하고 있다.

사냥꾼의 이미지는 낚시꾼의 이미지를 연상시킨다. 사단은 아주 매력적인 유혹을 미끼로 해서 사람들을 넘어뜨린다(약 1:14). 이 구절에서 '미혹된다'는 말씀은 미끼에 넘어가는 물고기 이미지를 갖는다. 우리는 잃어버린 자들을 '낚을 때'에 올바른 접근방법, 즉 현명한 방법을 사용해야 한다. 복음을 전하는 데 있어서 음험한 방법이나 간교한 방법을 사용해서는 안된다(살전 2:1-6). 그렇게 복음을 전하는 것은 복음의 진정한 가치를 떨어뜨리는 방법이다. 그런 방법을 피해야 한다. 증언을 마치 물건을 파는 것과 같이 해서는 안된다.

복음전도자는 마치 목자와 같다. 목자는 잃어버린 양을 찾아 나선다(눅 15:1-7; 마 18:11-14). 또한 복음전도자는 잃어버린 동전을 찾는 여인과 같다(눅 15:8-10). 양들은 자신들의 경솔함 때문에 길을 잃어버렸다. 양은 조금만 주의를 기울이지 않으면 아무데나 마구 가버리는 어리석은 동물이다. 그러나 동전은 사람의 부주의 때문에 잃어버렸다. 양을 잃어버린다는 것은 양이 무리 가운데서 벗어나서 안전한 곳을 벗어나는 것을 뜻한다. 잃어버린 양들은 더 이상 주인의 돌봄을 받지 못한다. 그러나 동전의 잃어버림은 마땅히 있어야 할 자리에서 벗어나는 것을 뜻한다. 떨어져 나간 동전은 가치를 잃는다. 우리가 그리스도에게서 떨어져 나갈 때 우리의 생명은 허비되고 만다. 그러나 우리가 다시 그리스도에게 속할 때 더 풍성한 생명을 얻게 된다.

누가복음의 비유는 다음과 같은 차이점을 보여 준다. 목자는 잃어버린 양을 찾아나선다. 그리고 여인도 잃어버린 동전을 찾는다.

그러나 아버지는 집을 나간 작은 아들을 찾아나서지는 않는다. 그는 집에서 기다린다. 그러나 아들이 집으로 돌아올 때 아버지는 뛰어나가서 아들을 반긴다(눅 15:11 이하).[2] 작은 아들의 잃어버림은 아들의 이기심과 아무도 못 말리는 그의 고집 때문이었다. 아버지는 그가 정신을 차릴 때까지 기다린다. 누가복음 15장의 비유는 하나님의 주권과 인간의 책임을 균형있게 가르친다. 하나님은 잃어버린 죄인들을 찾으신다(눅 19:10). 그러나 죄인들은 마땅히 이렇게 말해야 한다. "내가 일어서서 아버지에게로 돌아가리라!" 누가복음 15장을 깊이 묵상하는 상상력이 풍부한 복음전도자는 잃어버렸다는 것, 찾았다는 것, 그리고 잃어버린 자를 찾았을 때의 기쁨이 무엇인지 잘 배울 수 있을 것이다.

추수 이미지 또한 성경에서 자주 찾아볼 수 있다. 우리는 이미 이런 구절들을 언급한 바 있다. 씨뿌리는 자의 비유와 가라지 비유(마 13장)는 추수 이미지의 이해를 돕는 기본적인 본문이다. 사람의 마음은 토양과 같다. 그러므로 마음은 씨를 뿌릴 수 있도록 준비되어야 한다. 만약 하나님의 말씀이 씨와 같은 것이라면 그 말씀이 마음에 심겨져서 열매를 맺어야 할 것이다. 예수님은 하나님의 말씀을 받아들이고 이해하면 그 마음이 바뀌고 열매를 맺게 된다고 말씀하신다. 추수 이미지는 또한 노동자들이 함께 일을 해야 한다는 것을 보여 주고 있다(요 4:34-35; 고전 3:5-9). 잃어버린 죄인들을 향한 열정에는 어떤 경쟁이 있을 수 없다. 하나님께서는 그 일을 우리 모든 그리스도인들에게 맡기셨고, 하나님은 이 일을 더욱 더 크게 일으키실 것이다. 그리고 나서 하나님은 영광을 얻으신다.

스가랴 3장 2절과 유다 23절은 복음전도자를 '불 가운데서 사람을 끌어내는 자'로 묘사한다.³ 이 일을 성공적으로 하기 위해서는 지혜와 기술을 발휘해야 한다. 사냥꾼과 낚시꾼도 역시 지혜와 기술이 없으면 안된다. 목자는 용기가 있어야 하고 결단력도 필요하다. 농부는 인내를 가지고 추수를 기다려야 한다. 그러나 소방수는 놓여진 상황의 위험을 잘 알고 있어야 하고, 사람을 구하기 위해서는 위험을 감수해야 한다. 잃어버린 죄인들은 이미 정죄를 받았다(요 3:18). 그러나 하나님은 긍휼을 가지시고 그 집행을 연기하신다.

천국과 지옥의 이미지

오늘날 교회를 괴롭히는 문제 중 하나는 어떻게 사랑의 하나님께서 잃어버린 죄인들을 영원의 형벌 가운데 두시는가 하는 것이다. 예수님이 사용하신 지옥 이미지는 불, 벌레, 어두움, 갈라짐 그리고 고통 등이다(마 5:22; 13:42, 49-50; 18:8-9; 22:13; 25:30, 41; 막 9:42-50; 눅 16:19-31). 이는 선지서와(사 66:24), 사도들의 서신에서도 찾을 수 있다(살후 1:8-9; 계 20:10). '게헨나'라는 말은 한때 이방 신들에게 어린아이를 희생제사로 드리던 장소를 가리키는 말이었지만, 당시에는 온갖 쓰레기를 불태우던 예루살렘 바깥 지역을 말한다. 지옥은 영원한 쓰레기더미가 쌓인 곳이며 우주의 잡스러운 것들을 모아 두는 곳이다.⁴

이제 영원한 심판이라는 이 두려운 상황은 하나님의 백성들조차도 흔쾌히 받아들이기에 무언가 께름칙하다(겔 18:23, 32; 33:11). 오히려 지옥이라는 이 현실은 우리가 참으로 하나님과 참된 관계를 맺고 있는지, 우리 자신의 마음을 다시 한 번 살펴보게 한다.⁵ 지옥이라는 이 사실은 될 수 있으면 잃어버린 많은 사람들에게 복음을 전하게 하는 경고이기도 하다. 지옥은 분명히 이 세상 사람들에게 매력적인 것은 아니다. 그렇지만 구원받은 사람들은 하나님이 만드신 바다. 우리는 하나님의 선하신 목적을 위하여 지으심을 받은 자이다(엡 2:10). 우리는 결코 쓰레기같이 버림받지 않을 것이다. 이 세상에서 아무리 성공하고 매력적인 삶을 산다 해도 잃어버린 자들은 이 세상에 속한 자들에 불과하다. 그들은 결국 쓰레기와 같이 영원히 버림을 받을 것이다.

오늘날의 설교자들이 이 지옥이라는 주제를 강단에서 어떻게 잘 선포할 수 있겠는가?[6] 구원받지 못한 수많은 사람들이 지옥을 진지하게 생각하는가? 반드시 그렇지는 않다. 몇 가지 이유가 있다. 우선 신학적 자유주의와 종교적으로 무지한 자들이 죄의 무거움과 하나님의 진노를 약화시키고 말았다. 그래서 사람들은 대부분 지옥에 대해서 배우지도 않았고, 관심도 없고, 지옥에 대한 말씀 자체가 사람들의 관심을 끌지 못하고 있다. 사단과 지옥은 우리가 만화에서 자주 볼 수 있을 정도이다. 그러나 그런 것들은 지옥을 진지하게 취급하는 것이 아니다. 어떤 유명한 코미디언은 웃음이 터지리라는 것을 알고서는 이렇게 말한다. "악마가 나를 이렇게 하도록 만든다."

지옥을 거부하는 현대인의 심성에는 또 다른 요소가 있다. 그것은 그들이 이 세상 가운데서 목격하는 불의 때문이다. 선한 사람들이 고통당하고 악한 사람들이 번성한다. 엄청난 죄를 지은 사람들이 법망이 아무리 촘촘하다 해도 얼마든지 빠져나가고 있다. "진리는 교수대 위에 매달려 있고, 오류는 보좌에 앉아 있다." 만약 하나님이 그의 거룩한 정의를 현세에서 행하지 않으신다면, 우리가 후세

상상력과 복음적인 설교

의 정의를 걱정할 틈이 있겠는가?' 이것이 그들의 질문이다.

현대과학도 나름대로 지옥의 존재를 거부하도록 하는 데 기여하였다. 정신분석 학자들은 우리가 스스로 비난하는 것에 의해서 우리가 어려움을 당하는 것이라고 말한다. 우리 스스로가 비난꺼리를 만들어내어 비난을 한다는 말이다. 그러므로 우리가 우리의 행동에 반드시 책임을 질 필요는 없다는 것이다. 심판이라는 것도 우리가 만들어 놓은 것에 불과하다. 심판의 종이 되지 않으면 된다. 우리는 숨겨진 욕망덩어리에 불과하다. 우리는 단지 부모와 선생들과 다른 영향력 있는 사람들이 짜놓은 존재일 뿐이다. 우리에게 비난을 가할 것이 있다면 바로 그들일 뿐이다. 그러므로 진화론자들은 사람들이 근본적으로 동물이고 살아 남기 위해서(적자생존) 이렇게 했다고 말한다. 우리가 악을 행하여 이렇게 살아 남았다면, 그 악이라는 것도 알고 보면 선한 것이라는 말이다. 인격적 책임, 의무감, 도덕이라는 것도 결국 과학적 진보의 이름으로 언젠가는 교수대에 매달리고 말 것이다.

어떤 사람들은 영원한 심판을 거부한다. 왜냐하면 지옥이니 심판이니 하는 것들을 설교하는 방법이 틀렸다는 것이다. 두려움이 사람들의 관심을 기울이게 하는 타당한 도구임에는 분명하지만, 사랑이 가미되지 않으면 안된다는 말이다. 부모들이 차가 마구 달리는

우리가 설교를 할 때마다 영원한 심판을 전한다면 설교를 듣는 사람들의 마음에 반발심이 생길 것이다.

길거리, 불, 독약, 전기 등의 위험성을 자녀들에게 경고하는 것은, 그들을 사랑하기 때문이다. 더 나아가서 부모들은 자녀들이 순종할 수 있도록 격려를 아끼지 말아야 한다. 심판에 대한 하나님의 경고는 사랑의 마음

249

에서 나온 것이다. 그 사랑이 거부될 때 하나님께서는 그를 처벌하는 방법 외에 대안이 없다. 그러나 사람들이 지옥에 가는 것을 바라기라도 하는 듯이 지옥을 설교해서는 안될 것이다.

더 나아가서 우리는 지옥을 멜로 드라마를 엮듯이 설교해서도 안된다. 어떤 의미에서 성경이 말하는 지옥에 대한 단순한 메시지를 넘어 자기 마음대로 이상하게 꾸며서는 안되는 것이다.[8] 우리가 지옥을 그렇게 과대 포장하지 않더라도 성경의 생생한 묘사는 이미 사람들의 주의를 끌기에 충분하다. 자유주의자들은 '지옥의 온도와 천국의 가구'를 강조하는 정통주의자들을 싫어한다. 그리고 어떤 설교자들은 미움을 받을 수도 있을 것이다. 그러나 성경이 말하는 영원한 심판의 이미지는 정신이 있는 사람이라면 누구라도 피하고 싶어할 만큼 두렵고 무서운 현실을 가르친다. 그리고 영원한 축복의 이미지는 기쁨을 너무나 영광스럽게 묘사한다. 그래서 정신 있는 사람들이라면 누구라도 그런 곳에 가서 살고 싶어할 것이다. 성경이 말하는 모든 중요한 교리들은 어떤 의미에서 천국과 지옥이라는 두 축을 중심으로 해서 움직이고 있다고 말할 수 있다. 그러므로 이 교리는 결코 피할 수 없으며, 약화될 수도 없다.

우리가 설교를 할 때마다 영원한 심판을 전한다면 설교를 듣는 사람들의 마음에 반발심이 생길 것이다. "하나님의 사랑은 도대체 어떻게 된 것이냐?" (하나님의 사랑은 거룩한 사랑이다.) "심판은 영원토록 지속되지 않을 것이다" (당신은 천국이 일시적으로 끝나는 곳이어야 한다고 생각하는가?) "내가 하나님이라면 지옥을 없애버리겠다" (정의가 존재하기를 원하는가? 그렇다면 하나님이 죄를 대하시는 대로 당신도 죄를 그렇게 대할 수 있겠는가?). "그렇다면 십자가는 어떻게 된 것인가?"(십자가는 죄인들을 향한 하나님의 사랑이다. 동시에 십자가는 하나님이 죄를 얼마나 미워하시는지를 보여 주신 것이다.) "지옥의 존재는 하나님이 패배자라는 것을 암시하는 것같다"(아니다! 지옥의 존재는 그의 전능하심을 보여 준다. 전능하신 하나님만이 인간 존재에게 선택의 책임을 부여할 수 있고, 지금도 여전히 하나님의 거대한 목적들이 하나씩 이루어져 가고 있다). C. S. 루이스 교수는 『고통의 문제』(The Problem of Pain)라는 저서에서 "지옥의 문은 안에서 잠겨 있다"고 말한다.[9]

구원의 이미지

성경이 보여 주는 구원의 이미지는 상당히 많고 다양하다. 설교자들은 이런 이미지들을 잘 사용해서 잃어버린 죄인들에게 그리스도를 제시할 수 있는 좋은 기회를 얻게 된다. 몇 개만 인용해 본다면, 그리스도를 신뢰하는 것은 다음과 같다. 문을 지나서 통과하는 것(마 7:13-14), 문을 나가는 것(요 10:9), 풍요로운 축제를 즐기는 것(눅 14:16-23), 집으로 돌아와서 사랑을 받고 풍요로움에 참여하는 것(눅 15:11 이하), 생수를 마시는 것(요 4:13-14; 7:37-39), 선물을 받는 것(롬 6:23), 목욕을 하는 것(고전 6:9-11), 은행에 돈을 예치하는 것(딤후 1:12),[10] 옷을 갈아입는 것(눅 5:36; 사 61:10) 등이다.

각각의 그림 이미지들을 다 인용하지는 못했다. 그러나 많은 구원의 이미지들은 생명에 관련되어 있다는 것을 쉽게 알 수 있다. 우리는 이를 통해서 믿지 않는 자들에게 구원의 현실과 단순성을 보여 줄 수 있다.

우선 산상수훈에서 가르치신 예수님의 좁은 길과 넓은 길의 이미지를 살펴보자(마 7:13-14).[11] 널찍한 길이 뚫려 있는 시골에 사는 사람들은 좁은 길을 만나 보지 못해서 이게 무슨 말인가 할는지 모른다. 도시의 골목길만 다니던 사람들도 널찍한 길을 보지 못해서 무슨 말인가 할 수도 있다. 그러나 이미지가 친숙하지 않다 해도 메시지의 내용은 분명하다. 당신이 선택한 길로 가서는 천국에 이를 수 없다. 당신이 예수 그리스도를 신뢰한다면 지금껏 끌고 다니던 모든 짐을 버려 두어야 한다. 그것은 당신이 들어가야 할 문에 적합하지 않기 때문이다. 이 이미지는 기쁨과 고통을 동시에 드러내 준다. 왜냐하면 우리를 짓누르던 죄의 짐을 내려 놓을 수 있기 때문이다. 또한 고통이 오기도 하는데, 우리가 한때 즐거움이라고 생각했던 것들을 다 포기해야 하기 때문이다.

예수님은 대답은 주지 않으시면서 이런 질문을 던지신다. "좁은 길이 있고 넓은 길이 있다. 이 두 가지 길 가운데 파멸로 이끄는 길은 어느 것이냐?" 하는 것이다. 이 두 가지 길은 서로 다른 길이다. 한 길은 시온성을 향해 가는 길이고, 다른 길은 반대편으로 가는 길이다. 반대편으로 가는 그들을 우리는 구해야 하지 않겠는가? 또는 좁은 길로 가다 보니 그게 넓은 길로 통하는 길이 되기도 한다. 그렇게 되면 신자들은 완전히 상반된 길로 갈 수도 있다. 그들은 천국으로 갈 수도 있고, 지옥으로 갈 수도 있다. 이런 식으로 나가다 보면 성경을 어떻게 해석해야 할지 막막해지기도 한다. 그러나 그렇게까지 복잡하게 나갈 필요가 없다. 성경이 말하는 바는 신자가 세상과 어떤 관계를 맺느냐 하는 문제를 다룬 질문이라는 것을 분명히 알 수 있다. 그래서 사도행전 14장 22절은 우리가 많은 어려움을 겪어

상상력과 복음적인 설교

야 하나님 나라에 들어갈 수 있다고 말씀한다.

두 가지 길을 현대적인 용어로 표현하는데 그렇게 많은 상상력이 필요치는 않다. 어떤 운전자가 고속도로의 중앙선을 넘어서 마주 달려오는 차들을 향해 차를 몰고 가면 어떤 일이 일어나겠는가? 재빨리 옆으로 들어서서 마주 달려오는 차를 피하던가 아니면 자기 길로 되돌아가야 할 것이다. 그렇지 않으면 큰 교통사고가 일어날 것이다. 나는 실제로 이런 일이 일어났다는 보도를 읽은 적이 있다. 물론 그 운전자는 치명적인 사고를 당하고 말았다. 예수님은 빨리 되돌아가라고 말씀하신다. 그래야 당신 생명을 구할 수 있다는 말씀이다. 자신이 지금 가고 있는 길을 고집하지 말라!

> 어떤 한 본문을 읽고 그 본문을 토대로 해서 상상력을 발휘하는 작업은 오늘날 상황에 그 본문을 올려다 놓고 그 사건이 어떻게 전개될는지를 생각해 보는 것이다.

다른 사람들은 에스컬레이터를 타고 내려오는 중인데 굳이 그 에스컬레이터를 타고 올라가려는 사람들이 가끔 있다. 지하철에서 사람들이 다 내리기도 전에 굳이 올라타려고 하는 사람들도 가끔 있다. 다른 사람을 화나게 하는 짓이다. 일방통행 길을 마주보고 달리는 일은 위험천만하다. 넓은 길을 내려오다 보면 길을 잃어버린 사람들을 여기저기서 볼 수 있다. 우리는 증인으로서 그들을 바라보면서 그들의 지도가 잘못되었다고 말해야 한다. 그들이 지금 걸어가고 있는 목적지의 이름은 '멸망'이라고 큰 소리로 말해야 한다.

어떤 한 본문을 읽고 그 본문을 토대로 해서 상상력을 발휘하는 작업은 오늘날 상황에 그 본문을 올려다 놓고 그 사건이 어떻게 전개될는지를 생각해 보는 것이다. 그 본래 무대는 옛날이지만, 오늘 이 자리에 있는 사람들에게는 그 이미지를 사용해서 말해야 한다. 성경의 본래 이미지를 현대적 상황에 맞추어서 설교할 때 주의해야 할 것은 본래 그 이미지를 버리지 않는 것이다. 또한 우리 목적에 맞추어서 그 본래 이미지를 손상시켜서도 안된다. 왜냐하면 우리는 하나님의 말씀을 전하는 것이지, 우리의 아이디어를 전하는 것이 아니기 때문이다. 우리의 현대적 상황은 본문을 청중들에게 전하는 접촉점이지, 그 성경본문을 대치하는 것이 되어서는 안된다.

은사를 받는 이미지(롬 6:23; 엡 2:8; 계 22:17)를 예로 들어 보자. 어떤 편지를 보내면 추첨을 해서 아주 좋은 선물을 준다는 광고를 본 적이 있을 것이다. 우리는 쉽사리 그렇게 좋은 물건을 공짜로 준다는 말을 믿지 않으려 한다. 왜냐하면 막상 그 물건을 받을 때가 되면, 이것도 해야 하고 저것도 내야 한다고 주문하기 때문이다. 그리고 나서 주는 선물은 어디서나 구할 수 있는 싸구려에 불과한 것이다. 돈은 돈대로 다 들고 말이다. 이 세상에 공짜가 어디 있는가? 하나님의 선물도 이런 식으로 처음에 잘 나가다가 나중에 이거 해라 저거 해라 하는 게 아닌가? 그러나 영생은 그 가치가 너무나 크기 때문에 거저 주어야 한다. 영원한 생명은 공짜로 주어진다. 그런데 그 대가는 누가 지불하는가? 내가 그것을 받기 위해서 무엇을 해야 하는가? 하나님이 다시 돌려 달라고 요구하지 않겠는가? 우리의 이런 논의를 끝낼 수 있는 근거는 하나님의 말씀뿐이다.

복음이라는 이 기쁜 소식을 그림으로 제시하는 것은 잘못이 아니다. 복음의 첫번째 선포 역시 이미지로 가득 차 있다. "내가 너로 여자와 원수가 되게 하고 너의 후손도 여자의 후손과 원수가 되게 하리니 여자의 후손은 네 머리를 상하게 할 것이요 너는 그의 발꿈치를 상하게 할 것이니라 하시고"(창 3:15). 우리는 여기서 두 가지 적들의 이미지, 두 가족의 이미지, 두 상처의 이미지를 볼 수 있다. 이런 이미지들은 성경에서 계속 반복되어 나타난다. 그리고 요한계시록에서 그 절정을 이룬다.

  성경의 신학적인 어휘들은 그림으로 표현되었기 때문에 그 풍부함이 넘친다. '칭의' 라는 말은 우리로 하여금 법정에 들어서게 하고, 여기서 범죄자는 의롭게 되었다는 선언을 듣는다. '구속' 이라는 말은 우리로 하여금 노예시장으로 들어서게 하고, 여기서 아무런 힘도 없는 그 노예를 누군가가 대가를 치르고 구입하여 자유를 준다. 대속, 양자됨, 속죄, 속량, 화목, 사죄 등의 어휘들은 성경의 세계에서 늘 접할 수 있는 이미지와 깊게 결부되어 있다. 우리가 해야 할 일은 설교를 듣는 사람들이 이런 이미지들을 볼 수 있도록, 또 이해할 수 있도록 해 주는 것이고, 그들의 삶에 적용할 수 있도록 해 주는 것이다. 그 그림들의 영적 진리를 그들 삶에 구체적으로 적용할 수 있도록 해 주어야 한다.

  잃어버린 사람들을 찾아 얻기 위해서 우리 주님은 상상력이 가득 차 있는 접근을 하셨다. 그런 이미지들에는 상황을 이용한 것들(요 4장)이 있는가 하면, 비판으로 나타나기도 한다(눅 5:27-39). 또한 방해(눅 12:13-21; 14:15-24), 민족적인 절기(요 7:37-39) 등에도 이런 이미지들이 나타난다. 창조적인 설교자들과 증인들은 동일한 작업을 한다.

"상상력은 어떤 일을 촉발시키는 원동력이다."

에밀리 디킨슨

"우리 모두는 매우 과학적이었기에
상상할 수 있는 여백이 전혀 없다.
이는 내게 매우 유감스런 일이다.
왜냐하면 설교에 있어서의 상상은 가장 중요하고
가장 큰 도움을 얻을 수 있기 때문이다.
나는 이러한 상황이 위험하다는 것에 전적으로 동감한다.
하지만 상상은, 하나님의 선물이라는 것을
잊지 말아야 한다."

마틴 로이드 존스

"당신이 작문을 배운다면
한 가지 알아야 할 것이 있는데,
그것은 대학이 아니라 사람들 자체가
바로 작가의 집이라는 것이다."

랄프 왈도 에머슨

제16장
상상력과 창조력

이 책을 통해 후새와 아히도벨을 조명하면서 말과 인간 마음의 '화랑'(畵廊)에 대해서 생각해 보았다. 이제 브살렐과 오홀리압의 예를 통하여 주님을 섬기는 데 있어서 창조력을 발휘해 보도록 하자.

브살렐과 오홀리압은 예술적인 성막 건축 작업의 감독자로 하나님께서 뽑으신 장인들이다(출 35:30-35). 그들은 하나님의 영으로 충만하여 하나님의 계획을 따라 성막 짓는 일을 감당할 만한 재주와 지식, 능력을 갖춘 사람들이었다. 이 두 사람을 생각하면 용기가 샘솟는데, 이는 성령의 도우심으로 우리가 하나님의 영광을 위해 창조적으로 일할 수 있는 능력을 가질 수 있다는 사실을 일깨워주는 산 예이기 때문이다. 즉 상상력과 창조력은 성령 충만한 삶의 일부다.

이쯤에서 다음과 같은 두 가지 반대의견을 제시할지도 모른다.

반대의견 #1-"브살렐과 오홀리압은 그들 자신의 창조력을 발휘하기 이전에 이미 하나님께서 상세하게 지시하신 성막의 형태를 따르기만 했다. 게다가 이스라엘 사람들은 그들이 일하기에 넉넉한 재료를 가져다 주었다. 그러나 우리가 설교를 준비할 때는 스스로 설교자료를 찾아내야 할 뿐만 아니라 설교형태도 스스로 만들어야 한다. 도대체 브살렐과 오홀리압의 예가 무슨 격려가 된단 말인가?"

성령의 능력을 절대 과소평가해서는 안된다! 성령께서는 "우리 가운데서 역사하시는 능력대로 우리의 온갖 구하는 것이나 생각하는 것에 더 넘치도록 능히 하실 이" 이시다(엡 3:20). 오히려 우리에게 필요한 것은 이미 우리 속에 있는 은사를 "불일듯" 하게 하는 것이며(딤후 1:6), 하나님의 영광을 위해 우리가 받은 훈련과 재능, 연구한 것을 성령께서 활용해 주시길 믿는 것이다. 어쨌든 성령께서 브살렐과 오홀리압으로 하여금 하나님의 백성을 위한 성막 짓는 일을 잘할 수 있게 하셨다면, 왜 우리를 도우셔서 설교를 잘 준비해 성도들을 깨우치고 영적인 성막을 짓게 하실 수 없단 말인가? (엡 2:19-22)

반대의견 #2-"어쨌든 간에 전 도무지 창의성이 모자라는 사람입니다. 상상력도 부족하구요."

네? 누가 그래요?

"상상력은 훈련으로 개발할 수 있으며 일반적인 생각과는 달리 어린 사람보다는 성숙한 사람들이 더 잘할 수 있는 것" 이라고

『서밍 업』(The Summing Up)의 저자 서머셋 모음(Somerset Maugham)이 말했는데, 나도 그 말에 공감한다. 우리가 다 하나님의 형상대로 지음을 받았다면, 그리고 하나님이 무한히 독창적인 분이시라면, 그분은 우리의 창조력을 향상시킬 수 있는 분이시다. 하나님께서 우리에게 넣어주신 마음이 화랑과 같다면, 그리고 우리가 그 화랑을 통해 주변세계에 응답해야 한다면, 우리는 창조적으로 생각하고 행동할 수 있어야 한다는 것이 정답이다. 정말 문제는 상상력이 모자라는 게 아니라 우리가 상상력을 활용할 생각을 하지 않는다는 것이다.

"창조적이십니까?"라는 제목의 특집이 1985년 9월 30일자 『비즈니스 윅』(Business Week)에 실렸는데, 그 부제는 "연구 결과 창조력은 훈련으로 개발할 수 있으며 여기에 주목하는 기업이 늘고 있다"는 것이었다. 거기 실린 글은 '창조성의 복음'을 설교하는 세 '지도자'(gurus)들의 활동을 소개했는데, 그 중 한 명은 로저 본 오엑(Roger von Oech)으로 '실리콘 벨리의 창조성 상담가'로 알려져 있으며 창조적 사고를 다룬 베스트셀러 『남다르게 생각하기』(A Whack on the Side of the Head)의 저자이기도 하다. 그는 "나이 사십에 이르면 고작 2% 정도의 창조성밖에는 발휘하지 못하는데 이는 다섯 살 때와 맞먹는다. 그 책임은 오늘날의 교육이 지나치게 논리성만을 강조함으로써 창조성을 질식시키는 탓이다"라는 말을 하고 있다.[1]

이렇게 볼 때 창조적인 목회로 나아가는 첫걸음은 우리에게 창조력을 주신 하나님께 감사하며 그 창조력을 모쪼록 발휘할 수 있도록 간구하는 일이다. 우리의 창조력이 가장 창조적인 힘이신 성령

안에서 활용될 수 있도록 말이다. 매일 아침 나 홀로 경건의 시간을 가질 때면 나는 내 몸과 마음과 정신과 뜻, 그리고 상상력을 주님께 다시 한 번 맡겨 드린다(롬 12:1-2). 그리고 주님께 나를 사용하셔서 그저 수동적으로 습관을 따르는 사람, 혹은 파괴하는 사람이 아니라 변화시키고 창조할 수 있는 사람이 되게 해 달라고 기도한다. 내가 연구하고 설교하고 저술하고 상담하고 또 친구들과 얘기를 나누는 동안에도 내 상상력이 나를 보다 풍요롭게 하여 최선의 목회를 할 수 있도록 도와주길 바라는 것이다.

물론 유독 남보다 재능이 뛰어난 사람들이 있다. 어쨌든 우리 모두 다 하나님의 영광을 위해 더 잘할 수 있는 여지가 있는 것이다. 우리가 고작 2%의 창조력만 발휘하고 산다면 10%로 늘릴 때는 무려 다섯 배나 창조력이 증가된 셈이며 일단 그렇게 되면 더 전진할 수 있는 거보(巨步)를 내디딘 게 된다!

"창조력에 관한 글을 꽤 읽어봤지만 아무래도 저는 거기 해당되질 않는 것 같아요" 하고 여전히 이의를 제기할 분이 있을지 모르겠다. "암만 생각해도 저는 창조적인 사람이 아닌 것 같습니다"[2] 하고 말이다.

나도 창조력에 관한 글을 많이 읽어봤다. 그런데 그런 글들이 대부분 일요일판 신문에 하릴없이 실리는 "당신은 앵무새를 기를 자격이 있는가?"라거나 "자신도 모르는 도벽은 없는가?" 하는 따위의 글 정도로밖엔 도움이 되질 않는다. 대중에 영합하는 심리학을 인생에 도전하는 일에 적용하는 건 그림자를 벽에 박아두려는 노력이나 다를 바 없다. 나 같으면 그런 글을 읽고 포기하지는 않겠다. 어쨌든 분명한 사실은 우리가 다 상상력을 갖고 있다는 것과 상상력은 훈련으로 개발되며, 주님께서도 그런 우리의 노력을 도와주시리라는 사실이다.

하나님의 말씀을 설교하고 가르치는 사람으로서 우리는 어떻게 상상력을 기르고 이를 주님을 위한 봉사에 사용할 수 있을까? 다음과 같이 제안해 봄으로써 답해 보고자 한다.

1. 창조성이란 삶의 방식이지 어떤 특정한 문제에 적용할 수 있는 기술과 같은 것이 아니다. 창조적인 사람이 되려고 수많은 사람들이 어떤 공식이나 지름길 같은 것을 찾는데, 창조적인 인생을 살려면 훈련이 필요하다. 수영을 배우거나 스웨덴어를 배우는 일, 하다못해 빵을 굽는 일에도 누구나 따라야 할 룰(rule)이 있는 법이다. 그리고 이 룰이 자신을 깨게 해야지 자신이 그 룰을 깨서는 안되는 법이다.

일단 이 원리가 자기 내면의 일부가 되면 이 원리를 자기 마음대로 원용할 수 있다. 말하자면 룰에 지배되는 사람은 그저 모방이나 할 뿐이지만 룰에서 해방된 사람은 혁신가가 될 수 있는 것이다. 룰은 충분히 씹어 '제2의 본성'처럼 되어야 비로소 좋은 것이 많이 나올 수 있다. 한번 소화된 원리는 마치 룰에 구애받지 않는 것처럼 보이는 삶의 방식을 낳지만 실제로는 룰을 저버리는 것이 아니다.

창조성이란 상상력으로 과학과 예술을 하나로 종합하여 상호 작용케 함으로써 나오는 결과이다.[3] 그러므로 창조성은 좌뇌와 우뇌 양쪽이 다 관여하는 것이며 여기에

> 창조성이란 상상력으로 과학과 예술을 하나로 종합하여 상호 작용케 함으로써 나오는 결과이다. 그러므로 창조성은 좌뇌와 우뇌 양쪽이 다 관여하는 것이며 여기에는 분석과 종합이 다 포함된다.

상상이 담긴 설교

는 분석과 종합이 다 포함된다. 분석은 기본적으로 사실과 개념을 다루며 종합은 진리와 서술에 관여한다. 말하자면 우리 안에 있는 과학자는 본문을 쪼개는 작업(주석)을 하고, 우리 안에 있는 시인은 그것을 다시 하나로 묶는 작업(설교학)을 해서, 딱딱한 개념이 생생한 그림이 되게 하고 건조한 정보가 사람을 움직이는 동기가 되게 한다.

그러므로 숙제를 하듯 노력을 기울여야 하는데 바로 본문을 주석하면서 관련 정보를 한껏 모으는 일이다. 그런 다음 그것들을 '알을 품듯' 숙고하면서 본문을 가장 잘 설명하고 적용할 수 있는 그림을 찾아야 한다. 그리고 나서 할 일은 마치 '부화 기간'을 갖듯 작업에서 한걸음 떨어져 정신 내면의 기관들이 성령의 인도를 받아 그동안 연구한 것들을 자유롭게 부화시킬 수 있도록 하는 것이다. 대개 이 '부화 기간'에 어떤 식견이나 통찰력이 자발적으로 나타나게 되는데, 물론 그 내용이야 성경 진리의 검색을 받아야 한다. 가끔은 이 형성기간이 마냥 길고 고통스러울 때가 있다. 그럴 때에도 인내하고 기도할 일이지 염려에 사로잡혀서는 안된다. 사람이 중압감을 느끼면 창조성을 잘 발휘하지 못한다. 그러므로 이것 저것을 다 감안할 때 설교 준비 시간을 충분히 가져야 안전하다.

다시 말해, 창조성은 삶의 한 방식이다. 하나님을 위해 자신의 창조성을 가장 잘 발휘할 수 있는 시간표는 오직 자신만이 짤 수 있다. 만약 시간에 쫓겨 창조성이 물기가 마르듯 건조함을 느낄 때가 자주 있다면, 시간표를 다시 점검해 보고 사람들의 초청을 거절하거나 어떤 일의 기회를 포기해야 하는 것은 아닌지 알아볼 일이다. 내 경우, 교인들을 위해 설교를 준비하는 주간계획표 자체가 나의 영적 생활과 하루 일정의 건강도를 재는 체온계 구실을 한다. 예를 들어 설교를 준비하는 일이 다른 즐거운 오락보다 순위가 처지는 경우가 생기면 대뜸 내 일정표에 문제가 있음을 알아차릴 수 있다. 그러면 몇몇 일정을 취소하거나 변경하는 것이다. 하나님의 말씀을 창조적으로 설교하는 사람이 되고 싶거든 주님과 더불어 자기 일정을 조정할 수 있어야 하는데, 그런 일에는 늘 대가가 따른다. 우리는 단순히 좋은 것과 나쁜 것 사이에서 선택하는 게 아니라, 더 나은 것과 제일 좋은 것 사이에서 선택하는 것이다.

2. 창조적 삶의 방식이란 균형잡힌 삶을 말한다. 사람들은 괴팍한 교수나 시인의 모습을 창조적인 사람의 이미지로 생각하기도 하지만, 대부분 창조적인 사람들은 정상적이고 균형잡힌 인물이다. 그러나 이들에게서 찾아볼 수 있는 특성 같은 게 없는 것은 아니다.

그 특성의 한 예로, 창조적인 사람은 산만하지 않고 주변의 삶에 늘 주의를 기울인다. 눈과 귀 등 감각을 사용해서 주변 사람이나 환경을 한껏 '흡수하여' 배우는 사람인 것이다. 이들은 포유류가 공기를 호흡하듯 체험을 '호흡하는' 사람들이다. 단편 작가 유도라 웰티(Eudora Welty)는 말하기를, "나의 상상력은 내가 살아 있는 세계에서 보고 듣고 배우고 느끼고 기억하는 것에서 힘을 얻고 방향을 제시받는다"[4]고 했다. 시인 존 시어디(John Ciardi)가 한 말을 내 식으로 풀어 쓰자면, "설교자의 과제는 체험을 말하는 것이 아니라 체험하게 하는 것"[5]이라고 할 수 있다. 그러나 설교자가 자신의 체험을 무시한다면 성경에 나오는 그리스도인의 체험을 설교를 통해 사람들에게 생생하게 전하는 일 또한 어려울 것이다. 창조적인 사람에게

상상이 담긴 설교

는 어떤 체험이라도 유익하다.[6]

창조적인 사람은 행복한 것이든 불행한 것이든 인생의 체험에서 가장 최선의 것을 끄집어낼 줄 아는데, 그 이유는 그가 만사를 주의해서 보기 때문이다. 그는 주의깊게 보고 들으며 '방어적이지 않은' 태도로 어린 아이같이 만사에 경이와 놀라움을 느끼며 또 이를 부끄러워하지 않는다. 또 감각을 사용하기를 두려워하지 않으며 이를 표현하는 것도 꺼리지 않는다.[7] 사람들은 그저 카메라나 캠코더를 들이대 찍고는 나중에 그걸 다시 볼 생각을 하기 일쑤지만, 창조적인 사람은 우선 그 현장을 직접 체험하고 감각을 동원해 현장의 요소를 느낌으로 흡수하는 일부터 한다. 그리고 나서 카메라를 꺼내 사진을 찍는데, 이렇게 하면 나중에 자신이 체험한 바를 기억하는 것에서 그치지 않고 하나하나 경험을 되살릴 수 있는 것이다.[8]

위에서 나는 창조적인 사람은 균형잡힌 사람이라고 말했다. 즉 창조적인 사람은 일을 열심히 하되 언제 일에서 벗어나 놀며 마음놓고 쉬어야 하는지를 아는 사람이다.[9] 사실 놀이와 휴식은 창조적인 과정에서 빠질 수 없는 부분이다. 한참 일에 정신을 쏟다가 느긋하게 휴식을 취하면 상상력이 작동하기 시작해 찾고자 했던 것을 얻는 경우가 많다. 그저 정보나 모아놓고 그걸 열심히 공부하는 정도로는 안되는 것이다. 또 부화를 위해 시간을 투자하는 것도 중요한데, 바로 그때가 상상력이 작동하여 무언가를 끄집어낼 기회를 주는 시간이기 때문이다.[10] 창조적인 사람들은 휴식을 낭비라고 생각하지 않는다.

목회자가 무슨 회사 간부처럼 자기 시간을 바쁜 일정으로만 채우는 것은 창조적인 목회에 적이 되는 것이다. 남 보기엔 그 목회

상상력과 창조력

자의 일이 성공적으로 보일지라도 말이다. 여유가 없는 생활 속에서는 자기 성장을 위한 여분도 없는 법이다. 성장이 없는데 창조성인들 나오겠는가? 막일꾼이야 일에 짓눌려 살 수 있지만 창조적이어야 할 예술가에게는 여유가 필요하다.[1] 나는 담임 목사로 일할 때 대개 목요일을 쉬는 날로 잡았다. 왜냐하면 그때쯤 가서 변화를 주는 것이 창조력에 도움이 되는 걸 알았기 때문이다. 이렇게 하루를 쉬고 금요일 아침이 되면 내 머릿속엔 주일에 할 설교의 개요가 잡혀 있곤 했다. 여러 시간 동안 열심히 공부하면서 집중했다면 한동안 부화기를 갖는 것이 상상력으로 하여금 무언가 창조적인 작업을 할 수 있는 여유를 주는 것이 된다.

목회자의 연중 휴가는 휴식과 아울러 재창조의 시간이 되어야 한다(그런데 이 휴가 기간마저 지나치게 많은 걸 하느라 재창조<recreation>가 아니라 창조-파괴<wreck-creation>의 시간이 되고 마는 경우가 너무 많다!). 우리 몸도 마음도 영도 휴식을 통해 새롭게 될 필요가 있거니와 이렇게 긴장을 풀고 있을 때 목회자는 새롭게 떠오르는 생각들을 낚을 수 있는 여유와 주의력이 생기는 것이다. 나는 휴가 기간 동안 호주머니에 3×5cm 카드를 넣고 다니면서 떠오르는 생각을 적곤 하는데, 그것은 내 몸이 쉬고 있는 동안 상상력이 활발히 작동하기 때문이다. 이럴 때는 설교 아이디어뿐만 아니라 시리즈 구상까지도 된다. 한번 창조적인 생활방식이 몸에 배면 예기치 않은 때에 아이디어가 떠오르기 일쑤기 때문에 그런 것들을 놓치지 않아야 한다.

사람들은 다 나름대로 일하는 방식을 갖고 있다. 그러므로 자신이 가장 창조적일 때가 언제인지는 자신이 알아서 찾아야 한다.

나는 아침에 일찍 일어나는 타입이므로 오전 6시에서 정오 사이에 가장 많은 일을 할 수 있다. 그러나 내 친구 중에는 나와는 달리 한밤중에 불을 밝히고 일하길 좋아하는 이도 여럿 있다. 영국의 작가이자 비평가인 사무엘 존슨은 출판사 마감 삼십 분 전까지 원고를 쓰는데도 정말 좋은 글을 썼고, 찰스 스펄전은 주일 저녁 예배 설교를 그날 오후에 낮잠을 한숨 자고 난 뒤에 준비하곤 했다. 그러므로 나름의 방식, 즉 자기 기능이 제일 잘 작동할 때 일할 수 있는 계획을 짜는 것이 좋다.

설교자는 가끔씩 정신적, 정서적 '환기'를 위해 일에서 벗어날 필요가 있다. 목회자에게 휴가를 자주 주고 또 안식년을 허용하는 교회들에게 축복이 있기를! 왜냐하면 그런 교회는 단순히 목회자 개인에게 투자를 하는 것이 아니라 교회 전체를 위해 투자하는 셈이기 때문이다. 잠시 일에서 '벗어나' 있다고 해서 도피해 있는 것은 아니다. 오히려 새로운 안목을 갖고 일에 돌아올 수 있는 것이다. 피곤하고 지쳐 있는 목회자들, 그래서 창조력의 샘이 말라붙은 그들을 조기 은퇴에서 구출해 낼 수 있는 길은 재창조를 위한 휴식시간을 주는 일뿐이다.

3. 창조적인 사람은 책을 읽는 사람이다. 인간의 다른 정신 기능과 마찬가지로 상상력도 건강하게 유지하려면 잘 '먹여야' 한다. 만약 최선의 것으로 상상력을 먹이지 않으면 그 상상력은 최악의 것이라도 흡수해야 한다. 그렇게 되면 최악의 것이 상상력을 더럽히고 힘을 약화시킬 것이다. 창조적인 목회자가 되려면 듣고 보고 읽고 생각하는 것을 통해 상상력을 먹여야 하는데, 독서는 이러한 상상력 양육

상상력과 창조력

의 중요한 원천이 아닐 수 없다.

상상력이 갖는 주요 기능 중 하나가 애초에는 별 관련이 없어 보이는 것들 사이에 다리를 놓아 관련이 생기게 하는 일이라는 말을 기억할 것이다. 바로 이 때문에 폭넓게 독서를 하는 것이 중요한데, 자기가 공감하는 작가, 혹은 자기 일과 직접 관련이 있는 책들만 볼 일이 아니다. 물론 주석가가 성경 연구에 전문성이 있어야 함은 분명한 사실이지만, 그렇다고 거기 관련된 책만 본다면 얼마 가지 않아 상상력은 비참할 정도로 고갈되고 말 것이다. 나는 만화에서조차도 뭔가 음미할 만한 것을 찾아낼 때가 많다.[12] 따라서 창조적인 생활방식을 발전시키면 뜻하지 않은 데서 상당한 식견과 사고를 찾아낼 때가 많다.

나는 책을 읽을 때 3×5cm 카드를 책갈피에 꽂아놓고 뭔가 생각이 떠오르면 거기에 적는다. 그리고 책꽂이에다 한 열댓 권 되는 책들을 한꺼번에 꽂아두고 기분 내키는 대로 또 시간이 허락하는 대로 꺼내 읽고 싶은 것을 뽑아 읽기도 한다. 어떤 책을 정해진 기간 동안에 끝내겠다고 잘 생각하지 않는 것은 사실 책이란 게 다 읽지 못하고 끝나는 경우가 많기 때문이다. 나는 책을 도구라고 생각한다.[13] 도구란 어떤

상상이 담긴 설교

사람에게는 필요해도 다른 사람에겐 필요치 않은 경우가 있다.

또 책에는 '당대의 책'이 있고 '시대를 초월해서 가치 있는 책'이 있다. 창조적인 독자는 이 두 종류의 책 사이에서 균형잡힌 독서를 해야 한다. 내가 깨달은 것 중 하나는 베스트셀러라고 다 읽어야 하는 것도 아니고 교수가 추천한 고전이라고 해서 안 읽으면 안 되는 것도 아니라는 것이다.[14] 출판되는 책의 10%도 읽기가 힘든 오늘날의 형편에서 책을 골라 읽지 않을 수 없고 또 고른 책에 대해서도 어느 정도 난폭한 독서를 허용할 수밖에 없다. 금방 어느 독서 클럽에서 새로 나온 책을 안 읽으면 안된다고 떠들지도 모르는 판국에 말이다.[15]

만약 내가 여러 분야에 걸쳐 현대 작품과 고전을 두루 섭렵해서, 즉 사실과 허구, 역사와 자서전, 시와 산문, 과학과 예술 등을 두루 읽는 동안에 상상력이 작동하여 어떤 '진리의 패턴' 같은 것을 알아냈다면 그것은 놀랄 만한 일이다. '결국 모든 진리란 하나님의 진리'이며 모든 진리는 서로 통한다. 그 다양하고 수많은 원천들을 통해 정신이 풍요롭게 되고 이 모든 것들이 하나님의 궁극적인 진리와 어떻게 연결되는지를 상상이 보여준다면 정말 훌륭한 일이 아닐 수 없다.[16] 영국의 비평가 존 러스킨(John Ruskin)은 "상상력은 먹여줘야 한다"고 말하며 이렇게 덧붙였다. "상상력이 풍부한 사람은 늘 열심히 연구하며 지식에 목말라한다" 바탕이 없이 상상력만으로 일이 되는 건 아니다. 먹고 소화시킬 뭔가를 상상력에 주어야 하는 것이다.

다시 한 번 강조하지만 창조적인 사람이 기술적인 면을 부정하거나 소홀히 한다고 생각해서는 안된다. 화가도 현대와 고전에 걸쳐 남의 작품을 부단히 연구하는 가운데 자신의 기법을 완성시키려고 노력하는 법이며, 음악가나 작가도 그 점에 있어선 마찬가지다. 그러므로 창조적인 설교가가 되려면 다른 사람의 설교를 귀기울여 듣고 또 다른 사람의 설교[17]를 많이 읽고 연구하며 최고의 설교학과 의사소통 이론을 자꾸 접해야 한다. 그런 다음 그 모든 것이 예수 그리스도의 복음을 선포하는 데 유익하게 해 달라고 주님께 맡겨야 하는 것이다.

창조적인 설교가가 되는 데 있어서 늘 접해야 하는 네 가지 세계가 있다. 우리 주변의 피조물 및 인간 세계, 우리 내면의 감정 및 식견의 세계, 예술 과학의 세계, 그리고 변함없는 성경의 세계가 우리 사역의 기초가 되어야 한다. 창세기 1:2에 묘사된 하나님의 영처럼, 상상력은 이 세계에서 얻은 자료의 혼돈 위를 떠돌다가 거기서 질서를 끄집어내게 되는 것이다.

창조적인 독서에 관한 주제를 마치기 전에 시에 대해 한 마디 하겠다. 그렇다! 진짜 남자는 시를 읽을 뿐만 아니라 그 사실을 인정하길 꺼리지 않는다! 좋은 시를 읽는 것처럼 지성에 자극을 주고 상상력을 키우는 일이 또 있을까? 시를 읽는 것은 경험을 준비하는 것이다.[18]

시는 흔히 '증류시킨 정서'로 정의된다. 하나님께서 시를 통해서 자신을 계시하셨다는 사실은,[19] 시란 장르가 잘못된 게 없다는 사실을 확신시켜 주기에 충분하다. 정작 문제는 대부분의 사람들이 시를 이해하거나 즐기기 어려운 시점에 시를 접하기 일쑤여서 나중에는 아예 일종의 면역이 생겨 도대체 시의 참된 의미를 이해하기 어려운 지경에 이른다는 점이다.

상상이 담긴 설교

1965년 1월호 『타임』(Time)지가 티 에스 엘리엇(T.S. Eliot)의 사망을 특집으로 다뤘을 때 나는 일개 시인이 왜 그토록 주목을 받는지 그 까닭을 알 수 없었다. 그래서 나는 그 시인에 대해 알아보기로 결심했다. 그때부터 어마어마한 시의 세계를 탐구하는 신나고도 풍요로운 여행이 시작되었고, 나중에는 진작에 하지 못한 걸 후회하기에 이르렀다. 요즘은 새로 나온 시 선집을 훑어 새로운 시인과 시를 알면서 새로운 체험을 하는 즐거움을 만끽하고 있다. 칼 샌드벅(Carl Sandburg)은 시를 "땅에 사는 바다 생물이 하늘을 날기를 바라며 쓰는 일기"라고 정의하였다. 그는 또 시란 "히야신스 꽃과 비스킷을 종합한 것"[20]이라는 말도 했다. 이런 표현만 봐도 시가 사람의 상상력을 얼마나 북돋아주는지 짐작할 수 있지 않은가!

4. 창조적인 사람은 어휘를 늘려간다. 단어란 우리로 보게 하는 등불이요, 집을 짓는 도구요, 운전할 때 붙잡을 손잡이요, 싸우는 무기다. 철학자 루드비히 비트겐슈타인(Ludwig Wittgenstein)은 이렇게 말했다. "언어의 한계는 곧 그 사람 세계의 한계다. 어휘력이 늘면 그만큼 그의 세계도 확장된다."

어휘력을 늘릴 수 있는 최선의 방법은 좋은 사전을 하나 옆에 끼고 책을 읽다가 새 단어를 만나면 그 단어를 찾아 '소화하는' 부지런을 떠는 것이다. 한 단어를 '소화한다'는 것은 단순히 사전을 찾아 뜻과 용법을 알고 끝내는 것이 아니다. 그 단어의 어원을 찾아내고 그 배경에 숨어 있는 그림을 찾아내는 일도 포함되는 것이다. 때로는 새로운 단어 하나를 접함으로써 그 어군을 알게 되고 더 나아가 모든 관련어들까지 줄줄이 배우기도 한다! 물론 새로 알게 된 단어를 죄다 설교에 써먹으면서 유식한 체하라는 얘기는 아니다.[21] 그저 연장통-혹은 언어의 창고-에 넣어두었다가 꼭 필요할 때 꺼내 쓰면 되는 것이다. 잠언 12:27은 게으른 사냥꾼이 어떻게 되는지 경고하고 있다.

적어도 대학 수준의 사전에다 동의어 사전 하나쯤은 서가에 갖추고 있어야지 간단한 유의어 사전이나 동의어에 관한 책 한 권 정도로 만족해서는 안된다. 물론 그런 책들이 도움이 안된다는 것은 아니다. 동의어 사전은 한 단어가 다른 단어와 뜻이 어떻게 다른지 설명해 주는데 그 차이를 알아야 정확한 의사 소통에 도움이 된다. 나는 씨 티 어니언스(C.T. Onions)가 편찬한『옥스포드 어원 사전』(Oxford Dictionary of English Etymology, Oxford: The Clarendon Press, 1991)과 옛날부터 쓰던 월터 스킷(Walter W. Skeat) 저,『영어 어원 소사전』(Concise Etymological Dictionary of the English Language, Oxford: The Clarendon Press, 1901)을 애용하고 있다. 에릭 파트릿지(Eric Partridge)가 쓴『기원: 현대 영어 어원 소사전』(Origins: A short Etymological Dictionary of Modern English, New York: Greenwich House, 1983)도 도움이 될 것이고, 디 피 심슨(D.P. Simpson)이 편찬한『캐쓸 라틴어 사전』(Cassell's Latin Dictionary, New York: Macmillan, 1968)도 유익할 것이다.[22]

이런 얘기가 매주 설교 준비에 부담을 느끼는 목회자들에게는 먼 얘기처럼 들릴지 모르지만 따지고 보면 그렇지도 않다. 우리 사역에서 말은 큰 비중을 차지한다. 이 사실이 의심스러우면 잠언을 한번 펼쳐보라. 사람의 말에 대해서 얼마나 많은 얘기를 하고 있는지 말이다. 성령께서는 하나님의 진리를 드러내시기 위해 인간의 말

상상이 담긴 설교

을 쓰기로 선택하셨다(고전 2:13). 그리고 우리도 말을 사용해서 그 진리를 남에게 전하도록 부르셨다. 목수나 기술자가 연장을 귀히 여기듯, 그리고 필요한 연장을 수시로 보태어 적절한 작업에 활용하듯, 설교자도 자기 언어의 '연장통'을 잘 간직하고 또 수시로 내용물을 보태어 원하는 일을 최고로 잘 할 수 있는 법을 배워야 할 것이다.

5. 창조적인 사람은 새로운 일을 시도하기를 꺼리지 않는다. 어떤 일을 쇄신한다는 것은 위험이 따르는 일이다. 그러나 창조적인 사람은 실수가 두려워 포기하지 않는다. 교회의 일상에 만족해 버리고 자신의 현재 설교 능력에 안주해 버리는 목회자는 사실 큰 위험을 눈앞에 두고도 이를 알지 못하는 사람과 같다. 참호로 알고 안락하게 누운 곳이 무덤이 될지 누가 아는가!

"우리 소명에 저주가 있다면, 그것은 바로 직업적이 되는 것입니다" 하고 제랄드 케네디 주교가 썼다. "직업적이 된다는 말은 영혼을 구원하는 일보다 자기 자리를 지키는 일을 더 중요시 한다는 말입니다. 그래서 우리 품위를 손상시킬지도 모르는 위험을 무릅쓰기 보다는 뻣뻣한 체통을 지키다 죽기를 바라게 되는 것입니다."[23]

창조성을 강조한다고 해서 부주의하거나 무분별해도 좋다는 얘기는 아니다. 자칫했다가는 양떼들이 놀라서 다 떠나고 목사 홀로 앉아 자신의 창조적 아이디어를 곱씹게 될지도 모른다. 십대 아이 하나가 남다르게 보이고 싶어서 정상적으로 가르마를 타지 않고 귀를 중심으로 상하로 갈랐다는 얘길 들었다. 그것이 그리 성공적이지는 못했던 모양이다. 사람들의 관심을 끈 것까진 좋은데 사람들이

상상력과 창조력

그를 놀림거리로 삼았던 것이다. 사람들이 남다르게 되는 것과 이상하게 되는 걸 잘 구별하지 못한다는 것은 비극이다.

스펄전이 신학생들한테 "갑작스러운 건 천박함으로 이끌기 십상"이라는 경고를 하곤 했다는데, 우리도 어떤 걸 변화시키려 들기 전에 충분히 기도하고 숙고하도록 주의하자. 또 한 가지 중요한 점은 창조성과 진기함을 구별할 줄 알아야 한다는 것이다. 그러나 성령의 바람이 새로운 방향을 향해 부는 게 분명하고 하나님께서 그렇게 일하심이 틀림없다면, 항해의 방향을 그렇게 정하고 나아가기를 두려워하지 말자. 비록 바람이 우리를 알지 못하는 곳으로 이끌고 가더라도 말이다. 이 여정에서 새로운 사람들을 만나고 새로운 저자들을 접하며, 지금까지 주의해 보지 않았던 성경본문들을 새로 묵상하면서 새로운 도전에 맞닥뜨리고, 지금까지와 다른 절차를 고안해 내고, 새 술을 담을 새 부대를 찾는 위험을 감수하게 된다. 그렇다고 해서 우리 신앙의 기초를 포기하라는 말은 아니다. 가구를 재배치하고, 쓸모없는 것을 과감히 치워버리라는 말이다.

인생길을 가는 동안 우리는 안락과 권리가 창조성의 적이 되는 걸 발견하게 된다. 주님께서는 가시를 주셔서 우리 안락을 뒤흔들기도 하신다. 또한 정직한 사람이라면 자신의 기술이 제아무리 탁월하더라도 배워야 할 게 많다는 점을 부인하지 않을 것이다. 주님의 뜻을 받아들이되 자기 자신에게 만족하고 발전을 그쳐서는 안되는 것이다. 러시아의 작곡가 드미트리 쇼스타코비치(Dmitri Shostakovich)가 한 말을 새겨 두자. "창조적인 예술가는 늘 다음 작품을 준비한다. 왜냐하면 이전 작품에 만족하

> 인생길을 가는 동안 우리는 안락과 권리가 창조성의 적이 되는 걸 발견하게 된다.

고 안주하는 법이 없기 때문이다."

    우리가 목회를 하면서 하는 말은 예전에도 목회자들이 하던 말들이다. 따라서 상상을 자극할 만한 새로운 방식으로 설교를 해야 한다는 것이 우리의 과제다. 제품 자체를 새롭게 한다면야 그것은 이단이겠지만 포장과 배달에 있어서는 독창성이 있어야 한다는 말이다. 성령께서 우리 상상력을 사용하시도록 허용할 때 익숙한 진리 안에서 참신한 원리를 끄집어내고 옛스런 사고를 새로이 적용하는 즐거움을 경험할 것이다. 그것이 오늘 교회가 원하는 바이다.

"설교는 인격을 통한 진리이다."

필립 브룩스

"하나님의 영광을 드러내고
인간을 교육시키는 데 있어서
상상은 진리를 독특한 방법으로 표현하게 한다."

릴랜드 라이캔

"우리는 조나단 에드워드로부터
이미지, 그리고 실제에 비교할 만한
인상을 줄 수 있는 유사성들을 배울 수 있다."

존 파이퍼

제17장
성서적인 설교

"아아, 슬퍼라! 도대체가 감동적인 순간이 있었는지 기억이 나질 않으니. 그저 좋은 얘기, 예쁜 얘기, 혹은 지혜가 들어 있는 얘기를 갖고 근엄하게 설교하고, 또 그렇게 준비하는 차갑고 기계적인 과정은 있었을지언정, 화살이 날아가 꽂히듯 도끼로 내리치듯, 혹은 달콤한 과즙으로 적시는 듯한 순간도 없었고, 으르렁거림, 꿰뚫음, 사랑, 매혹의 순간도 없었구나!"[1]

가끔 자기 설교에 대해 위의 글처럼 느끼는 때가 없지 않으리라! 화살이 날아가 꽂히듯, 도끼로 내리치듯, 혹은 달콤한 과즙으로 적시는 듯한 기분이 전혀 없는 설교 말이다. 위의 글은 랄프 왈도 에머슨이 보스톤에서 1840년 12월 4일에서 그 다음해 2월 12일까지 설교하고 난 후 쓴 것이다. 여기서 그가 근엄하게 점잔빼는 설교가 차갑고도 기계적인 준비과정에 원인이 있는 것처럼 말하고 있음을 주목할 만한데, 오늘날 설교자들의 연구과정이야말로 왕왕 차갑고 기계적이다. "불붙는 가슴은 불을 뿜는 혀가 될 것"이라고 스펄전은 학생들에게 말하곤 했는데, 한편으로는 "실컷 연료는 모아놓고 당길 불이 없는"² 사람들이 있다는 경고를 주는 것도 잊지 않았다.

마틴 로이드 존스 박사는 설교를 "불의 논리… 즉 불붙어 있는 사람을 통해 전달되는 신학"³이라고 정의한 바 있다. 의사 교육을 받은 그는 설교에 접근하는 방식도 청진기를 손에 든 의사가 논리적으로 처방을 내리는 모습을 방불케 한다. 설교의 초점을 가망없는 죄인에게 두든, 분별없는 성도 혹은 무력한 교회에 두든, 아니면 경건치 못한 사회에 두든. 로이드 존스 박사는 아픈 환자를 동정하며 성서적 처방을 내리는 의사다.

로이드 존스 박사가 내린 설교의 정의도 훌륭하거니와 그 자신의 사역은 바로 그 정의에 걸맞는 산 예라고 할 수 있는데, 그런 면모는 사도 바울의 서신 중에서도 가장 논리적이라 할 수 있는 로마서와 에베소서를 강해할 때 가장 잘 드러난다. 그런데 박사의 정의에는 한 가지 흠이 있다. 성경이 하나님의 계시를 '논리적'으로만 전달하고 있는 건 아니라는 점이다. 지금까지 우리가 논한 대로 성경은 온갖 이미지와 은유를 통해 하나님의 진리를 다양한 방식으로 전하고 있다. 로이드 존스 박사의 "불타는 논리"라는 정의 자체도 엄밀히 말하면 논리적이지 않다. 차라리 은유적이라 해야 옳을 것이다. 논리가 불타는 걸 본 사람이 어디 있으며 설교자가 불탄다는 건 또 무슨 말인가? 그렇지만 스펄전이나 로이드 존스 박사가 무슨 말을 하려는지 모르는 사람은 없다. 은유는 자체의 논리를 지니고 있기 때문이다.

제임스 보스웰(James Boswell)이 한번은 친구 사무엘 존슨에게 시가 뭐냐고 물었다. 그랬더니 존슨이 이렇게 대답했다. "아마 시가 아닌 게 무엇인지부터 얘기하는 것이 쉬울 겁니다. 빛이 무언지는 다 알지만 그 아는 걸 말하라고 하면 쉽지 않듯이 말입니다."[4] 하지만 존슨은 존 밀턴(John Milton)에 대한 글을 쓰면서 시에 대한 훌륭한 정의를 내렸다. "시란 진리와 즐거움을 연합하는 기술인데, 상상으로 하여금 이성을 돕도록 함으로써 그렇게 한다."[5]

즐거움, 진리, 상상, 이성은 존슨이 시를 정의하는 데 동원한 네 가지 요소다. 그런데 이 네 가지 요소는 성서적 설교에도 그대로 적용된다. 설교가 즐거움을 주려는 오락형태는 아니지만 좋은 설교를 듣노라면 지적, 정서적 즐거움을 맛본다는 것은 부인할 수 없는 사실이다. 정신은 이성을 통해 진리를 포착하고 마음은 상상을 통해 전달되는 진리를 즐겁게 누리는 것이다. 말씀의 진리, 즉 잘 설명하고 잘 적용한 진리가 빠져서는 참된 진리의 사역이 있을 수 없다. 또한 상상이 빠지면 아무리 신실하게 사역을 하더라도 맥빠지고 지루한 형편을 면하지 못할 것이다.

> 성서적 설교란 말을 매체로 하는 의사소통의 한 형태인데 여기에는 성경 진리를 정연하게 설명하고 적용하되 이성과 상상을 통해 전달되며 또한 본문에 충실한 것이 포함된다.

여기서 잠정적으로 성서적 설교의 정의를 내려보면 다음과 같다. 즉 성서적 설교란 말을 매체로 하는 의사소통의 한 형태인데, 여기에는 성경 진리를 정연하게 설명하고 적용하되 이성과 상상을 통해 전달되며 또한 본문에 충실한 것이 포함된다.[6]

성서적 설교란 의당 성경에서 발견할 수 있는 진리, 우리가

상상이 담긴 설교

'본문'이라 부르는 것 안에 진술돼 있는 진리를 바탕으로 해야 한다는 사실은 새삼 거론할 필요가 없다. 설교자의 과제란 설교를 듣거나 읽는 사람들에게 바로 이 본문의 진리를 설명하고 잘 적용해 주는 것이다. 설교자가 시각적인 도구를 사용할 수도 있겠지만 기본적으로 설교의 매체는 말이다. 하나님께서는 인간을 도구로 사용하셔서 당신의 진리를 전달하도록 선택하셨다. 필립스 브룩스가 말한 바 "인간성을 통한 진리 전달"인 것이다. 그런 의미에서 설교자는 사신인 동시에 증인이다. 왕이 명령한 것을 선포하는 동시에 그 메시지가 설교자 자신에게 의미하는 바를 또한 증언하는 것이다. 사신은 권위와 긴급함을 안고 메시지를 전한다. 증인은 개인적으로 체험한 바를 가지고 메시지를 뒷받침하는 것이다.

그러므로 성서적 설교에는 하나님의 진리를 설명하는 것과 적용하는 것 둘 다 포함된다. 적용은 뺀 채로 설명만을 원한다면 신학 강좌를 들으면 된다. 하지만 설명을 뺀 채로 적용만 한다면 도덕적인 훈계를 듣는 것과 다를 바가 없다. 머리와 가슴 모두에 와닿아 뜻이 서도록 하는 것이 설교다.

설교 내용은 짜임새 있게 잘 구성되어야 한다. 성경 본문 자체가 설교 내용 작성을 일러주는 경우란 내가 아는 한 없다. 그러므로 같은 본문에서 똑같은 설교가 나오지 않는 것이다. 성경 기록 자체가 그리고 교회 역사가 이 점을 잘 말해 준다. 그러나 말씀을 어떻게 풀이하든지 간에 그 내용이 짜임새 있어야 한다는 점은 분명하다. 즉 어디를 향해 가고 왜 그 방향을 취하는지 알아야 분명치 못하게 빙빙 돌아서는 안되는 것이다. 어느 설교학 교수가 이런 말을 했다. "설교자가 강단에 올라와서는 '오늘은 가슴에서 우러나오는 대로 말씀드리겠습니다' 운운하거든 그가 준비하지 않고 강단에 섰음을 알 수 있다." 그러나 짜임새 있게 만들어진 설교는 머리에 잘 와 닿고 무언가 배울 수 있게 해 준다.

그런데 '본문에 충실하다' 는 말이 좀 애매하다. 어쩌면 그런 식으로 말하지 않는 것이 더 좋은지도 모른다. 어쨌든 내가 말하고자 하는 것은, 우리가 본문을 어떻게 다루든지 간에 본문 자체의 특성을 왜곡해서는 안된다는 것이다. 예를 들어, 시편의 본문을 시로 다루지 않고 바울 서신과 같이 교리를 다루는 본문으로 취급해서는 안된다는 말이다. 본문에서 깔끔한 개요를 얻고, 요지가 분명한 설교를 하려면, 본문에 구애를 해야지 강간을 해서는 안되는 법이다. 어떤 경우엔 아예 큰 제목이 뭐고 소제목이 뭐고 하는 개요 따위가 필요치 않을 수도 있다. 그렇다고 설교의 조직적인 구성과 진행의 방향성을 무시해도 좋은 경우가 있다는 말은 아니다. 만약 그렇게 한다면 설교자나 청중이나 죄다 혼란에 빠지고 말 것이다. 우리 하나님은 혼돈의 하나님이 아니시다. 그러므로 본문의 장르에 충실한 방향으로 설교를 구성해야 한다는 것이다. 즉 애초의 성경 저자가 진리를 우리에게 전달하기 위해 취한 방식 자체도 존중해 주어야 한다는 말이다.[7]

우리가 공연히 건조하고 메마른 방식으로 성경 자체의 이미지들을 질식시키지 않는다면, 그 이미지들은 이전 세대들에게도 그랬듯이 오늘 우리 세대에도 생생함과 활기를 갖고 무언가를 말할 것이다. 요즘 같은 컴퓨터 세대는 새로운 용어를 배우고 그 기호

> 상상은 죄인과 구주를 한데 연결시키는 도구라 할 수 있다. 말씀을 선포하는 사람은 말씀의 대사로서 가는 곳의 현지어와 현지인들의 사고 방식을 알아야 한다(고후 5:20).

가 의미하는 바가 뭔지 알아내는 일에 익숙하다고 볼 수 있다. 그들이 성경의 이미지를 얼른 이해하지 못하더라도 계속해서 가르쳐서 익숙하게 만들어야 한다. 예수님과 같은 시대를 살았던 열두 제자들도 주님의 말씀을 늘 제대로, 얼른 이해할 수 있었던 것은 아니다.[8] 그러므로 공연히 하나님의 말씀을 듣는 자들의 현재 수준에 맞춰 낮추려 들지 말고 오히려 듣는 자들의 수준을 끌어올려 말씀의 순수한 수준에 이르게 해야 한다.[9]

상상은 죄인과 구주를 한데 연결시키는 도구라 할 수 있다. 말씀을 선포하는 사람은 말씀의 대사로서 가는 곳의 현지어와 현지인들의 사고 방식을 알아야 한다(고후 5:20). 또 설교자는 인간의 도성을 하나님의 도성과 연결시키는 길을 닦는 사람들이다(딤후 2:15, 오르쏘토메오, '똑바로 자르다'). 또한 하나님의 자녀들의 필요를 알아내고 또 그 필요를 그리스도께서 채워주실 수 있음을 보여주는 영적 부모들이다.

설교자들은 하나님의 말씀에 능력이 있음을 믿어 의심치 않아야 한다. 설교를 듣는 사람들은 가나 혼인 잔치 자리에 놓여 있던 여섯 개의 빈 물항아리와 같다고 할 수 있다(요 2:1-11). 설교는 청중의 생각과 감정에 물을 채워주는 것이다. 그러면 어느날 갑자기 기적이 일어나 물이 포도주로 변화된다. 설교자가 사람들의 마음과 가슴에 '와닿게' 말씀을 증거한다면, 그것이 곧 빛을 비추는 것이고(고후 4:6; 시 119:130), 씨를 뿌리는 것이며(눅 8:1-15), 약을 주는 것이고(시 107:20), 날선 검을 휘두르는 것과 같고(히 4:12; 엡 6:17), 먹을 것을 주는 것이며(마 4:4; 벧전 2:2; 렘 15:16), 물을 주고(요 15:3; 엡 5:25-27), 거울을 보여줌으로써 사람들이 거기서 그리스도를 보고 또한 그의 형상대로 닮도록 하는 일이다(고후 3:17-18). 이 얼마나 큰 특권인가! 또한 얼마나 막중한 책임인가!

필립스 브룩스는 당시 신학생들에게 "신의 인간적인 면을 포착할 줄 알고 또한 모든 인간의 신성한 면을 포착할 줄 알아야 한다"[10]고 권유했다. 다시 말해, 인간의 삶과 하나님의 진리가 맞닥뜨리는 자리에 초점을 맞추고 설교를 해야 한다는 말이다.

성서적 설교를 하려면 설교자 자신부터 말씀의 권위에 복종하며 증인의 삶을 살아야 한다. 에머슨이 희한한 소리도 꽤 했지만 어쨌거나 그 유명한 '신학교 연설'에서 한 말은 핵심을 꿰뚫는 것이었다. "참된 설교자인지를 알아보려면 그 설교자가 자신의 삶을 다른 사람들과 나누는지의 여부를 보면 된다. 즉 사고의 불길로 여과한 삶 말이다."[11] "기도의 능력과 예배에 대한 경외심, 순종하는 기쁨으로 여과한 삶"이라 할 수도 있겠다.

다시 말해 성서적인 설교를 하려면, 먼저 하나님 말씀의 진리에 기초한 메시지여야 하며, 설교자 자신도 말씀의 권위 아래 살아야 한다. 또한 전달 방식도 인간의 정신에 뭔가 배울 것을 주고 또 마음을 움직이며 의지를 사로잡을 수 있는 것이어야 하며, 삶의 적용 방식도 본문 자체에 충실한 것이라야 한다. 이 정도면 어느 설교자든지 도전받지 않고는 배기지 못하리라!

지금까지 복잡하고도 긴 탐구를 해 왔지만 아직 우리 목적지에 이르지는 못하였다. 서두에서도 얘기한 바 있지만 나의 목적은 설교학적 풍경화를 그림에 있어 지금까지 종종 무시되곤 했던 방식을 다시 열어 보여주는 것이로되, 설교사역 자체를 말하자면 탐구는 한이 없다. 아마 다시금 알아내고 소유해야 할 땅이 끝도 없이 발견

될 것이다.

『은혜의 청지기』(Stewards of Grace)라는 훌륭한 책을 쓴 도날드 코간(Donald Coggan)은 그 책에서 F.W. 딜스톤의 말을 인용하고 있는데, 이 인용문이 지금까지 내가 이 책에서 말하고자 하는 바를 아주 잘 요약해 준다.

> 설교자란 이 세상이 내놓을 수 있는 가장 귀한 것을 자료로 해서 양식을 창조해 내도록 부르심을 입은 사람이다. 여기서 가장 귀한 것이란 바로 영원한 복음이며, 설교자의 연장이란 한껏 가동한 사고와 상상력이라 할 수 있다. 그리하여 설교자는 다른 사람들의 마음과 상상에 그가 보여주고자 하는 영광과 아름다움을 한껏 전달할 수 있는 양식을 창조해 내고자 한다.[12]

잘 가르치는 사람이란 듣는 자의 귀가 눈이 되게 해서 진리를 볼 수 있게 해 주는 사람이다.

각주

1장

1. Norman Cousins, *Human Options* (New York: W. W. Norton and Co., 1981), 100.

2. 음악작곡에 논리가 필요없다든지 과학실험에 상상이 끼여들 여지가 없다는 말은 아니다. 창의적 활동이란 사실 양쪽 두뇌에 다 해당되는 것으로서, 이 양쪽 두뇌의 활동을 서로 잘 연결할 수 있다면 그만큼 더 창의적이 될 수 있다는 뜻이다.

3. 추리소설을 엔간히 읽어 본 독자라면 셜록 홈즈 같은 초기 추리소설과 요즘의 에퓔 뿌와르(Hercule Poirot) 같은 소설의 차이를 짐작할 수 있을 것이다. 홈즈 소설도 상상력을 강조하긴 하지만, 자세히 보면 감정보다는 사실에 역점을 두고 있음을 알 수 있다. 그래서 친구인 왓슨 박사도 홈즈가 감정이 없는 냉정한 기계 같다며 화를 내는 장면이 여러번 나온다. 하지만 아가사 크리스티 작중의 뿌와르는 심리학자로서 사람들이 말하는 방식 속에서, 또 말한 것과 말하지 않은 것 그리고 질문에 대답하는 방식을 통해 어떤 것을 읽어 낼 줄 안다. 즉 그의 두뇌는 상대방의 좌뇌 작용뿐만 아니라 우뇌 작용도 동시에 알아볼 줄 아는 것이다.

4. Michael J. Reddy, "The Conduit Metaphor-A Case of Frame Conflict in Our Language about Language," in *Metaphor and Thought*, ed. Andrew Ortony(Cambridge: Cambridge Univ. Press, 1979), 284-324.

2장

1. Blaise Pascal, *Pensees and Provincial Letters*(New York: Modern Library, 1941), 95. Pensees에서는 177번에 해당하는데, 과연 수학자이자 과학자인 사람이 할 수 있는 고백이라 하겠다.

2. John R. W. Stott, *Between Two Worlds*(Grand Rapids: Eerdmans, 1982), 238-39에서 인용.

3. Halford Luccock, in *the Minister's Workshop*(New York: Abingdon, 1944), 112. Luccock이 상상력에 대해 말한 장은 간단하지만, 내가 상상력이나 설교의 주제로 읽어 본 책들 중 가장 뛰어난 책이었다.

4. Clyde S. Kilby, *Christianity and Aesthetics*(Chicago: InterVarsity, 1961)와 *The Christian Imagination*, ed. Leland Ryken(Grand Rapids: Baker, 1981), 37-46에 실린 같은 저자의 글 "Christian Imagination"을 보라.

5. Dwight E. Stevenson, in *the Biblical Preacher's Workshop*(Nashville: Abingdon, 1967), 86.

6. Ryken, *Christian Imagination*, 37.

7. Charles Darwin, *The Descent of Man*, vol. 49 of *The Great Books of the Western World*(Chicago: Encyclopaedia Britannica, 1952), 292.

8. Alexander Whyte은 요한 사도에 관한 설교를 하면서 그러한 두려움에 대해 언급하고 있다. "형제 여러분, '상상'이란 말을 전혀 두려워할 필요가 없습니다. 슬프게도 그 말을 곡해하거나 잘못 사용하는 경우가 왕왕 있어 온 것도 사실입니다.

그러나 상상은 고귀한 것이며 따라서 상상이란 말도 고귀하게 다뤄야 합니다. 사실 우리 내면에 관한 한 상상보다 더 고귀한 것은 있을 수 없습니다. 바깥 세상을 내다보는 우리 눈을 육체의 모든 기관 중에서 가장 고귀한 것으로 여기지 않습니까? 마찬가지로 우리 내면의 기관 중에서 상상보다 더 고귀한 것은 없습니다. 예수 그리스도의 충만한 분량에 이르도록 닮아야 하는 것이 우리 의무라 할 때 이 상상을 고귀하게 사용하는 것은 필수적입니다." *Bible Characters from the Old and New Testaments*(Grand Rapids: Kregel, 1990), 481.

9. 공상이 실제 세계에 대해 아무것도 가르칠 수 없다고 말하는 것은 아니다. 『걸리버 여행기』(*Gulliver's Travels*)나 『동물 농장』(*Animal Farm*), 『1984년』 같은 소설이 공상이라 해도 사회의 한 단면을 말해 준다. C. S. Lewis의 『나르니아』(*Narnia*)같은 소설도 흥미진진한 가운데 무언가 깨닫게 하는 바가 있다. 성경에서 공상에 가장 가까운 내용이 있다면 아마도 사사기 9장의 요담의 이야기(알레고리)와 열왕기하 14:8-10에 나오는 여호아하스 왕의 이야기(이것 역시 알레고리/우화라 해도 좋을 것임)일 것이다. 이는 나무와 가시덤불에 관한 이야기이다. 그러나 예수님께서 하신 비유의 말씀은 모두 실제세계와 결부된 것이다. 물론 그 비유에 등장하는 사람들이 예사롭지 않은 행동을 하기는 하지만 현실세계에서도 있음직한 성격을 띠고 있다.

10. James Boswell, *The Life of Samuel Johnson*, 2 vols. (London: James M. Dent and Son, 1906), 1:499.

11. Colin Duriez, *A C. S. Lewis Handbook* (Grand Rapids: Baker, 1990), 127.

12. George Morrison, *The Wind on the Heath* (London: Hodder and Stoughton, 1931), 282에서 인용. George Morrison은 내가 좋아하는 설교가 가운데 한 사람이다. 그는 성경의 진리에 바탕을 두고 상상을 전개하는데 언제나 그리스도와 그의 복음을 높이는 설교가다. Morrison의 설교를 놓고 Martyn Lloyd-Jones 박사와 흥미있는 토론을 한 적이 있다. 그분이 보기에 Morrison의 설

교는 설교가 아니라 '시'라는 것이다. 그러나 내 관점은 변함이 없다. 나는 지금도 Morrison의 설교를 즐겨 읽으며 많은 유익을 얻는다고 느낀다.

13. *The Harper Religious and Inspirational Companion*, ed. and comp. Margaret Pepper (New York: Harper and Row, 1989), 249에서 인용.

14. William Temple, *Readings in St. John's Gospel* (London: Macmillan and Co., 1939), 1:68. 인용문의 강조 부분은 내가 임의로 넣은 것이다.

15. Kilby, *Christianity and Aesthetics*, 19.

16. 예수께서 문자적인 의미로 말씀하신 것이 아니라는 사실을 63절에서 제자들에게 명백히 하심을 주목하라. 우리가 그리스도를 먹고 산다는 말은 그분의 말씀을 먹고 산다는 의미다.

17. R. W. Dale, *Nine Lectures on Preaching* (London: Hodder and Stoughton, 1887), 52. 특히 두번째 강좌에서 상상을 다룬 대목이 훌륭하다. "영적인 생각을 담고 있는 모든 말은 그림이요 시"라는 말은 너무나 마음에 든다(p. 47).

18. Luccock, *Minister's Workshop*, 116.

19. 이 점을 놓고 Lloyd-Jones 박사와 나눈 얘기가 기억난다. 한번은 박사가 요한복음을 강해하노라니까 사람들이 하는 말이, 박사는 로마서 같은 바울서신의 분석적 사고에 너무나 길들어 있기 때문에 요한복음을 다루기 힘들 거라고 하더란다. "하지만 나는 요한의 생각 속으로 들어가려고 했고, 실제로 그렇게 했습니다!" 박사가 내게 한 말이었다.

20. A. J. Gossip, *In Christ's Stead* (London: Hodder and Stoughton, 1925), 200.

21. Henry Ward Beecher, *Yale Lectures on Preaching: First, Second and Third Series* (New York: Fords, Howard and Hulbert, 1881),

109.

22. 사실 그의 신학에는 별로 동의하지 않지만 그래도 내가 보기에, 사람들이 설교를 들으며 나타냄직한 반응을 예상하는 데 있어 대가가 있다면 바로 Harry Emerson Fosdick임을 고백하지 않을 수 없다. 예를 들면, 그의 설교 하나를 읽다가 슬그머니 그가 설교 속에 전개하는 신학에 불만스러움을 느낄라치면, 다음 장쯤에 "아마 누군가는 내 신학에 동의하지 않으면서 이러저러하게 생각하실 것입니다" 하는 말이 어김없이 나온다. 마치 내 속내를 읽으면서 머리꼭지에 앉았다 할밖에 없지 않은가! 그러니 비록 그가 전개하는 설교의 관점으로는 나를 설득시키지 못했을는지 몰라도, 적어도 내가 무슨 반응을 보이리라는 것은 충분히 예상할 능력이 있는 설교가라는 점은 인정할 수밖에 없다.

3장

1. John Calvin, *Commentaries* (Grand Rapids: Baker, 1981), 1:80.

2. John Calvin, *Institutes of the Christian Religion* (Philadelphia: Westminster, 1960), 1:61, 72, 341.

3. Ralph Waldo Emerson, *Nature* (Boston: Beacon, 1985), 41. 이 책은 1839년에 처음 출간된 중요한 작품이다. Jaroslav Pelikan이 쓴 서문은 Emerson의 "자연철학"을 잘 요약했을 뿐 아니라, 훌륭한 해석을 담고 있다. 기독교 신학자가 Emerson이 쓴 내용 전부에 동의하기는 힘들 것이다. 그러나 Emerson이 강조한 바는 오늘날도 귀담아 들을 필요가 있다.

4. *The Complete Essays and Other Writings of Ralph Waldo Emerson*, ed. Brooks Atkinson (New York: Modern Library, 1950), 76-77. 희한하게도 눈보라를 맞다가 기력이 빠졌다는 설교가의 이름이 Barzillai Frost다. Emerson은 그에 대해 넉달 뒤 일기에 이렇게 쓰고 있다. "이 친구 B.F.는 진부한 소리를 방앗간 틀에 열심히 갈아넣듯 넣어 보지만 나오는 것이라곤 애초에 집어넣은 것밖에 없는 그런 친구다." (Emerson, Journal, vol. 5, 481을 보라.) 1853년

1월 3일 주일 아침, 교회당의 종소리를 들으면서 Emerson의 친구 Henry David Thoreau는 자신의 일기에 이렇게 썼다. "오늘 아침 종소리는 유난히 듣기 좋다. 언제 이렇게 열심히, 오래 들은 적이 있던가 싶다. 좌우간 종교란 실제보다 훨씬 더 듣기 좋은 소리를 내는 법인가보다. 정작 사람들이 그 소리를 듣고 가는 곳은 난로를 잘 땐, 따뜻한 교회당일 뿐이지만. 하지만 하나님은 서리 앉은 덤불 사이를 걷는 사람에게 자신을 나타내시곤 한다. 그 옛날 모세에게 불붙는 떨기 사이에서 나타나셨듯이 말이다" (*The Journal of Henry David Thoreau*, vol. 1, ed. Bradford Torrey and Francis H. Allen (New York: Dover, 1962), 511).

    5. G. Campbell Morgan, *Westminster Pulpit* (London: Pickering and Inglis, n.d.), 3:27.

    6. Charles H. Spurgeon, *The New Park Street Pulpit* (London: Alabaster and Passmore, 1859), 4:330.

    7. Joseph Parker, *The People's Bible* (London: Hazell, Watson and Viney, 1900), 16:176.

    8. A.W. Tozer, *Born after Midnight* (Harrisburg, pa: Christian Publications, 1959), 92-95.

    9. Luccock, *Minister's Workshop*, 112.

    10. Blake와 상상에 관한 한 훌륭한 논문으로는 Northrop Frye, "Blake's Bible" in *Myth and Metaphor*, ed. Robert D. Denham (Charlottesville: Univ. Press of Virginia, 1990), 270-86을 보면 좋다. 나 역시 이 논문에서 많은 것을 얻었다. 알다시피 Northrop Frye는 꽤나 나이가 먹어서 목회자가 되려고 훈련을 받았으나 막상은 교육 분야로 옮겼고 마침내 문학 비평가와 교수로 이름을 날린 사람이다. 그는 문학을 제대로 이해하려면 성경 및 그리스 로마 신화를 잘 알고 있어야 한다는 신념을 갖고 있었다. 이 책에서 종종 그를 들먹이게 될 것이다.

각주

4장

1. David Buttrick, *Homiletic: Moves and Structures* (Philadelphia: Fortress, 1987), 113.

2. H. Grady Davis, *Design for Preaching* (Philadelphia: Fortress, 1958). Buttrick이나 Davis나 설교에 있어 고전적 무기를 내던지고 핵시대에 목회하는 설교자들에게 의미있을 방식을 과감히 취한다는 점에서는 같다. Davis는 설교자들을 위해 새로운 어휘를 과감히 발전시키고자 했으며, Buttrick은 현대 커뮤니케이션 이론에서 도움을 얻곤 했다. 진지한 설교자라면 이들의 책을 함부로 외면할 수는 없을 것이다.

3. Buttrick, *Homiletic*, 132.

4. Sallie McFague, *Metaphorical Theology* (London: SCM, 1983), 26. McFague는 은유와 모형에 대해 아주 훌륭한 논리를 펼치고 있다. 그녀가 정리한 각주와 참고서적 부분도 큰 도움이 된다.

5. Emerson, *Nature*, 32. James Barr가 *The Semantics of Biblical Language* (London: SCM, 1983), 09에서 "어떤 말의 어원을 밝혔다 해서 그 말의 의미가 드러나는 것은 아니다. 다만 그 말의 역사가 드러날 뿐이다"라고 한 경고성 발언을 모르는 바는 아니나 어쨌든 Emerson의 예를 인용했다. '단어 연구'를 지나치게 해대는 사람들이 있다 해서 그런 연구 자체를 완전히 무시해 버린다는 것은 말이 안된다.

6. Eva Feder Kittay, *Metaphor: Its Cognitive Force and Linguistic Structure* (Oxford: Clarendon, 1987), 39.

7. Janet Martin Soskice, *Metaphor and Religious Language* (Oxford: Clarendon, 1985), 15.

8. Leland Ryken, *The Liberated Imagination* (Wheaton, Ill.: Harold Shaw, 1989), 137에서 인용. Conrad는 자신의 소설 *The Nigger of the Narcissus*의 서문에서 이 말을 썼다.

9. 그 연극에서 M. Jourdain은 철학 선생에게 이렇게 묻는다. "뭐라구요? 아니, 그렇다면 내가 '얘, Nicole, 내 슬립퍼 하고 잘 때 쓰는 모자 좀 갖다 주련' 하고 말하면 그게 산문이 된다 이런 얘깁니까?" 철학 선생이 대답했다. "그렇습니다." 그러자 M. Jourdain이 외쳤다. "맙소사! 내가 사십 년 이상을 알지도 못하면서 산문을 발표한 셈 아니오." Moliere, *Le Bourgeois Gentilhomme*, act 2, sc. 4.

10. George Lakoff and Mark Johnson, *Metaphors We Live By* (Chicago: Univ. of Chicago Press, 1980). 비록 이 책은 저자들이 따르는 의미론의 입장을 방어하기 위해 쓴 것이지만, 일상 생활에서 은유가 차지하는 위치에 관한 서론적 연구로서는 탁월한 책이다. 이들이 쓴 두번째 책, *More Than Cool Response: A Field Guide to Poetic Metaphor* (Univ. of Chicago Press, 1989)는 시에서 은유가 어떤 식으로 작용하는지를 설명한 책으로서 독자들로 하여금 기본적으로 시란 무엇인지 이해할 수 있도록 돕는다. Lakoff가 쓴 *Women, Fire, and Dangerous Things* (Univ. of Chicago Press, 1987)는 은유와 의미론 및 심리학을 함께 다루는 책으로서 솔직히 내가 이해하기엔 너무 어렵고 복잡한 책이다. 은유에 대해 좀더 쉬운 것을 읽으려면 Terence Hawkes, *Metaphor* (London: Methuen, 1972)를 보라.

11. Kittay, *Metaphor*, 5.

12. Aristotle, *Poetics*, in *The Works of Aristotle* in *The Great Books of the Western World*, vol. 9, p. 694 (Chicago: Encyclopedia Britannica, 1952).

13. 19-20절에서 '사로잡다'는 뜻으로 번역된 단어가 '취하다'는 뜻도 될 수 있다는 점은 특기할 만하다. 물이 술로 변했다! 우리 주님께서 혼인 잔치에서 행하신 첫번째 기적(요 2장)과 무슨 상관이 있을까?

14. 데살로니가전서 4:6에서 '이용하다'는 말이 '속여서 빼앗다'는 뜻으로 사용되는 점을 보아 사도 바울도 같은 얘기를 하고 있는 셈이다. 은행에서 돈을 꺼내는 방법은 두 가지다. 은행을 터는 것이 한 가지. 물론 이 경우 자신에게 큰 부담을 안겨

주겠지만. 다른 한 가지는 은행의 고객이 되어 자꾸 저축을 하는 것이다. 그래서 그 은행이 제공할 수 있는 온갖 이점을 누리는 것이다. 혼외 정사란 말하자면 은행을 털어 남의 돈을 꺼내는 일과 같다. 반면 결혼이란 남편과 아내로서 하나님의 뜻을 함께 따르는 헌신된 관계인 것이다.

15. McFague, *Metaphorical Theology*, 201에서 인용. Lewis는 신학적 저술이나 소설도 상당히 쓸 수 있으면서도 아이들 이야기 또한 매력적으로 잘 쓴다. 건강한 상상력을 지닌 사람이라는 표시가 아닐 수 없다.

16. H. Richard Niebuhr, *The Responsible Self* (San Francisco: Harper & Row, 1963), 151-52.

17. McFague, *Metaphorical Theology*, 17.

18. 성경을 연구하는 사람들은 에스겔 34장에서 선지자가 백성을 착취하며 백성의 필요에는 정작 눈을 감아버리는 정치 지도자들을 꾸짖는 장면이 생각날 것이다.

19. Kittay, *Metaphor*, 316 이하를 보라. 은유를 설명하는 것조차 은유일 때가 종종 있다.

20. Eugene H. Peterson, *Answering God* (San Francisco: Harper & Row, 1989), 69에서 인용.

21. Aristotle *Rhetoric* 3. 10을 보라.

22. 이 이야기는 어느 월요일 아침 시장에서 맞닥뜨린 두 농부에 대한 이야기다. 한 사람이 이렇게 묻는다. "어제 목사 양반이 뭐라고 설교하던가?" 그러자 다른 한 사람이 대답한다. "뭐, 맨날 똑같은 소리지. 딩동, 딩동, 딩동!" 그러자 처음 농부가 미소를 띠며 말한다. "그래도 자네는 행운이야! 우리는 밤낮 딩-딩-딩-딩일세!"

23. 마가복음 5:25-34을 보라.

5장

1. Whyte, *Bible Characters*, 244.

2. McFague, *Metaphorical Theology*, 26.

3. Walter Brueggemann, *Finally Comes the Poet: Daring Speech for Proclamation* (Minneapolis: Fortress, 1989), 85. 이 책은 워낙 흥미로운 개념을 많이 다루고 있기 때문에 일독만으로는 부족하다. Brueggemann은 시와 선포 사이의 관계를 설명할 뿐만 아니라 정보와 상상에 대해서도 설명하는데, 그 설명하는 방식 또한 상상력이 풍부하고 창의적이다.

6장

1. Northrop Frye, *The Educated Imagination* (Bloomington, Ind.: Indiana Univ. Press, 1964), 135.

2. Ellen Y. Siegelman, *Metaphor and Meaning in Psychotherapy* (New York: Guildford, 1990), 42.

3. Philip Keane, *Christian Ethics and Imagination* (New York: Paulist, 1984), 63.

4. Cynthia Ozick, "The Moral Necessity of Metaphor" *Harper's*, May 1986, 62-68.

5. Harvey Cox, *Religion in the Secular City* (New York: Simon and Schuster, 1984), 204. 또한 H. Richard Niebuhr, *The Responsible Self* (New York: Harper and Row, 1963), 149-60을 보라. "Metaphors and Morals"라는 제목이 붙은 부록은 상징이 언어나 신앙에서 차지하는 비중이 얼마나 큰지를 보여 주는 글이다.

6. Luccock, *Minister's Workshop*, 112.

7. Brueggemann, *Finally Comes the Poet*, 84.

8. Ibid., 109-10.

각주

7장

1. Robert N. Bellah, *The Broken Covenant* (New York: Seabury, 1975), 71.

2. Ibid., 72.

3. 3장에서 이 점을 다룬 적이 있다. Blake는 Bacon, Newton, Locke 등을 참된 인간성의 적으로 보았다. 왜냐하면 이들이 소위 과학적이며 '실제적'인 것만을 강조하면서 상상과 시가 인간에게 얼마나 중요한지를 간과했기 때문이다. Bellah는 덧붙이기를, "Jefferson의 세 영웅이 바로 이 Bacon, Newton, Locke였던 점을 생각할 때, 다른 소위 국부들과 더불어 공화당 초기 지도자들의 단견이 얼마나 심했겠는지를 짐작해 볼 수 있다"고 했다.

4. Oswald Chambers, *My Utmost for His Highest* (New York: Dodd, Mead and Company, 1965), 41. Chambers는 상상을 "성도로 하여금 자기 자신에게서 벗어나와 전에 한 번도 들어가 본 적이 없는 관계로 들어갈 수 있게 해 주는 하나님의 능력"이라 정의했다.

5. Jerry Mander, *Four Arguments for the Elimination of Television* (New York: Quill, 1978), 131.

6. Rollo May, *The Cry for Myth* (New York: W.W.Norton, 1991), 57에서 인용.

7. "The Place of Pornography," *Harper's*, November 1984, 33. 포르노그래피에 대해 그녀는 "결말 없는 섹스"란 말을 하는데, 정결함에 대한 하나님께서 세우신 법을 어기고도 아무런 결말, 즉 자신들이 뿌린 것을 거두지 않는다는 말은 아니다. 오히려 하나님의 법을 어기는 사람들 마음 속에 그저 무법으로 행할 뿐 그 결과에 대해서는 생각하지 않는 무법성이 있다는 뜻이다. 한편 이 책에는 Decter 뿐만 아니라, *Harper's*를 편집한 Lewis H. Lapham, 선정적인 잡지 출판인 Al Goldstein, 소설가 Erica Jong, 포르노를 반대하는 여성 모임의 창시자 Susan Brownmiller, Massachusetts 대학의 정치학 교수 Bethke Elshtain, 그리고 시민

운동가인 Aryeh Neier 등이 기고했다. 포르노 산업은 미국에서만도 연간 7억불을 웃도는 거대 산업이라는 사실 하나만으로도 그 강세를 짐작할 수 있다.

8. Mark Schorer, "The Necessity of Myth" in *Myth and Mythmaking*, ed. Henry A. Murray (Boston: Beacon, 1968), 357.

9. Siegelman, *Metaphor and Meaning*, 9. 교육에 있어 상상이 차지하는 중요한 역할에 대해서는 Kieran Egan and Dan Nadaner, eds., *Imagination and Education* (New York: Teachers College Press, 1988)과 Kieran Egan, *Imagination in Teaching and Learning* (Chicago: Univ. of Chicago Press, 1992)을 보라. 또한 Howard Gardner와 Ellen Winner가 *On Metaphor*, ed. Sheldon Sacks (Chicago: Univ. of Chicago Press, 1979), 121-39에 발표한 연구 논문을 보라. Gardner와 Winner는 "중기 아동기에 있어 나타나는, 문자에 매이는 야릇한 경향"을 주목했다(p. 134).

10. Clifton Fadiman, *The Little, Brown Book of Anecdotes* (Boston: Little, Brown, 1985), 452.

11. Egan, *Imagination in Teaching*, 4.

12. 세속적인 관점에서 텔레비전의 영향에 대해 논한 것으로 "Television Looks at Itself," *Harper's* March 1985가 흥미롭다. 텔레비전 산업에 종사하는 여덟 명-프로듀서, 작가, 간부 등-이 텔레비전이란 무엇이며 어떻게 돌아가야 하는가에 대해 그 세계 내부에서 일하는 사람의 관점을 제시한다.

13. Mander, *Four Arguments*, 132.

14. Ibid., 200.

15. Neil Postman, *Amusing Ourselves to Death* (New York: Viking, 1985), 31. 그의 연극 *Man and Superman* 3장에서 George Bernard Shaw는 동상으로 하여금 "한 마디로 지옥이란 자신을 즐겁게 하려는 일 말고는 달리 할 일이 없는 곳"이란 말을 하게 하고 있다.

16. Malcolm Muggeridge, *Christ and the Media* (Grand Rapids:

Eerdmans, 1977), 67에서 인용.

17. Postman, *Amusing Ourselves*, 111.

18. John Fiske and John Hartley, *Reading Television* (London: Methuen, 1978), 190에서 인용.

19. Muggeridge, *Christ and the Media*, 81.

20. Ibid., 92. 기독교 신앙에 있어 말의 중요성을 논한 것으로는 Jacques Ellul, *The Humiliation of the Word* (Grand Rapids: Eerdman, 1985)를 보라. Ellul은 철학적, 신학적 관점에서 대중 매체를 논하고 있는데 정말 통찰력이 있을 뿐만 아니라 사람의 마음을 심란하게 하는 글이다.

21. Ibid., 88.

22. *USA Today*, 16 March 1992, p. 1D.

23. Neil Postman, *U.S. News and World Report*, 19 January 1981, 43.

24. 재담가들이 텔레비전에 나와 고작 시원찮은 배우로 전락하는 모습이 나로선 달갑지 않다. 예를 들어 나이든 Bob Newhart가 "telephone routines"에서 보여 주는 모습은 그리 가치있어 보이지 않는다. 그 프로는 우리 자신의 이미지를 쌓아 볼 자유를 주긴 하지만 텔레비전에 나오는 Newhart는 별로 재미있지 않다. 우리 시대 최고의 일인극 코미디언이라 할 Bill Cosby의 경우도 마찬가지다. Garrison Keillor가 텔레비전에 나왔을 때는 차라리 눈을 감고 귀로만 듣는 것이 더 나았다. 상상 속에 떠오르는 영상이 더 나았음도 물론이다.

25. Andrew A. Bonar, *Memoir and Remains of Robert Murray M'Cheyne* (London: Banner of Truth, 1966), 29.

26. 윤리적 행위에 있어 상상이 갖는 위치에 대해서는 Mark Johnson, *Moral Imagination* (Chicago: Univ. of Chicago Press, 1963)을 보라. "인지학"(cognitive science)의 성과에 힘입어 Johnson은 상상이 어떤 윤리적 결단을 하는 과정에서 갖는 기능을 설명한다. 복음주의 그리스도인으로서는 Johnson이

도덕적 절대성에 대해 갖는 입장을 비판할 수 있겠으나, 그렇다고 그에게서 배우지 못할 바는 아니다. 최소한 그는 분명한 도덕적 결단을 하는 데 있어 상상이 얼마나 중요한 역할을 하는지를 강조해 주지 않는가!

8장

1. Eugene Peterson, *Answering God* (San Francisco: Harper and Row, 1989), 69에서 인용. 시편을 개인 기도의 훌륭한 도구로 삼는 아주 좋은 책이다. 특히 "은유"에 관한 장이 좋다.

2. Siegelman, *Metaphor and Meaning*, 67.

3. Ibid., 65.

4. G.K. Chesterton, "A Defense of Nonsense," in *Great Essays*, ed. Houston Peterson (New York: Washington Square, 1950), 318.

5. 이 제목의 글은 *Of God and Man* (Harrisburg, Pa: Christian Publications, 1960), 116-18에서 볼 수 있다.

6. McFague, *Metaphorical Theology*, 17.

7. Siegelman, *Metaphor and Meaning*, 55에서 인용.

8. Siegelman, *Metaphor and Meaning*, 44.

9. Alfred North Whitehead, *The Aims of Education* (New York: Macmillan, 1929), 139.

10. Ibid., 140.

11. Phillips Brooks, *The Joy of Preaching* (Grand Rapids: Kregel, 1989), 54. 이 책은 Brooks의 *Lectures on Preaching*을 개정하여 낸 책이다. 원래의 강연은 1877년 예일대학에서 연례적으로 행하는 Lyman Beecher Lectures series의 일환으로 이루어졌다. 내 개인적인 생각으로는 이후 미국에서 설교며 목회에 관해 나온 책들이란 죄다 이때 Brooks가 강연에서 한 말을 각주하듯 나온 것이라 해도 과언이 아니라고 본다. 그런데 Brooks는 자기가 한 말 중에는 정작 자기가 실천

하지 않는 것들도 있다는 고백을 한 바 있다. 그는 George A. Gordon 박사에게 이런 말도 했다. "내가 흥미를 갖고 있는 시점에선 아직 모호하고, 막상 분명한 정의를 내리고 나면 멍청해지는 것 같습니다." Edgar DeWitt Jones, *The Royalty of the Pulpit* (New York: Harper and Row, 1951), 20을 보라.

12. 히브리어나 희랍어에서 실제 들어 있는 것보다 더 많은 것을 짜내려고 하는 해석학적 위험성을 모르는 바는 아니다. 하지만 성경의 단어 중 다수는 아직도 풀려 나와야 할 상상을 담고 있으며, 그렇게 될 때 하나님의 진리는 보다 생생하고 흥미진진한 것이 되리라 본다. "어원 연구란 그 단어의 역사에 관한 것이지 의미에 관한 것이 아니다"는 James Barr의 말은 맞지만, 그렇다고 그 말 때문에 주석 작업을 하는 데 있어 위축될 필요는 없다. James Barr, *The Semantics of Biblical Language* (London: SCM, 1983), 109를 보라.

13. Benjamin Keach의 *Tropologia: A Key to Open Scripture Metaphors*는 원래 런던에서 1855년에 출간된 책이다. 그랬다가 1972년에 Kregel이 *Preaching from the Types and Metaphors of the Bible*이란 제목으로 다시 냈다. 과연 연구할 가치가 있는 책이긴 하지만 부디 은유에 대한 저자의 관점을 수용하진 말았으면 한다. 이 점에 관해 Spurgeon이 *Commenting and Commentaries*에서 잘 말했다. "존경하는 전임자께서 은유를 무슨 지네처럼 다리가 많이 달리게 했을 뿐만 아니라 많은 사람에게 도움이 되게스리 하셨지만, 그분의 작품은 일단 구식이라고 봐야 합니다. 그렇다고 경멸해서는 안되겠지만 말입니다." (London: Banner of Truth, 1969), 155. Benjamin Keach는 후일 Metropolitan Tabernacle이 된 교회의 2대 목사였다. 그는 1668년에서 1704년까지 36년간 그 교회에서 봉사했다.

14. Conrad Cherry, *Nature and Religious Imagination* (Philadelphia: Fortress, 1980), 5에서 인용. Cherry는 Bellah가 말한 바 Jonathan Edwards 이래로 미국에서 종교적 상상력이 퇴보해 왔다는 말에 동의한다. 하지만 Bushnell 이후 다시 되살아나고 있다는 것 또한 Cherry의 생각이다. 그

는 Bushnell의 접근방식을 '종교적 낭만주의'라 호칭했다. Cherry의 책은 Edwards에서 Bushnell에 이르는 150여 년 동안 미국 신학과 설교에 있어 상상력이 가졌던 위치에 대해 조사한 좋은 책이다.

9장

1. 전쟁 후의 노략과 약탈 같은 상황을 은유로 말한 부분을 읽다 보면 "도대체 성경에서 누가 실제로 이런 상황을 만났을까?" 하는 궁금증을 갖게 된다. 아브라함 생각이 날 수도 있고(창 14:17-24), 아간이나(수 7장) 사울 왕(삼상 15장) 생각이 날 수도 있다. 어쨌든 주석을 함에 있어서나 묵상을 함에 있어 이같은 사례를 생각해 보는 일은 좋은 것이다. 성경공부를 할 때 자신과, 혹은 우리 대적과 전투를 벌이지 않고는 진정한 유익을 얻을 수 없다는 은유로 해석해 볼 수도 있는 것이다.

2. Anne Morrow Lindbergh, *The War Within* (New York: Harcourt Brace Jovanovich, 1980), 171. 여기서 저자는 프랑스 조각가 Charles Despiau가 파리의 스튜디오에서 저자의 두상을 조각해 주는 동안 이런저런 것을 배운 경험을 얘기한다. 조각가가 일을 하는 동안 시간을 완전히 잊은 듯 몰두하는 모습을 저자는 찬탄해마지 않는다. 그런데 Despiau는 예술가가 하루에 그저 3분만 분명히 볼 수 있으면 그것만으로 충분히 작업이 가능하다는 말을 한다(p. 91). 그는 또 "앞으로 나아가려면 도리어 뒤로 물러나야만 합니다"라는 말도 한다(p. 150). 아름다운 예술 작품을 탄생시키는 것과 마찬가지로 메시지를 준비하는 것도 시간과 인내를 요구하는 작업이다. 그런 의미에서 목회자도 가끔씩 뒤로 물러나 자신의 사역 안에서 무엇이 진정 '성장하고 있는지' 돌아볼 필요가 있다. 이렇게 말한다고 해서 설교가 그저 한편의 문학이요 독자들의 탄성을 겨누는 종교 수필과 같은 것이란 뜻은 아니다. 설교란 모름지기 청중의 내면에 그리스도 '아기'가 태어나고, 그들의 삶에나 교회의 생활에 특별한 목적을 성취할 수 있어야 하겠다는 말일 뿐이다. 나중에 더 살펴보게 되겠지만 사실 설교자나 가르치는 사람은 여러 면에서 창의적인 예술가들로부터 배울 바가 많다.

각주

3. Thomas Merton, *The Monastic Journey* (Garden City, N.Y.: Doubleday Image, 1977), 50.

4. Jill Morgan, *A Man of the Word* (London: Pickering and Inglis, 1951), 188.

5. George W. Truett, *The Prophet's Mantle* (Nashville: Broadman, 1948), 143-54. 설교는 *20 Centuries of Great Preaching*, ed. Clyde E. Fant, Jr., and William M. Pinson, Jr. (Waco, Texas: Word, 1971)의 8권, 174-81에 실려 있다. 흥미롭게도 George H. Morrison은 같은 본문을 사용해 "The Perils of the Middle-Aged"라는 설교를 썼다. Morrison의 *The Wings of the Morning* (London: Hodder and Stoughton, n.d.), 131-44를 보라.

6. James S. Stewart, *The Gates of New Life* (Edinburgh: T & T Clark, 1939), 102-11.

7. Willard L. Sperry, *Sermons Preached at Harvard* (New York: Harper & Brothers, 1953), 37-44.

8. Frank Boreham, *A Bunch of Everlastings* (Philadelphia: judson, 1949), 210-21. William Knibb(1803-1845)는 자마이카에서 사역한 영국 선교사로서 노예 제도에 반대한 인물이다.

9. *The New Park Street Pulpit* (Pasadena, Texas: Pilgrim, 1981) 4:473을 보라. 미국 설교학 교수회 회장인 Andrew W. Blackwood는 "만약 Spurgeon이 사사기의 내용이나 풍, 글의 특색 같은 것을 좀더 생각했더라면 삼손의 이야기를 갖고 성화와 헌신의 예로 삼아 설교하지는 않았을 것"이라고 썼다. Blackwood의 *The Preparation of Sermons* (Nashville: Abingdon-Cokesbury, 1958), 52를 보라. Spurgeon은 "Our Champion"이란 설교에서 삼손을 그리스도의 모형으로까지 해석한 적이 있다. *The Metropolitan Tabernacle Pulpit*, 52:493.

10. John A. Broadus, *A Treatise on the Preparation and Delivery*

of Sermons (New York: A.C. Armstrong and Son, 1897), 51.

   11. Broadus, *Treatise*, 62.

   12. 어떤 신학교 교수들은 설교하는 사람이 자기가 쓸 본문을 나름대로 번역해서 써야 한다고 말하는데, 사실 바쁜 설교자들로서는 시간 내기도 어렵거니와 성경 원문을 번역할 수 있을 정도로 능통한 사람도 많지 않은 실정이다. 하기사 설교자도 여러 가지 도구를 사용하면 한껏 나름의 번역을 할 수야 있겠지만, Emerson이 한 말을 빌어 표현하자면, 누가 강에다 다리를 건설해 놨는데 뭐하러 헤엄쳐 건너겠는가?

   13. 내가 신학생 시절에 Charles W. Koller 박사와 Lloyd M. Perry 박사 같은 유능한 설교학 교수 밑에서 배웠다는 것은 큰 행운인데, 이 양반들 얘기가 설교를 준비할 때는 삽으로 땅을 한삽 한삽 떠내듯 해야 한다는 것이었다. 그래서 우리는 숙제로 설교 개요와 더불어 사실적 자료도 함께 제출하곤 했는데, 그 이유인즉슨 설교를 탄탄한 정보와 땀으로 준비해야지 '영감'에만 지나치게 의존해서는 안된다는 그분들의 지론 때문이었다. Dr. Koller's *Expository Preaching Without Notes* (Grand Rapids: Baker, 1962)와 Dr. Perry's *Biblical Sermon Guide* (Grand Rapids: Baker, 1970)를 보면, 두 책 모두 사실적 자료를 수집하여 주석과도 같은 설교를 준비하는 작업에 대해 논하고 있음을 볼 수 있다. Koller 박사가 쓴 책에는 그분 자신이 쓴 열다섯 편의 설교 본문이 들어 있다. 신학교 시절에도 이 양반들이 설교한다고 하면 채플에 빠지는 학생이 없었다!

   14. 엄밀히 말해서 어떤 것을 완전히 객관적으로 연구한다는 것은 있을 수 없다는 것, 왜냐하면 관찰자 자신이 이미 관찰의 과정에 개입되어 있기 때문에 완전히 중립적인 관찰이란 가능하지 않다는 것을 알고 있다. 그렇기 때문에 하나님의 말씀을 연구하는 사람은 누구든지 자신이 지닌 편견이 무엇인지 자각하고 있어서 말씀을 연구할 때 한껏 객관적이려고 노력하는 길밖에는 없다고 봐야 한다.

   15. Leland Ryken이 성경의 문학성을 이해하는 데 도움이 되는 책을 여러 권 썼다. *How to Read the Bible as Literature* (Grand Rapids:

Zondervan/Academie, 1984); *The Literature of the Bible* (Grand Rapids: Zondervan, 1974); *The Christian Imagination* (Grand Rapids: Baker, 1991)을 보라. 이 방면에 유용한 다른 책으로는 *The Bible in Its Literary Milieu*, ed. John Maier and Vincent Tollers (Grand Rapids: Eerdmans, 1979)가 있다. 또한 Roy B. Zuck's *Basic Bible Interpretation* (Wheaton, Ill.: Victor, 1991); chapter 6, "Bridging the Literary Gap"을 읽어 볼 것을 권하는데 이 방면을 논의하는 데는 그만인 글이다. 또한 Sidney Greidanus, *The Modern Preacher and the Ancient Text* (Grand Rapids: Eerdmans, 1988)는 현대 문학 이론을 성경 해석학과 주석 작업에 원용하는 아주 좋은 책이다. 저자는 풍부한 자료를 요약한 다음 그 내용이 어떻게 성경 연구와 설교 준비에 적용될 수 있는지를 보여 준다. 좀 오래된 책이지만 지금도 유용한 책으로 E.W. Bullinger, *Figures of Speech Used in the Bible* (Grand Rapids: Baker, 1968)이 있다.

16. 그런 점에서는 사실 '문자적'이란 말 자체도 은유적이거니와 어쨌거나 뜻인즉슨 '문자에 따르면'이란 말이다. 그 말 속에 들어 있는 그림은 어떤 학생이 서체 연습장을 가지고 거기 인쇄되어 있는 글을 따라 적는 모습과도 같은 것이다. Emerson이 말한 대로 글자 하나하나가 원래는 그림이었다.

17. 문학 비평의 여러 종류 및 성경 해석학에의 적용에 관한 좋은 연구서로 David Alan Black and David S. Dockery, eds., *New Testament Criticism and Interpretation* (Grand Rapids: Zondervan, 1991)이 있다.

18. 신약의 의미론 분야를 연구하는 데 유용한 도구라 할 수 있는 책으로 *Greek-English Lexicon of the New Testament Based on Semantic Domains*, ed. Johannes P. Louw and Eugene A. Nida, 2 vols. (New York: United Bible Society, 1989)가 있다.

19. 내가 '독자'란 말 대신에 '청중'이란 말을 쓴 까닭은 원래 성경 말씀이란 글로 기록된 것을 읽었다기보다는 말로 발언되는 것을 들었던 기록이기 때문이다. 설령 글로 기록하더라도 그 글은 사람들에게 낭독할 용도로 기록되었던 것이다. 나아가

서 오늘날 우리가 갖고 있는 것과 같은 기록된 성경 말씀을 개인이 읽을 때조차도 성경은 '들어야' 할 말씀이다. 사실 목회자는 매일 성경 연구의 한 부분으로서 성경을 크게 읽고 그 말씀을 스스로 듣는 일을 꾸준히 해야 한다. 대중 앞에서 성경을 부실하게 읽는다는 사실은 혼자 있을 때에 기도 가운데 그 말씀을 읽는 일이 선행되지 않았기 때문이다. Campbell Morgan이 낭독하는 성경만 들어도 다른 사람이 그 본문을 가지고 설교하는 걸 듣는 것보다 낫다고 하질 않는가!

20. 성서 신학과 설교에 관해 길지 않으면서도 통찰력 있는 토론을 Greidanus, *Modern Preacher*, 67-72에서 읽을 수 있다. Geerhardus Vos, *Biblical Theology, Old and New Testaments* (Grand Rapids: Eerdmans, 1948); Edmund P. Clowney, *Preaching and Biblical Theology* (Grand Rapids: Eerdmans, 1961); Gordon R. Lewis and Bruce A. Demarest, *Integrative Theology* (Grand Rapids: Zondervan/Academie, 1987); Alan F. Johnson and Robert E. Webber, *What Christians Believe* (Grand Rapids: Zondervan/Academie, 1989)를 또한 보라. 이중에서도 나중 두 권이 성서 신학 및 역사 신학적 관점에서 기독교 신앙의 주요 교리를 요약 설명해 준다.

21. Louis Berkhof, *The History of Christian Doctrines* (Grand Rapids: Baker, 1975); Geoffrey W. Bromiley, *Historical Theology: An introduction* (Grand Rapids: Eerdmans, 1978); Gordon R. Lewis and Bruce A. Demarest, *Integrative Theology* (Grand Rapids: Zondervan/Academie, 1987); Alan F. Johnson and Robert E. Webber, *What Christians Believe: A Biblical and Historical Summary* (Grand Rapids: Zondervan/Academie, 1989)를 보라.

22. Santayana의 인용문은 그가 쓴 *The Life of Reason*, volume 1, chapter 12에 나온다. 그리고 Whitehead를 인용했지만, 내가 그의 '과정 철학'이나 '과정 신학'의 관점에 동의하기 때문은 아니다. 하지만 일이 변화되는 방식이 장차를 결정한다는 말은 일리가 있다. George Orwell의 소설 『1984』에서 "과거를 조종

했던 자가 미래도 조종한다. 현재를 조종하는 자가 과거를 조종한다"(part 1, ch. 3)는 당의 슬로건이 생각난다. Earle E. Cairns, "Christian Faith and History" in *Christianity and the World of Thought*, ed. Hudson T. Armerding (Chicago: Moody, 1968); George A. Buttrick, *Christ and History* (Nashville: Abingdon, 1963); Colin Brown, *History and Faith* (Grand Rapids: Zondervan/Academie, 1987); Herbert Butterfield, *Christianity and History* (New York: Scribners, 1950)를 보라. 어떤 역사학자도 순수한 의미에서 객관적일 수는 없다. 자료를 선택하는 것조차도 다분히 주관적인 행위다. 그렇다고 역사학자들이 하는 일을 모조리 없앨 수도 없는 노릇이다. 그건 더 큰 비극이다.

23. Harry Emerson Fosdick, *The Living of These Days* (New York: Harper, 1956), 230.

24. Karl Barth's *Homiletics* (Louisville: Westminster/John Knox, 1991)의 서문에서 Geoffrey Bromiley는 이렇게 썼다. "칼 바르트에게 신학은 그 자체로 목적일 수 없는 무엇이었다. 즉 신학은 교회의 고귀한 사역과 떨어져 별도로 있을 수 없는 학문이라는 것이다. 신학은 그저 교회가 선포하는 바를 성경 말씀의 기준을 따라 계시된 하나님의 말씀을 증언하는 데 충실한가 아닌가를 비판적으로, 또 건설적으로 검증하는 이차적 직무를 수행할 따름이다."

25. Philip Schaff, *The Creeds of Christendom* (Grand Rapids: Baker, 1977), 1:6.

26. "성경적인 설교를 하는 데 있어 그 성경 말씀이 청중에게 뿐만 아니라 설교자 자신에게도 향한 것이라는 사실을 깨닫는 것보다 더 중요한 것은 없다. 따라서 말씀이 도전해 오는 대로 씨름을 치러야 한다는 점에서 설교자나 청중이나 다를 바가 없는 것이다." Leander E. Keck, *The Bible in the Pulpit* (Nashville: Abingdon, 1978), 63.

27. Phillips Brooks, *Lectures on Preaching* (Grand Rapids: Baker, 1969), 8. Kregel 출판사가 *The Joy of Preaching*이란 제목으로 낸 같은 책에는

문단마다 제목이 붙어 있어 이 긴 강연을 읽기가 한결 수월하도록 돕는다. 내 생각으론 Brooks의 *Lectures on Preaching*은 미국에서 출간된 설교학 책 가운데 백미라 할 책이다. 그외의 나머지 책들은 Brooks가 1877년에 예일에서 행한 강연에 대한 주석이라 해도 과언이 아니다.

28. 이것은 Emerson이 1838년 7월 15일 일요일 저녁 하버드에서 행한 유명한 "Divinity School Address"에서 나온 말이다. Emerson이 신학교를 중퇴한 사람이라는 사실이 신학교측의 호감을 사는 데 보탬이 된 것은 없었다. 사실 그를 초대한 것도 졸업반 학생들이지 학교가 아니었다. 신학교측이 당시의 충격을 가라앉히고 Emerson을 다시 초대한 것은 삼십 년 후의 일이었다. 어쨌든 Emerson은 설교를 "도덕적 감상을 생활의 의무에 적용케 하는 한 가지 표현 방식"이라 정의했다. 그가 행한 강연은 가히 Emerson적이라 할 수 있는 초월주의적 성향이 안개처럼 무성했지만 어쨌거나 교회와 설교에 대해 언급한 몇 가지는 오늘날 우리가 들어도 상당히 괜찮은 내용들이다.

29. 이사야 6장에 기록된 이사야의 체험은 하나님께서 우리에게 어떻게 사역을 준비시키는지를 보여 주는 예로 곧잘 인용된다. 이사야는 주님을 본 즉시 자신을 볼 수 있게 되었고, 또한 다른 사람들이 무얼 필요로 하는지를 볼 수 있게 되었다. 또 이사야는 경배하는 가운데 주님을 만났고, 주님은 그를 깨끗케 하시는 가운데 이사야를 만나셨다. 그런 다음 주님은 이사야에게 임무를 맡기신다. 한편 예레미야나 에스겔은 주님께 말씀을 받아 전할 수 있기까지 개인적인 고통을 감수해야 했다. 이런 예에서 보듯 메시지를 전하는 사람과 분리해 버릴 때 '인간의 인격을 통해 전달되는 하나님의 진리'를 맛볼 수 없다.

30. Bonar, *Menoir and Remains*, 36, 40.

31. *The Journal of Henry David Thoreau*, March 18, 1842.

32. Dwight E. Stevenson은 이렇게 썼다. "다른 사람의 생활 속에 들어가 그 사람의 감정을 느낄 수 있는 능력보다 참된 사역을 함에 있어 더 중요한 것은 없다… 단순히 남을 동정한다는 것이 아니라 공감할 수 있는 능력을 말하는 것인데 다른

사람의 존재에 나의 의식을 투영하는 상상의 작용이 이를 가능케 한다." *In the Biblical Preacher's Workshop* (Nashville: Abingdon, 1967), 113.

    33. 나는 '신화'란 말을 사람이나 사건, 혹은 기관과 관련돼 얽혀 있는, 보통은 그리 분명치 않은 통념의 덩어리를 의미하는 말로 쓴 것이다. 어쨌거나 신화는 사람들로 하여금 인생을 이해하고 사회 내에서 자신의 위치를 파악하고 살면서 부닥치는 일들을 견딜 힘을 얻도록 돕는다. 이 주제에 관한 좋은 입문서로는 Methuen and Co.에서 출판한 "Critical Idiom" 시리즈 가운데 K.K. Ruthven의 *Myth*를 꼽을 수 있다. 또한 James W. Cox, *Preaching* (San Francisco: Harper & Row, 1985)에서 "The Context of Preaching" 항목을 보면 도움이 되는 내용을 많이 배울 수 있다.

    34. "나는 늘 미국의 개척을 세계 도처에서 노예처럼 사는 사람들과 무지 때문에 고통받는 사람들을 풀어 주려는 섭리의 크나큰 계획으로 본다." John Adams가 쓴 글이다. 한편 George Washington이 초대 대통령 취임 때 이런 말을 했다. "자유의 성스러운 불길을 보존하고 공화국 형태의 정부가 이 세상에 존재할 수 있는 운명의 여부가 미국 국민의 손에 깊은 정도로, 어쩌면 최후로 달려 있는지도 모릅니다." Albert Gore 상원위원은 필리핀의 합병을 다음과 같은 말로 정당화했다. "하나님께서 영어권과 게르만의 사람들을 천 년이 넘도록 준비시킨 것은 공연한 것도 아니고 자기 도취에나 빠져 자화자찬이나 하라고 하신 것도 아닙니다. 오히려 세계를 구성하고 조직해서 혼돈을 제압할 수 있는 제도를 세우라 하신 것입니다… 하나님께서는 미국인을 택하셔서 마침내 세계를 구원할 나라가 되게 하신 것입니다." 이상의 인용문들이 Robert N. Bellah, *The Broken Covenant* (New York: Seabury, 1975), 33-34, 38에서 나온다. 한국과 월남에서 크나큰 전쟁을 치르고도 얻은 바가 적었을 뿐만 아니라 6-70년대의 사회 격변을 치른 마당에 위와 같은 말들이 다 무슨 소리냐고 할 사람도 많을 것이다. 그러나 미국의 '메시야 신화'는 지금도 수많은 사람들을 이끄는 빛이다. 그리고 "Horatio Alger myth" (혹은 "통나무 집에서 백악관으로" 신화), 즉 열심히 일하는 사람에게는 누구나 성공의 기회가 열려 있다는 신화나 매년

독립 기념일이나 노동절이면 들을 수 있는 미국의 시민 종교의 신앙 선언 같은 것도 여전히 통한다. WASP 교회의 목사는 흑인 교회 사역자가 갖는 장점을 누릴 수가 없다. 흑인 교회 같으면 사람들이 출애굽 사건을 그들을 묶고 인도하는 신화로 원용할 수가 있는 것이다.

35. 이 분야에선 다음의 책들이 도움이 된다. Samuel Volbeda, *The Pastoral Genius of Preaching* (Grand Rapids: Zondervan, 1960); Charles F. Kemp, *The Preaching Pastor* (St. Louis: Bethany, 1966); David H.C. Read, *Preaching About the Needs of Real People* (Philadelphia: Westminster, 1988); Wayne E. Oates, *The Bible In Pastoral Care* (Philadelphia: Westminster, 1953); Edmund Holt Linn, *Preaching as Counseling: The Unique Method of Harry Emerson Fosdick* (Valley Forge, Pa.: Judson, 1966); J. Peter Vosteen, "Pastoral Preaching" in *The Preacher and Preaching*, ed. Samuel T. Logan, Jr. (Phillipsburg, N.J.: Presbyterian and Reformed, 1986) 등.

36. Thomas H. Troeger, *Imagining a Sermon* (Nashville: Abingdon, 1990)과 Paul Scott Wilson, *Imagination of the Heart* (Nashville: Abingdon, 1988)를 보라. 두 책 모두 규격적인 설교 개요를 갖고 어떻게 창의적인 설교로 변형시킬 수 있는지에 대해 좋은 제안을 해 주고 있다.

10장

1. 내가 저술한 *Bible Exposition Commentary* (1989)와 *Wiersbe's Expository Outlines on the New Testament* (1992), *Wiersbe's Expository Outlines on the Old Testament* (1993) 및 Victor Books에서 낸 BE series의 각 주석들을 참고하라. 또한 Oliver-Nelson에서 출판한 *With the Word*도 보라.

2. 나는 용감하게도 전도서를 *Be Satisfied* (1990)에, 요한일서를 *Be Real*

(1979)에 요약하려고 시도했는데, 두 책 다 Victor Books에서 출판했다. 하지만 눈치빠른 독자라면 내가 제일 중요하다고 생각하는 주제를 책 전체에 덮어 씌움으로써 요약했다는 사실을 알아차릴 수 있었으리라. 나는 전도서를 이생에서 어떻게 하면 만족을 얻을 수 있을 것인지를 연구한 책으로, 요한일서는 진정한 그리스도인의 생활이 무엇인지를 말하는 책으로 요약했다. 만약 누군가 다른 주제를 더 중요한 면으로 파악해서 요약한다면 나와는 사뭇 다른 요약을 내놓을 수 있을 것이다. *Be Joyful*이라는 책에서 나는 빌립보서를 그리스도인의 기쁨을 말하는 책으로 해석했지만, 사실 그 서신을 갖고 그리스도인의 연합이나 종의 정신을 주된 테마로 잡고 다르게 요약해 볼 수도 있는 것이다. 그런 의미에서 연구하는 사람이 어떤 각도에서 조망하느냐에 따라 결과도 다르다는 사실은 피할 수 없는 것이다.

3. 요한계시록이 아마 유일한 예외가 아닐까 싶다. 세대론적 전천년주의자들이 곧잘 그렇게 하듯 요한계시록 1장 19절을 "영감받은 개요"로 본다면 말이다. 하지만 셋이 아니라 둘로 나눌 수 있을 가능성도 있다. 즉 "현재의 일과 장차 되어질 일"로 말이다. 이 점을 좀더 살펴보기 원하면 Mounce, *Revelation*, 81-82를 읽어 보라. 시편 119편이나 몇몇 시편은 히브리 알파벳의 순서를 따라 배열했지만, 그 자체를 무슨 개요라고 보기는 어렵다. 그러므로 생각 있는 주석가라면 Campbell Morgan이 "이것이 이 책의 개요입니다"라고 하지 않고 "이것이 이 책의 한 개요입니다" 하고 말했던 식을 따를 것이다. 내 경우로 말하자면, 목회하면서 "이 책을 이런 방식으로 개요할 수도 있습니다" 하는 식의 말을 주로 썼다.

4. 서재에 본문별로 색인을 붙여 같은 본문을 놓고 여러 설교자들이 어떤 식으로 설교하는지 비교 연구하도록 권고하는 바이다. 물론 그 본문을 놓고 자신의 설교부터 완성한 다음에 그렇게 할 일이다. 그래야 남의 사고를 그대로 도용하거나 자신한테는 맞지 않는 스타일을 흉내내지 않게 된다. Alexander Whyte의 부목사 가운데 한 명이 열심히 Alexander의 설교를 흉내내어 설교를 작성했더니 그걸 읽어 본 Alexander 하는 말이 "자신의 메시지를 설교하시오!" 하는 한 마디였다고 한다. 잘 한 충고가 아닐 수 없다.

5. T.S. Eliot, *On Poetry and Poets* (London: Faber and Faber, 1957), 27.

6. 한번은 여름 성경 수양회에서 설교하고 났더니 어느 부인네가 손에 필기 도구를 들고 와서 나를 불러세웠다. 그러면서 묻는 말이 "그 로마 숫자 5번에서 세번째 항목이 뭐였죠?" 하는 것이었다. 그날 아침 내가 설교를 엔간히 못했던 모양이다. 왜냐하면 로마숫자 5번은 아예 있지도 않았기 때문이다! 어쨌거나 그 부인네가 공책에 메모는 잔뜩 했으면서 가슴은 텅빈 채로 돌아가지 않았기를 빌 따름이다.

7. Philip Wheelwright, *Metaphor and Reality* (Bloomington, Ind.: Indiana Univ. Press, 1975), 39. 과학 연구에 있어서 상상이 차지하는 중요성을 놓고 토론한 것 가운데 훌륭한 논문으로 Roger Shepard, *"The Imagination of the Scientist,"* in *Imagination and Education*, ed. Kieran Egan and Dan Nadaner (New York: Teachers College Press, 1988), 153-85를 보라.

8. Emerson은 친구의 말에 동의한 셈인데 그는 이렇게 썼다. "누가 유추를 믿지 못하면서 그저 사실만을 잔뜩 쌓아 올려야 이론이 설 수 있다고 믿는다면, 그런 사람한테 시적인 힘이 나올 리 만무하거니와 어떤 창의적인 것도 아름다운 것도 그에게서는 나오기 힘들다." *The Complete Works of Ralph Waldo Emerson* (Boston: Houghton, Mifflin, 1903-1904), 5:239. "시인이든 예언자든 고착된 현실을 뒤흔들어 그들의 말을 듣는 청중들 안에 새로운 가능성을 일으킨다는 점에선 같다"고 Walter Brueggemann이 *Finally Comes the Poet*, 4에서 말했다.

9. Walt Whitman, *Leaves of Grass* (New York: Modern Library, 1950), 217.

10. 계몽주의 이래 서구 세계는 '실재'니 '과학적 접근법'이니 하는 데만 초점을 맞춰 왔다. 하지만 낭만주의 시대에 이르러 추는 반대편으로 돌아가 감정과 상상에 보다 초점을 맞추게 된다. 즉 내면의 세계가 더욱 중요해지고 과학이나 상상이나 피차 잘 어울려 지내게 된 것이다. 동양에서도 서구 사상가들이 쉽게 무시할 수 없는 접근 방법을 계발해 오고 있었으니 바로 인간의 내면 세계야말로 '참된' 세계라는 관점이

다. Robert Avens, *Imagination Is Reality* (Dallas, Texas: Spring, 1980)가 상상과 실재에 대한 동양적 관점을 간명하게 서술하고 있다. Thomas Moore의 베스트셀러 *Care of the Soul* (New York: Harper-Collins, 1992)은 융의 심리학과 동양 철학적 실재론을 한데 혼합해 목회와 영적 성장에 적용하는 책이다. 이 책에서 Moore는 상상이 인생을 형성하는 데 있어 얼마나 중요한 역할을 하는지에 대해 많은 얘기를 한다.

11. Hugh Black, *Listening to God* (New York: Revell, 1906), 17. Hugh Black (1868-1953)은 Edinburgh에 있는 St. George's Church에서 Alexander Whyte의 협동 목사로 일했던 인물로, 나중에는 New York의 Union Seminary에서 실천신학 교수로도 일했다. 그런데 Whyte보다는 Black이 보다 자유주의적 성향을 띠고 있었기 때문에 교인들이 우스갯 소리로 주일 아침이면 Whyte 바람에 검은 칠을 하고 저녁이면 black 바람에 흰 칠을 하게 된다고 했다는 것이다. 각자의 성격이나 따르는 교리에 있어서 얼마나 차이가 있었는지는 몰라도 이 두 사람은 하나님의 말씀을 설교하는 데 있어 상상이 대단히 중요하다고 본 점에서는 일치한다.

12. Marvin Bell, "Three Propositions: Hooey, Dewey, and Looney," in *Writers on Writing*, ed. Robert Pack and Jay Parini (Hanover, N.H.: Univ. Press of New England, 1991), 7.

13. Nancy Hale, in "The Two-Way Imagination," *Adventures of the Mind: Second Series*, ed. Richard Thruelson and John Kobler (New York: Alfred A. Knopf, 1961), 357. 이 책에서 저자는 19세기 독일의 화학자 Friedrich A. Kekule von Stradonitz가 한 다음의 말을 인용한다. "여러분, 우리가 어떻게 꿈을 꾸는지를 안다면 어쩌면 진리를 발견할 수 있을지도 모릅니다. 그렇지만 우리가 꾼 꿈의 내용을 꿈이 깨서 맨정신으로 검토해 보기 전에는 출판하지 않도록 주의하는 것이 좋겠습니다" (p. 362). 이렇게 균형잡힌 정신에 축복 있을진저! Northrop Frye가 *The Educated Imagination* (Bloomington, Ind.: Indiana

Univ. Press, 1964)의 1장에서 상상과 과학에 관해 논한 내용을 보라.

14. Kittay, *Metaphor*, 7. p. 67에서 "어떤 모형이란 본질에 있어 구조적으로 틀잡힌 은유라 할 수 있다"는 말이 나온다. 물리학자들은 월, 수, 금은 웃으면서 우리에게 빛이란 파장이라고 말했다가 화, 목, 토는 빛을 분자라고 역시 웃으면서 말한다. 그러고도 피차 아무 탈이 없다.

15. Derek Jarrett, *The Sleep of Reason* (London: Weidenfeld and Nicolson, 1988), 129에서 인용.

16. Watchman Nee, *A Table in the Wilderness* (Fort Washington, Pa.: Christian Literature Crusade, 1965)에서 8월 13일치의 내용.

17. Terence Hawkes, *Metaphor*, The Critical Idiom Series (London: Methuen, 1972). 전에는 내가 이 책에 대해 언급하지 않았었지만 은유 연구에 관한 간명한 입문서로선 최고의 책이 아닌가 한다.

18. Frye, *Educated Imagination*, 32.

19. Peterson, *Answering God*, 73.

20. Edward F. Murphy, *The Crown Treasury of Relevant Quotations* (New York: Crown, 1978), 593. 어딘가에서 Emerson이 쓰기를 "제도에 매여 있는 사람은 진실을 미워하게 마련"이라 했다. 하지만 생명은 '자발성과 다양성'으로 특징을 말할 수 있고 성경에 대해서도 같은 말을 할 수 있다. 왜 우리가 하는 설교가 따분하고 무미건조한 것이어야 하는가?

21. Guy Davenport, *The Geography of the Imagination* (San Francisco: North Point, 1981), 43. "어떤 문맥 속에서 한 단어가 갖는 의미는 저자가 원래 생각했던 이상의 의미일 수가 없다. 만일 어떤 저자가 의미에 대해 별 신경을 쓰지 않으면서 썼다면 읽는 독자가 그 사실을 알아차릴 수 있다"고 저자는 말한다(p.31). 한편 Henry Ward Beecher는 *Proverbs from Plymouth Pulpit*이라는 책에서 단어란 사고가 거기 걸려 있을 수 있는 단위라는 식으로 정의하고 있는데, 아마 가장 따분한 정의 가운데 하나라고 할 수 있을 성싶다. 이에 비하면 Joseph

Conrad가 *Lord Jim*에서 한 말이 훨씬 진실에 가깝다. "총알이 공간을 뚫고 멀리 날아가듯 한 단어는 시간을 통과해 멀리-아주 멀리까지-전달될 수 있다." 성경을 볼 것 같으면, 하나님께서 말씀하실 때 꼭 어떤 일이 일어난다. 우리가 하나님의 말씀을 설교할 수 있다는 기적은 성령께서 우리 인간의 연약한 노력을 갖고 당신의 교회 안에서 일을 이뤄 나가신다는 점에서 이해해야 한다. "그가 말씀을 보내어 그들을 고치시고 무덤에서 그들을 구해 내신다"(시 107:20). "내가 너희에게 한 말은 영이니 곧 생명이라"(요 6:63).

22. "오, 성령의 손길로 이 개요가 살아 있는 설교로 전달되게 하소서" 하고 Spurgeon은 설교에 들어가기 전에 기도했다. "여기 제단과 나무는 있사오니 성령이시여, 당신이 불길이 되어 주소서!" 하고 말이다. *The Metropolitan Tabernacle Pulpit*, vol. 27, p. 158을 보라.

23. 요한복음 21:1-14은 부활 이후의 '보트 사건'을 기록하고 있는데 신앙의 중요성을 너무 강조한다. 거기서 베드로와 다른 여섯 명은 예수님께서 말씀하실 때까지 기다리지 않고 서둘러 일을 하지만 아무 결과도 얻지 못한다. 예수님께서는 "나를 떠나서는 너희가 아무것도 할 수 없다"고 말씀하신다(요 15:5).

24. 베드로가 주님에게서 눈길을 떼었기 때문에 그 순간부터 물에 가라앉기 시작했다고 많은 설교자들이 베드로를 혹평하면서 설교한다. 하지만 다음의 네 가지를 염두에 두어야 한다. 다른 제자들은 숫제 배에서 나올 생각도 못했다는 점, 어쨌거나 베드로가 상당히 성공적으로 물 위를 걸어 예수님께 가까이 접근할 수 있었다는 점, 물에 빠진 후에도 예수님께 도움을 청하는 믿음이 있었다는 점, 마지막으로 예수님과 베드로가 물 위를 걸어서 배로 돌아왔다는 점이다. 그러니 배에서 웅크리고 있는 사람 중에 누가 베드로를 함부로 비판할 수 있겠는가!

25. 설교의 아이디어가 떠올랐는데 마치 하늘에서 영감이라도 내려온 듯 느껴지거든 일단 적어 놓고 한 켠에 치워 두라. 그리고 설교를 준비하는 작업을 계속하라. 그 '영감받은' 착상이 그 본문의 메시지를 비껴가게 한 적이 한두 번이 아니다. 물론 그런 착상이 메시지를 여는 열쇠 구실을 할 때도 많지만. 그러니 언제고 방심해서는

안된다. 얼른 봐서는 메시지와 무관해 보이는 자료일지라도 섣불리 덮어 버려서는 안 되는 것이다.

26. 보통 주석 설교를 하게 되면 하마터면 쓰레기통으로 직행했을 내용들조차도 현명하게 쓸 수 있다고들 말한다. 그런데 한 설교 세미나에서 목회자 한 분이 고백하기를, 어느 본문에 대해 배운 바를 모조리 설교에 담으려고 하다 보니, 자기 설교가 무슨 주석 읽는 것 같더라고 했다. Harry Emerson Fosdick이 설교의 목적은 주제를 설명하는 데 있는 것이 아니라 어떤 목적을 성취하는 데 있다고 한 말을 기억할 필요가 있다. 그러므로 어느 본문을 설교함에 있어 내가 그 본문을 가지고 어떤 목적을 성취하기 원하느냐에 따라 그 본문을 꿰뚫는 주제가 설정되는 것이다.

27. 내가 작성한 설교 개요에서 나는 '신앙 선언', 즉 개인의 신조를 주제로 설정했기 때문에 '확신'이란 단어가 주요 단어가 되었다. 하지만 '닻'을 주요 단어로 삼고 항해에 관한 주제로 설교를 엮을 수도 있었다. 예를 들면 "여러분이 인생의 폭풍우를 만나거든 신앙의 닻을 여러 가닥 던지셔야 하겠습니다" 하는 식으로 전이 문장을 꾸밀 수도 있는 것이다.

28. Johnson은 대학 시절의 지도 교수 중 한 명을 인용하고 있다. Boswell's *Life of Samuel Johnson*, entry for April 30, 1773을 보라. 글 쓰는 데 있어 진리는 설교하는 데 있어서도 진리다. 표현하기 위해 설교하는 것이지 남에게 인상을 주려고 설교하는 것은 아니다. James Denny가 한 말도 기억해 둘 만하다. "그리스도와 자신을 같이 증거할 수 있는 사람은 없다. '내가 이렇게 현명한 사람이오' 하는 인상을 주려 한다면 그리스도가 우리를 구원하실 분이라는 말은 제대로 할 수 없는 법이다."

29. Donald Coggan, *Stewards of Grace* (London: Hodder and Stoughton, 1958), 71. Coggan은 이 책을 쓸 당시 Bradford의 주교였다. 나중에 그는 1974년에서 1980년까지 캔터베리 대주교로 봉직했다. 그가 쓴 *Ministry of the Word* (London: Canterbury, 1945)와 *Preaching: The Sacrament of the Word* (New York: Crossroad, 1988)도 추천할 만한 책이다.

30. 두운법(alliteration)도 거기 들어 있는 내용이 독창적이고 그 표현의 틀에 짓눌리지 않을 정도의 그림이라면 상당히 효과적인 방법이 될 수 있다. R.G. Lee 박사가 쓴 "죄의 알파벳"을 들어 본 사람이라면 이 두운법의 효과를 짐작할 수 있을 것이다("사람은 죄를 일러 사고(accident)라 하지만 하나님은 가증한 일(abomination)이라 하십니다!"). 젊은 날의 Spurgeon도 설교의 요점을 두운법 식으로 꾸미곤 했는데, 마귀 들린 소년을 치유하는 내용의 본문을 설교할 때 같은 경우다(눅 9:42). 예컨대 "오늘 아침 생각해 보아야 할 점이 네 가지가 있습니다" 하고 그가 시무하던 New Park Street 교회 회중에게 운을 뗀다. "제가 그 네 가지 요점을 두운법으로 소개하면 쉽게 외우실 수 있을 것입니다. 바로 마귀의 행위(doings), 음모(designs), 폭로(discovery), 패배(defeat)로 말입니다." *The New Park Street Pulpit* (Pasadena, Texas: Pilgrim, 1981), 2:269를 보라. "라합의 신앙"이라는 설교에서 Spurgeon은 라합이 남을 구하는(saving) 신앙, 남다른(singular) 신앙, 견실한(stable) 신앙, 자기를 부인하는(self-denying) 신앙, 남을 동정하는(sympathizing) 신앙, 그리고 거룩하게 되는(sanctifying) 신앙을 갖고 있었다고 설교했다(*New Park Street*, 3:97-104). 위에서 첫번째로 소개된 설교는 1856년도의 일이고 두번째는 1857년도의 것이다. 하지만 한참후인 1890년도만 해도 Spurgeon은 여전히 설교에서 두운법을 가끔씩 쓰곤 했다. "신앙은 샘(fountain)이자 기반(foundation)이요 순종을 길러 주는 양육자(fosterer)입니다" 하고 아브라함의 신앙에 관한 설교 서문에다 쓴 것이다(*Metropolitan Tabernacle Pulpit*, 37:157). 또 시편 106:7을 놓고 설교하면서는 제목을 "죄(Sin): 그 발원지(Spring-head)와 물결(Stream)과 바다(Sea)"로 붙이고 있다(*Metropolitan Tabernacle*, 37:264). 누가복음 7장 50절을 설교하면서는 "구원은 그 대가에 있어서나(in price), 약속에 있어서나(in promise), 원리에 있어서나(in principles), 보증에 있어서나(in pledge) 현재적인 것입니다" 하였다(*New Park Street*, 48:124). James S. Stewart는 요한 마가의 이야기를 4막으로 꾸몄는데 각각의 제목을 두운법으로 꾸몄다. 즉 개론(Recantation), 가책(Remorse), 회복

(Restoration), 배상(Reparation) 하는 식으로 말이다. 그가 쓴 *The Gates of New Life* (Edinburgh: T & T Clark, 1939), 220-31을 보라. 이 책에는 "왜 그리스도인인가?" 하는 제목의 다른 설교도 나오는데 여기서도 네 가지 이유를 두운법으로 설명한다. "그리스도인 생활은 남들보다 행복하고(happier) 더 힘들고(harder) 더 거룩하고(holier) 더 희망이 있습니다(more hopeful)."

만약 본문에서 두운법을 따를 수 있는 개요가 자연스럽게 나온다면, 그리고 공연히 핵심 메시지를 흐리지 않는다면, 두운법이 청중들로 하여금 설교 내용을 잘 기억할 수 있도록 돕는 효과적인 도구가 될 수 있다. 그러나 그걸로만 개요를 짜버릇하면 사람들이 얼마 안가 너무 뻔하다고 느낄 것이다. 무슨 얘기가 나올지 뻔한 설교가 사람들에게 힘있게 와닿는 설교가 될 리는 만무하다. 교인들이 모여서 서로 쑥덕거리기를 "오늘은 G로 엮을까, 아니면 W로 엮을까?" 한다면 이 방법을 너무 써먹는 바람에 역효과를 내고 있다고 보면 맞다. 물론 설교자가 워낙 말에 능란하다면 얘기가 달라질 수도 있겠지만.

31. Mark Twain이 "제대로 된 말을 고르는 것과 그렇지 않은 것의 차이는 번개(lightning)와 반딧불(lightning bug)의 차이"라는 말을 했다고 알려진다. 설교자가 좋은 동의어 사전을 쓴다면 개요 작성에 있어 제대로 된 말을 고르는 데 시간 낭비만은 아닐 것이다. 우리가 복음을 설교하는 데 어차피 말을 사용해야 하고 말이 그 도구라고 한다면, 말 공부를 하고 말이 어떤 식으로 사용되는지 연구하는 것은 당연하다 할 수 있다. 사전을 무시하고 어휘력 늘리기를 게을리하는 설교자는 자신이나 남에게 온당한 처사라 할 수 없다.

11장

1. Harry Farra, *The Sermon Doctor* (Grand Rapids: Baker, 1989), 55. 사실 이 책은 더 큰 주목을 받았어야 할 설교학의 아주 독창적인 책이다. 어쩌면 제목이 설교자들로 하여금 자기 설교를 고치는 의사를 만난다는 생각에 거부감이 일게 하지 않나 싶기도 하다. (하기야 내 설교 중 어떤 건 의사를 만날 게 아니라 장의

사를 만나야 하지만!)

2. 그 좋은 예가 R.G. Lee의 유명한 설교 "Pay Day Some Day"이다. 성경 인물에 대한 아주 좋은 설교다. 아직까지 읽어 보지 않았다면 빨리 구해다 읽어 봐야 할 설교다. *25 of the Greatest Sermons Ever Preached*, comp. and ed. Jerry Falwell (Grand Rapids: Baker, 1983)이나 *Great Sermons of the 20th Century*, comp. Peter F. Gunther (Westchester, Ill.: Crossway, 1986).

3. 유명한 TV 시리즈 "Life-Styles of the Rich and Famous" 덕분에 내 친구 목사 하나는 산상수훈의 설교 아이디어를 얻었는데, 설교 제목이 "The Life-Styles of the *Spiritually* Rich and Famous"였다. 상상력을 활용한 결과가 아니고 무엇이랴!

4. Daniel J. Boorstin의 *The Image: A Guide to Pseudo-Events in America* (New York: Harper and Row, 1964)를 독자들에게 권하는 바이다. "두 세기 전쯤만 해도 훌륭한 인물이 나타나면 사람들은 그 인물을 통해 하나님의 뜻이 무엇인지를 보려고 했다. 오늘날은 사람들이 방송국이나 보면 된다고 생각한다" (p. 45). 오늘날은 영웅을 낳기보다는 명사를 낳는 시대다. 그리고 사람들은 방송 매체가 갖는 광고 효과를 떠받든다. 왜냐하면 별볼일 없던 사람도 하룻밤 사이에 유명인사로 만드는 힘을 방송이 갖고 있기 때문이다. Boorstin의 책은 미국이 얼마나 그런 '환영'에 사로잡혀 살고 있는지, 또 그런 환영에 사람들이 어떤 영향을 받고 사는지를 깨닫게 해 주는 재미있고 좋은 책이다.

5. Arthur M. Schlesinger, Jr. "The Decline of Heroes" in *Adventures of the Mind*, ed. John Kobler and Richard Thruelsen (New York: Alfred A. Knopf, 1960), 95-106. 인용한 내용은 97쪽에서 104쪽에 걸쳐 나온다.

6. Ambrose Bierce는 말하기를 "이 세상은 의로운 사람과 불의한 사람이라는 두 계층으로 나눌 수 있는데 그렇게 분류하는 것은 의로운 사람의 몫이다"라고 했

다.

7. 그렇게 하는 데 어려움이 있거든 Frederick Buechner('비익너'로 발음된다)의 *Peculiar Treasures: A Biblical Who's Who* (San Francisco: Harper and Row, 1979)를 읽어 보라. "오만 사람에 관한 얘기가 다 들어 있는 이 책을 쓰면서 나를 새삼 매혹시켰던 것은 각 인물의 생생함이 얼마나 유별한지, 그리고 마치 내가 그들을 오래 알아 왔던 사람들처럼 느꼈다는 점이었다"고 Buechner는 서문에 쓰고 있다.

8. "그러므로 그리스도인 형제 여러분, 우리가 사람인 한 종내 흥미를 잃을 수가 없는 부문이 하나 있는데 그것은 바로 한 인물에 대한 연구라 할 것입니다. 자서전이 흥미를 끄는 것은 바로 그 때문인데, 어떤 의미에서든 한 인물에 대한 이야기는 우리 내면의 어떤 면에 대해 이야기해 주는 바가 있기 때문입니다. 우리가 남의 속을 안다는 것은 내 안에 거기 상응하는 무엇이 있음을 깨닫는 것, 그리고 우연히도 나 자신의 몰랐던 부분을 남을 앎으로써 설명할 수 있게 되는 것과 늘 일치하게 마련입니다." Frederick W. Robertson, *Sermons: Fourth Series* (London: Kegan Paul, Trench, Trubner, 1900), 160. Robertson은 성경 인물 설교를 통해 사람의 성격을 꿰뚫을 줄 아는 재능 있는 설교자였다.

9. Russell Baker, "Life with Mother," in *Inventing the Truth*, ed. William Zinsser (New York: Book-of-the-Month Club, 1987), 49.

10. Catherine Drinker Bowen, *Biography: The Craft and the Calling* (Boston: Little, Brown, 1969). 특히 6장이 내가 언급하는 부분이다. 이 책은 전기 작가들이 글이나 책을 쓸 때 도움이 되도록 출판한 책이지만, 설교자들이 인물에 대한 설교를 하는 데도 적용할 수 있을 내용을 담고 있다. Bowen은 우리가 자료를 모으고 역사를 이해하려 할 때 피해야 할 미묘한 함정이 어떤 것인지를 잘 설명해 준다. 나는 특히나 그녀가 Henry James를 인용하면서 한 말을 좋아한다. "한 인물을 이해한다 할 때, 그가 어떤 생각을 했고, 어떻게 성장했으며, 어떻게 변화했고, 그 한 사람이 얼마나 다른 정도의 힘으로 생애를 살았는지에 대한 것들을 생각해 보지 않으

면 안된다. 왜냐하면 그런 것들이 다 그 인물의 삶을 구성하고 있는 것들이기 때문이다." (p. 35)

　　11. 독자의 연구에 보탬이 될 만한 책으로 Harold L. Wilmington이 쓴 *Old Testament People, New Testament People, The life of Christ*를 꼽을 수 있는데, 이 책들은 Wilmington's Complete Guide to Bible Knowledge (Wheaton, Ill.: Tyndale)라는 명칭의 한 시리즈로 나온 것이다. 성경과 관련된 여러 사실을 간명하고도 체계있게 서술하고 있는데, 성서 시대 백성의 명칭이 몇번이나 바뀌었는지도 나온다!

　　12. 최근에 '독백극' 형식이 성경 인물 설교에 곧잘 도입되고 있다. 하지만 이런 방향으로 나가려면 자신에게 그만한 재능이 있는지부터 확인해 봐야 할 것이다. 설교자가 다 배우 재능이 있을 리도 없는데, 독백극을 하려면 자신이 마치 그 인물이 된 듯 말하고 행동해야 하는데 이때 턱없는 모습으로 그 인물을 묘사한다면 차라리 안하느니만 못하다. 물론 성경에 나와 있는 대사를 읊을 때야 걱정이 덜하지만 성경에 없는 대사 내용을 추가할라치면 아무래도 부담스러울 뿐만 아니라 그 내용을 말하는 방식도 생각해 봐야 한다. 아무리 배우라도 거짓말을 사실처럼 말해도 좋다는 법은 없다. 더구나 설교인데 말이다. 상상을 발휘한다고 해서 사실을 멋대로 바꿔서는 곤란하다.

　　13. 나는 다윗의 손을 놓고 설교하고픈 적이 꽤 많았다. 다윗은 그 손으로 오만가지를 잡았었다. 돌팔매, 검, 하프, 펜(시편을 쓰느라고), 냉수 한 잔 등등. 유별날 것 없는 물건이 그 손에서 위대한 일을 일구는 도구로 탈바꿈했던 것이다.

　　14. 현대 문학에 있어 이름에 대한 연구로 매력있는 글이 Leon Edel이 쓴 "The Figure Under the Carpet"인데 *Telling Lives: The Biographer's Art*, ed. Marc Pachter (Washington, D.C.: New Republic, 1979)라는 책에 나온다. Leon Edel은 소위 "psycho-biography" (혹은 "문학 심리학")를 주창하는 대표격의 인물로서 Henry James의 전기를 집필해 퓰리처 상을 수상하였다. 그가 말하는 이론은 그가 쓴 책 *Stuff of Sleep and Dreams: Experiments in Literary*

Psychology (New York: Harper and Row, 1982)에 잘 설명되어 있다. 특히 처음 석 장에 그의 접근방식이 설명되어 있는데 일독을 권하는 바다. 그가 쓴 다른 책 *Writing Lives: Principia Biographica* (New York: W.W. Norton, 1984)도 일독을 추천할 만한 책이다. 이 책 여기저기에서 설교자들은 성경의 인물을 놓고 설교하는 데 적용할 만한 내용을 많이 발견할 수 있을 것이다. 하지만 경고를 하나 하자면, 성경의 위대한 남녀 인물의 생애를 이해하는 데 있어 어설픈 정신 분석 학자가 되려고 들지 말 일이다. 그저 자기 자신을 이해하고 인간 본성을 일반적인 정도로 이해하면 충분한 것이다. 여하튼 이 새 분야에 대해 간명하면서도 건전한 평가를 읽어 보고 싶다면, Milton Lomask, "Psychbiography" in *The Biographer's Craft* (New York: Harper and Row, 1986), chap. 13을 보라. 좀더 깊이있게 연구해 보고 싶다면, Peter Gay, *Freud for Historians* (New York: Oxford Univ. Press, 1985)를 읽으라. Dorothy F. Zeligs, *Psychoanalysis and the Bible* (New York: Bloch, 1974)은 유대인 정신분석학자인 저자가 구약의 일곱 인물, 즉 아브라함, 야곱, 요셉, 사무엘, 사울, 다윗, 솔로몬을 연구한 흥미로운 책이다.

15. John A. Garraty, *The Nature of Biography* (New York: Random House/Vintage Books, 1984), 11에서 인용. 소설가야 당연히 작중 인물을 창조한 당사자니까 작중 인물이 속으로 생각하는 것까지 다 아는 사람이다. 하지만 전기 작가는 그러한 이점을 누릴 수가 없다. 도대체 유다가 왜 예수를 팔았을까? 돈 때문만이었을까? 그렇게 해야만 예수께서 이스라엘을 속히 구원할 어떤 행동을 취하실 것이라고 생각한 걸까? 아니면 유대인을 위한 지상의 영광스런 왕국을 건설할 생각은 않고 그저 영적인 왕국이나 말하는 그가 미워서였을까? 어쩌면 자신에게 돌아올 몫이 별로 없다는 판단에 분노한 나머지 예수에게 보복한 걸까? 혹은 이 모든 이유가 다 조금씩 작용했는지도 모른다. "만물보다 거짓되고 심히 부패한 것은 마음이라 누가 능히 이를 알리요마는"(렘 17:9).

16. 부와 탐욕을 경계하는 주님의 말씀을 들었을 때 유다의 속마음이 어땠을지가 궁금하다. 회계를 맡은 자로서 유다는 예수님에서 자기를 찾아온 부자 청년을 거

절하셨을 때 기분이 어땠을까? 베다니에서 마리아가 예수님께 향유를 부어 드렸을 때, 그때 꾸지람을 듣고 속이 상해 악마의 속삭임을 듣기로 결심했던 것은 아닐까?

    17. 성경 인물이나 열두 사도에 관한 일반적인 책들과 아울러 가룟 유다에 대한 특별한 연구서를 읽어 보고 싶다면, S. Pearce Carey, *Judas and Jesus* (London: Hodder and Stoughton, 1931); Bertil Gartner, *Iscariot* (Philadelphia: Fortress "Facet Books," 1971); Jasper A. Huffman, *Judas: The Biography of a Soul* (Marion, Ind.: The Wesley Press, 1958); Albert Nicole, *Judas The Betrayer* (Grand Rapids: Baker, 1957) 등을 읽어 보라. Clarence E. Macartney, *He Chose Twelve* (Grand Rapids: Kregel, 1993)는 성경 인물에 관한 설교를 전공한 저자가 가룟 유다를 놓고 쓴 훌륭한 연구서다.

    18. John Bunyan은 *Pilgrim's Progress*의 첫부분을 다음과 같은 뜻깊은 문장으로 맺고 있다. "그때 나는 지옥에 이르는 길을 보았다. 그 길은 파괴의 도성에서 뿐만 아니라 천국의 입구에서도 나 있었다."

    19. 최근에 성서 설화에 관한 연구가 많이 이루어졌다. Meir Sternberg, *The Poetics of Biblical Narrative* (Bloomington, Ind.: Indiana Univ. Press, 1987); *The Bible in its Literary Milieu*, ed. John Maier and Vincent Tollers (Grand Rapids: Eerdmans, 1979)에서 특히 Roger L. Cox가 쓴 "Tragedy and the Gospel Narratives"라는 제목이 붙은 글; Leland Ryken, *The Literature of the Bible* (Grand Rapids: Zondervan, 1974)에서 3장의 "Heroic Narrative"; Michael Goldberg, *Theology and Narrative: A Critical Introduction* (Nashville: Abingdon, 1982) 등을 읽어 보면 좋다.

    20. Walter Wangerin, Jr., *Ragman and Other Cries of Faith* (San Francisco: Harper and Row, 1984)를 보라. Fulghum의 책으로는 *All I Really Need To Know I Learned in Kindergarten, It Was on Fire When I Lay Down on It, Uh-Oh* 등이 있는데 죄다 Villard Books에서 출판됐다. Buechner

가 쓴 책으로 말할 것 같으면, 소설에서 신학서, 자서전, 설교집에 수필까지 실로 선택의 폭이 다양하다. 서점에 가서 한 번 알아보라. *Wishful Thinking*과 *Whistling in the Dark, Peculiar Treasures*는 내가 각별히 좋아하는 책이다. *The Clown in the Belfry*도 재미있게 읽은 책이다. 그런데 그가 쓴 책은 대개 Harper and Row 아니면 HarperCollins에서 출판되었다. 그런데 Garrison Keillor의 경우는 방송으로 듣는 것이 책을 읽거나 TV로 보는 것보다 훨씬 재미있다. 독자가 사는 지역에서도 토요일 저녁에 그의 방송이 나오는지 한번 알아보라. 그가 한 독백극 테이프("the news from Lake Wobegon")는 이를 취급하는 테이프, 레코드 상점이 많다. 그가 쓴 책 *Lake Wobegon Days*도 아주 즐겁게 읽을 수 있는 책이며(New York: Viking, 1985), *Leaving Home*도 선풍적인 인기를 끈 책이다(New York: Viking, 1987). 한편 Michael Fedo는 Keillor의 전기를 당사자의 동의 없이 *The Man from Lake Wobegon* (New York: St. Martin's Press, 1987)이라는 제목으로 출간했는데, 생각을 자극하는 아주 좋은 책이다. 한번은 그의 프로가 끝난 직후에 그와 짧은 대화를 나눌 수 있는 기회가 있었는데, 그때 나는 그에게 그가 그저 얘기만 들려 주는 것이 아니라 일종의 설교를 하는 것이 아니냐고 말했다. 그는 씩 웃으며 그렇지 않다고 부정했지만 그렇게 열심히 부정하려는 투는 아니었다. 어쩌면 그가 말하면서 생각하는 것보다 내가 더 많은 것을 거기서 이끌어내는 것인지도 모르지만.

21. "희극"이란 웃음을 자아내게 하는 것인 동시에 이 종류의 극에 없어서는 안될 요소가 바로 행복한 결말, 즉 만사가 다 좋게 끝나는 데 있음을 잊어서는 안될 것이다. 그런 의미에서 요셉과 룻의 이야기는 희극적인 데가 있다. 반면 삼손이나 사울의 이야기는 끝이 좋지 않다는 점에서 비극이다.

22. E.M. Forster, *Aspects of The Novel* (New York: Harcourt Brace Jovanovich, 1956)을 보라.

각주

12장

1. Andrew W. Blackwood, *The Funeral: A Source Book for Ministers* (Philadelphia: Westminster, 1942), 138. 내 아들 David와 내가 공동 집필한 *Comforting the Bereaved* (Chicago: Moody, 1985)에서도 이 접근법을 권장했다.

2. 내가 장례식 때마다 한 설교 메모를 한번 주욱 읽어 본 적이 있는데, 내가 꼭 있어야 한다고 강조한 '성화된 상상력'이 어쩌나 없는지 나 스스로 창피하기 이를 데 없었다. 그렇지만 뒤로 갈수록 조금씩 개선의 기미가 보였다는 데서 그나마 위로를 얻은 적이 있다. 희망은 있는 법.

3. Wiersbe, *Comforting the Bereaved*, 53.

4. 요한복음 11장 44절에서 "풀어 놓아 다니게 하라" 하셨다는 예수님의 말씀에서 이 점이 암시되어 있다. 장례식은 설교자로 하여금 종말론에 대한 사람들의 모든 질문에 답하라고 있는 자리가 아니다. 오히려 장례식을 치른 후의 사역에서 죽음, 천국과 지옥, 새로 얻을 몸과 주님의 재림 등에 대해 성경이 뭐라고 가르치는지 얘기해 줄 수 있는 기회가 온다. 사실은 평소 설교를 통해 그와 같은 주제들을 신자들에게 가르쳐 줄 수 있어야 한다.

5. 여기서 죽은 자의 인생이 진실로 어떠했는지는 오직 하나님만이 아신다는 사실을 새삼 기억해 둘 필요가 있다. 그러므로 고인에 대한 찬사를 지나치게 늘어 놓지 않도록 주의해야 한다. 내가 한번은 어떤 사람의 장례식을 집전하게 됐는데 누구나 다 고인이 경건한 신자요 교회 생활에 열심이었던 인물로 알고 있었다. 그런데 장례식이 끝난 지 몇 주 지나지 않아 고인이 사실은 생전에 이중 생활을 했던 사람이라는 사실이 드러났다. 그러니 우리의 불완전한 눈에는 아름다운 생애로 비쳤어도 하나님의 눈에는 추하고 더러운 인생이었던 것이다.

6. 시편 23편이 오로지 목자의 이미지만 다루고 있는지, 또 거기서 하나님은 5-6절이 말하듯 잔칫상을 베푸심으로써 우리를 높여 주시는 분으로만 나오는지? 사실 이 점을 놓고 주석가들은 서로 다른 견해를 내놓고 있다. Scroggie 같은 사람은

시편 23편에서 세 가지 이미지를 볼 수 있다고 말한다. 즉 양과 목자(1절), 안내자와 여행객(2-4절), 주인과 손님(5-6절)이라는 것이다. (W. Graham Scroggie, *Know Your Bible: The Psalms* (London: Pickering and Inglis, 1948) 1:145-49.) G. Campbell Morgan도 같은 관점을 취한다. 그가 쓴 *Great Chapters of the Bible* (New York: Fleming H. Revell, 1935), 55를 보라. 한편 Alexander Maclaren은 두 가지 이미지가 있다고 본다. 즉 양과 목자(1-4절), 주인과 손님(5-6절)으로 말이다. (*The Expositor's Bible* (Grand Rapids: Eerdmans, 1940), 3:65-66을 보라.) 두 개의 이미지만이 있다는 주장은 John J. Davis도 *The Perfect Shepherd* (Winona Lake, Ind.: BMH, 1979)에서 지지하는 입장이다. 시편 23편을 경건한 관점에서 다룬 고전으로 William Allen Knight의 *The Song of Our Syrian Guest* (Boston: Pilgrim, 1956)이 있는데, 이 책은 단 한 가지 이미지로 시편 23편을 꿴다. 같은 입장의 책으로 Phillip Keller, *A Shepherd Looks at Psalm 23* (Grand Rapids: Zondervan, 1970)과 J. Douglas MacMillan, *The Lord Our Shepherd* (Wales: Evangelical Press, 1983)이 있다. 물론 이들이 보는 한 가지 이미지란 목자로서의 주님이다. 누가복음 12장 32절에서 주님의 말씀("적은 무리여 무서워 말라 너희 아버지께서 그 나라를 너희에게 주시기를 기뻐하시느니라")을 생각해 보면 목자로서의 이미지 한 가지로만 꿴다고 해서 문제가 될 성싶지 않다. 왜냐하면 근동에서 한 부락의 촌장은 아버지요 왕이자 또한 목자였다. 나도 한 가지 이미지로 보는 입장에 끌린다.

7. 4절에서 "사망의 음침한 골짜기"는 위험과 공포가 있는 곳이면 어디에나 해당될 수 있는 이미지로 실제의 죽음도 포함할 수 있는 표현이다. NIV는 난외 주로 "가장 어두운 골짜기"로 읽을 수 있다는 주를 달고 있다. John J. Davis는 번역하기를, "내가 극히 위험한 골짜기를 지난다 해도 두려워하지 않으리라"로 했다(Davis, *Perfect Shepherd*, 93). 그런데 "죽음의 골짜기"란 성경에서 곧잘 등장하는 표현인데 특히나 KJV역이 이를 즐겨 사용한다(욥 3:5; 10:21-22; 24:17; 34:22; 38:17; 시 23:4; 107:10; 사 9:2; 렘 2:6; 13:16; 암 5:8). 그러나 NIV의 경우

는 어떤 구절은 "죽음의 그늘"이란 식으로 표현의 강도를 달리 했고 아예 그런 표현 자체를 빼 버린 영역본도 많다. 설령 죽음을 "우리를 묶어 둘 수 없는 골짜기요 해칠 수 없는 그늘"로 보는 설교자라 하더라도 기억해야 할 것은, 정작 죽은 사람은 아버지의 집에 편안히 있을지 모르지만 그 유가족은 음울한 골짜기를 지나고 있다는 사실이다. 실로 죽음은 한 가정을 흐트러뜨리고 뒤에 남은 가족에게 고통을 주는 원수다. 그러므로 우리가 장례 전후의 사역에서 성경의 이미지를 사용하여 설교할 때 함부로 이런 사실을 경시해서는 안된다. 골짜기에서 만나는 원수가 그저 그림자에 지나지 않을지라도 그 골짜기를 통과하는 연약한 양의 가슴에 아로새겨지는 두려움과 슬픔은 현실인 것이다.

8. 성도들이 영광을 받은 후에도 예수 그리스도는 여전히 그들의 목자가 되실 것이다(계 7:17). 그러므로 아버지의 집에서 양들을 위한 잔치가 열린다는 이미지는 전혀 기이하지 않다(시 23:5-6). 양들은 아버지의 집 안에 있을 것이고 개들은 그 도성 바깥에 있게 될 것이다(계 22:15).

9. 어떤 주석가들은 다윗이 젊은 나이에 시편을 썼다고 보지만, 나로서는 그런 해석에 동의하기 어렵다. 예를 들면 시편 22-24편 같은 경우는 그가 압살롬의 반란을 치른 이후에 썼을 시편들이다. 즉 처음에 다윗은 하나님께 버림받은 것처럼 느낀다(시 22편). 그러나 그런 광야 같은 경험 속에서도 다윗은 하나님을 신뢰한다(시 23편). 그리하여 마침내 승리의 영광 가운데 왕좌에 복귀하는 것이다(시 24편). *A Psalm of an Old Shepherd*를 쓴 Morgan은 다윗이 나이가 상당히 든 이후에 시편을 저술하였다는 관점을 피력한다. 그는 말하기를, "이런 결론에 도달하게 하는 한 가지 요인은 시편 기자가 보여 주는 경험의 원숙미인데 그런 것은 나이가 어느 정도 먹지 않고는 가능하지 않은 것"이라 했다(F. Crosley Morgan, *A Psalm of an Old Shepherd* (London: Marshall, Morgan and Scott, n.d.), 20-21). 사실 시편 23편이 압살롬의 반란 사건과 관련이 있느냐 없느냐는 그리 중요치 않다. 어쨌거나 그 시편은 신자의 삶과 죽음에 대해 여러 모로 말해 주는 바가 크다는 사실이 중요하며, 우리가 강조해야 할 것도 바로 그런 점이다.

10. J. Sidlow Baxter, *His Part and Ours* (London: Marshall, Morgan and Scott, 1938), 113-22와 E.W. Bullinger, *Figures of Speech Used in the Bible* (London: Eyre and Spottiswoode, 1898), 737을 보라.

11. M' Cheyne은 아가서 6장 2절을 어린 아이의 죽음을 말하는 걸로 본다. "나의 사랑하는 자가 자기 동산으로 내려가 향기로운 꽃밭에 이르러서 동산 가운데서 양떼를 먹이며 백합화를 꺾는구나."(Robert Murray M' Cheyne, *Memoirs and Remains* (London: Banner of Truth, 1966), 551) 본문을 좀 지나치게 영해한 것이 아닌가 싶다.

12. 이 주제를 놓고 행한 좋은 설교를 읽으려면, Ian Macpherson의 "What Christ the Carpenter Has Made of His Cross," in *God's Middleman* (London: The Epworth Press, 1965), 149-61을 보라.

13장

1. 새로 부임한 목사가 첫번째로 할 일은 그 교회의 역사에서 중요한 날이 언제인지를 달력에 적어 놓는 일이다. 새로 온 사람이 그들의 옛날을 존중해 준다고 여길 때 신자들은 그를 친근하게 여길 것이다. 그리고 젊은 사람들도 자기 교회의 뿌리가 어떤 것인지 알아야 할 필요가 있다. 그러므로 그 중요한 날이 낀 주에는 특별한 설교를 계획하는 것이 좋다. 가끔씩 다른 목사들로부터 자기네 교회 창립 50주년, 혹은 100주년 기념일에 와서 설교해 달라는 부탁이 한꺼번에 미친 듯이 쏟아져 들어오는 경우가 있는데, 고작 한두 달 전에야 그런 부탁을 해대는 것이다. 형제들이여, 제발 일이 그런 식으로 돌아가지 않도록 미리 챙겨 두시길.

2. 교회력에 따른 설교집으로서 26명의 설교를 모아 놓은, 내용도 균형잡힌 최근의 설교집으로 Richard Allen Bodey, ed. *Good News for All Seasons* (Grand Rapids: Baker, 1987)가 좋다. George Sweeting은 자기가 쓴 열여덟 편의 설교를 모아 *Special Sermons for Special Days* (Chicago: Moody, 1977)란 제목으로 출간했다. Clovis G. Chappell의 *Chappell's Special Day*

Sermons (Grand Rapids: Baker, 1976)는 특별한 날을 위한 설교 열여섯 편을 묶은 것이다. 하기사 일반 설교집들도 여러분이 상상력만 잘 발휘하면, 그래서 그날에 걸맞는 진리를 그 안에서 찾아내기만 하면 얼마든지 써먹을 수가 있다.

3. 교회력 같은 걸 별로 좋아하지 않는, 이를테면 Spurgeon 같은 설교가도 성탄절에 주님의 탄생에 대해 설교하는 것이 적절한 줄은 알았다. "감히 말하건대 일년 중에 우리 주님이 실제로 탄생하신 날이 아닌 날을 확실하게 하나 꼽으라면 12월 25일을 꼽으면 틀림없다. 그럼에도 불구하고 요즘 사람들은 성탄절을 그리스도께서 탄생하신 날로 생각하는데, 그런 경향 자체야 뭐 악이라고 할 것까진 없다. 따라서 나도 공연히 정당화하거나 비판할 것 없이 그 흐름을 따라 그날을 이용하여 설교하는 것이 좋다고 본다." *The Metropolitan Tabernacle Pulpit* (Pasadena, Texas: Pilgrim, 1984), 17:697. 또 같은 책 vol. 22, p. 709에 있는 "The Great Birthday"라는 제목의 설교 서문을 보라.

4. H.P. Liddon, *Sermons*, The Contemporary Pulpit Library (London: Swan Sonnenschein, 1892), 129-88을 보면 "성모 마리아 송가"를 놓고 훌륭한 메시지를 담은 설교들을 읽을 수가 있다.

5. Mary Elizabeth Coleridge, "I Saw a Stable," in *The Treasury of Religious Verse*, comp. Donald T. Kauffman (Westwood, N.J.: Revell, 1966), 120-21.

6. James Stalker가 쓴 *The Trial and Death of Jesus Christ*는 그저 설교 준비만을 위해서가 아니라 그야말로 우리 자신의 영혼을 위해 읽어야만 할 고전과도 같은 책이다(London: Hodder and Stoughton, 1894). W.M. Clow, *The Day of the Cross* (London: Hodder and Stoughton, 1909)도 그에 못지않은 책이다. 좀더 나중에 나온 책으로는 William Sangster, *They Met at Calvary* (Nashville: Abingdon, 1956)와 Clovis G. Chappell, *Faces about the Cross* (Grand Rapids: Baker, 1974)가 추천할 만하다. K. Schilder의 *Christ in His Suffering, Christ on Trial*과 *Christ Crucified* (Eerdmans)는 아주 유명

한 책인데 워낙 방대한 내용을 담고 있으므로 잘 파헤치면서 읽어야 한다.

7. Clovis G. Chappell, *The Cross Before Calvary* (Nashville: Abingdon,1960). 이 책은 "구약에서 십자가의 정신을 보여 준 인물들"에 대한 설교 여섯 편을 모은 것이다.

8. "들리다"라는 표현이 우선적으론 주님의 십자가 상의 죽음을 의미하는 것이긴 하지만(요 12:33), 주님께서 영광 가운데 높이 들리우심도 또한 의미한다 (12:23, 28; 13:31-32). 희랍어 동사의 문자적인 뜻이야 물론 '들리다'이거니와 그 의미로 볼 때는 '질적으로 높아지다'는 뜻을 갖고 있다. 이사야 52장 13절과 53장 12절이 생각난다.

9. Charles W. Koller, *Sermons Preached Without Notes* (Grand Rapids: Baker, 1964). Koller는 그 메시지를 "The Plus Sign on the Sky Line"이라고 칭했다.

10. 어느 장로 한 분이 하루는 내게 이렇게 말했다. "우리 목사님은 가만 보니까 아버지 날엔 아버지들을 들입다 야단치는 설교를 하는데 어머니 날엔 어머니들을 한없이 칭찬하는 설교를 하는 경향이 있으신데, 이거 공평치 못해요!" 물론 공평치 못하다. 세상에는 정말 경건한 아버지들이 있는 반면 속되기 이를 데 없는 어머니들도 있다. 아버지는 속물인데 어머니는 정말 성스러운 경우도 많지만 말이다. 어쩌다 서로 그렇게들 결혼하게 됐는지는 몰라도.

11. 특별한 날을 굳이 강조하는 설교 습관을 갖고 있지 않더라도 특별한 날에 어떻게 설교할지를 해결할 수 있는 한 가지 좋은 방법이다. 물론 이름이 난 어떤 어머니, 아버지에 대해 자료를 좀 모아야 한다는 번거로움이 따르긴 하지만 어쨌거나 그럴 만한 가치가 있다. 시간을 넉넉히 잡으라!

12. James Strahan, *Hebrew Ideals in Genesis* (Grand Rapids: Kregel, 1982)를 보라. 아브라함의 부르심에서부터 시작해서 창세기 인물들의 경건한 삶의 본질을 다룬 책 중에 이 책보다 더 나은 것을 아직까지 발견하지 못했다. Alexander Whyte은 "이 복음주의 학자가 쓴 책은 집집마다 한 권씩 있어야 한다"

고까지 했다.

13. 나는 설교학을 가르칠 때 학생들에게 미국의 쇠퇴를 로마 제국의 몰락 과정에 비유하는 것이 무슨 관습처럼 있어 왔지만 그런 함정에 빠지지 말라는 얘기를 종종 했다. 우선, 로마 제국이 지금까지 존속돼야 했다고 믿는 사람을 본 적이 있는가? 나는 없다. 도대체가 로마 제국이란 무자비함과 노예 제도를 통해서만 설 수 있었던 나라다. 그런 나라가 망하지 않는다면 어떤 나라가 망해야 하겠는가? 게다가 다니엘도 로마 제국은 멸망하리라는 예언을 했다. 그리고 하나님은 자신이 하신 말씀을 늘 이루는 분이시다.

14. 미국에서 종교가 점하는 위치가 어떤 것인지 연구해 보고 싶다면, 다음의 책들을 참조하라. Bruce L. Shelley, *The Gospel and the American Dream* (Portland, Ore.: Multnomah, 1989); Mark A. Noll, Nathan O. Hatch, and George M. Marsden, *The Search for Christian America* (Westchester, Ill.: Crossway, 1983); Edwin Scott Gaustad, *A Religious History of America*, rev. ed. (San Fancisco: Harper and Row, 1990); Mark A. Noll, ed., *Religion and American Politics* (New York: Oxford Univ. Press, 1990); DeWitte Holland, ed., *Preaching in American History* (Nashville: Abingdon, 1969) 및 *Sermons in American History* (Nashville: Abingdon, 1971).

15. 요즘 나온 찬송가를 보니까 잘 알려진 성가 "Come Thou Fount of Every Blessing" 2절에서 '에벤에셀'이라는 말이 빠졌다. 성경의 내용에 대해 갈수록 까막눈이 되어 가는 요즘 신자들의 현상을 반영하는 것이라 생각된다. 선교의 개척자 J. Hudson Taylor는 자기 집에다 '여호와 이레'와 '에벤에셀'의 두 단어를 늘 걸어 두었다. "예비하시는 하나님, 그가 여기에 이르도록 우리를 도우셨다!"고 말이다.

16. 상상력 가득한 기념일 설교의 한 예로 Frederick Buechner, "The Clown in the Belfry," in *The Clown in the Belfry* (San Francisco: Harper

Collins, 1992), 107-17을 보라. 여기서 Buechner는 시편 23편과 교회사의 한 사건을 연결해서 교회 기념일 설교 가운데 기억될 만한 메시지를 창출해 냈다.

17. 이 기도문이 하도 인용되면서 바뀌다 보니까 원래 문구가 어떠했는지 또 저자는 누구였는지 사람들이 잘 모른다. 원래는 Niebuhr가 1934년에 쓴 것으로 친구가 그 기도문을 어느 익명 알콜 중독자 모임에서 써 먹는 바람에 아예 그 모임의 모토가 돼 버린 기도문이다. June Bingham, *Courage To Change* (New York: Charles Scribner's Sons, 1972)를 보라. 유명한 연재 만화 "Calvin and Hobbes"에서 Calvin은 비슷한 틀을 이용해서 우스꽝스런 기도문을 쓴다. "내가 바꿀 수 있는 것은 바꿀 수 있는 힘을 주시고, 그러나 바꿀 수 없는 것은 참을 수 없게 하시고, 그 차이가 뭔지도 모르게 하소서."

14장

1. "시란… 평정심 가운데 되모은 감정에 뿌리를 둡니다" 하고 Wordsworth는 Beaumont 부인에게 1807년 5월 21일에 쓴 편지에서 말했다.

2. *New York Post*, 29 February 1960.

3. Kittay, *Metaphor*, 4.

4. Mel Brooks는 "내가 손가락을 베면 그건 비극이다. 그러나 내가 하수구 속에 들어가 죽으면 그건 희극이 된다"고 말했다. *The New Yorker*, 30 October 1978.

5. 미국식 유머와 코미디언에 대한 연구로는 Steve Allen이 쓴 *Funny People* (Briarcliff Manor, N.Y.: Stein and Day, 1981)과 *More Funny People* (Briarcliff Manor, N.Y.: Stein and Day, 1982), 그리고 *How to Be Funny* (N.Y.: McGraw Hill, 1987)가 있다. 마지막 책은 그가 Jane Wollman과 같이 쓴 것이다. Steve Allen은 그 자신도 대단히 재미있는 사람이지만 교육도 잘 받은 사람으로서 폭넓은 독서를 통해 철학이나 역사도 유머나 연예에 관한 주제 못지않게 논할 수 있는 지성을 갖춘 인물이다. 그가 쓴 "Meeting of Minds"라는 텔레비전

프로가 이를 입증한다.

    6. 대조점을 과장함으로써 웃음을 자아내는 것이 유머의 근간을 이룬다는 점에서는 성경의 유머도 마찬가지다. 예수께서 낙타가 바늘귀를 어떻게 통과하겠느냐 하셨을 때 듣는 사람들은 모르긴 해도 웃음을 머금었을 것이다. 어쩌면 폭소를 터뜨렸는지도 모른다. Elton Trueblood, *The Humor of Christ* (New York: Harper and Row, 1964)와 Cal Samra, *The Joyful Christ: The Healing Power of Humor* (San Francisco: Harper and Row, 1986)를 보라.

    7. Keane, *Christian Ethics*, 67. Reinhold Niebuhr도 "Humour and Faith"라는 제목의 설교 비슷한 글에서 유사한 얘기를 한다. "유머와 신앙의 밀접한 관계는 둘 다 우리 실존의 부조화를 다룬다는 사실에서 나온다. 다만 유머가 삶의 즉각적인 차원에서의 부조화를 다룬다면 신앙은 보다 궁극적인 차원에 관심한다는 점이 다를 뿐이다." 이 글은 Reinhold Niebuhr의 책 *The Signs of the Times* (New York: Charles Scribner's Sons, 1946), 111-31에 나온다.

    8. E.B. White, *A Subtreasury of American Humor* (New York: Coward McCann, 1941), xvii.

    9. 프로이드적 관점에서 유머와 창의성의 관계를 논한 글로 Silvano Arieti, *Creativity: The Magic Synthesis* (New York: Basic Books, 1976)의 7장을 보라.

    10. "성경에 유머가 하나도 없다는 사실은 문학 작품에 있어 정말 희귀한 일이 아닐 수 없다"고 Whitehead는 말했다. Lucien Price, *Dialogues of Alfred North Whitehead* (Boston: Little, Brown, 1954), 199를 보라. 성경 혹은 기독교 신앙을 놓고 사람들이 종종 오해하듯 이 박식한 철학자요 수학자인 양반도 그 점에 있어서는 틀린 소리를 했다.

    11. E.W. Bullinger, *Figures of Speech Used in the Bible* (Grand Rapids: Baker, 1968), 806-15를 보라.

    12. Brooks, *Lectures*, 56. 그러나 Brooks는 설교자들에게 경고하기를,

"성직자라는 광대들은… 거룩한 것에 손을 대서는 죄다 오염시킨다. 그들은 그야말로 성경을 놓고 농담을 해대는 사람들이다. 교회의 거룩한 상징들을 오랫동안 전수되어 온 진부한, 농담 같은 언어로 버려 놓고 만다… 성경에는 값싼 농담이나 즐기는 성직자들 바람에 아예 버려 버린 본문들이 수없이 많다"고 했다(p. 56).

13. Helmut Thielicke, *Encounter with Spurgeon*, trans. John W. Doberstein (Philadelphia: Fortress, 1963), 25-26.

14. William Jewett Tucker, *The Making and the Unmaking of the Preacher* (Boston: Houghton Mifflin, 1898), 122.

15. *Oswald Chambers: His Life and Work*, comp. and ed. Gertrude Chambers (London: Simkin Marshall, 1933), 276. 또한 Warren W. Wiersbe, *Victorious Christians You Should Know* (Grand Rapids: Baker), 53-59를 보라.

15장

1. 성경적 복음주의란 뭐냐에 대한 연구 중에서도 잘된 것으로 David Watson, *I Believe in Evangelism* (Grand Rapids: Eerdmans, 1976)과 Michael Green, *Evangelism in the Early Church* (Grand Rapids: Eerdmans, 1970), 이 둘을 꼽을 수 있다. David Watson이 쓴 *Called and Committed: World-Changing Discipleship* (Wheaton, Ill.: Harold Shaw, 1982)도 괜찮다. 이 책 전체가 우리가 지금 다루는 주제에 부합하거니와 특히 9장은 전도를 집중적으로 다루는 부분이다.

2. 신명기 21장 18-21절을 볼 것 같으면, 부모를 거스르는 자식은 가족과 마을 전체에 수치를 안겨 주는 존재이므로 돌로 쳐 죽여도 되게끔 돼 있다. 하지만 먼저 돌에 맞아야 할 사람은 그 아비다!

3. John Wesley가 다섯 살 적에 사택에 불이 났는데 간신히 구출된 적이 있다. 그래서 그는 늘 스스로를 가리켜 "화재에서 건진 찌꺼기"라고 표현하곤 했다.

4. '게헨나'란 단어는 아람어 '게벤힌놈', 즉 '힌놈의 아들 골짜기'란 뜻의 단어를 음역한 것이다. 그 골짜기는 예루살렘 남서쪽에 위치한 곳으로 아하스와 므낫세가 자기 아들들을 몰렉에게 희생 제물로 바친 곳이다(대하 28:3; 33:6; 렘 7:31-32; 32:35을 보라). 그런데 경건한 왕 요시야가 그곳을 쓰레기장으로 만들어 버렸다(왕하 23:10). 바울이 서신에서 영벌에 관해 가르치면서도(살후 1장) '게헨나'란 단어를 쓰지 않은 점이 흥미롭다.

5. "지옥에 관해 이야기할 때 적이나 다른 사람들만 생각할 게 아니라(이 바람에 우리 이성이 흐트러진다) 우리 자신도 그러한 저주를 받을 수 있는 가능성을 눈앞에 그려야 한다"(C.S. Lewis, *The Problem of Pain* (London: Geoffrey Bles, 1950), 116). C.S. Lewis의 책 8장에서 지옥에 대해 다룬 글이 전도하는 사람에게는 아주 유용할 것이다. 일독을 권하는 바다.

6. Patterson과 Kim에 의하면 미국 대중의 82%는 지옥이든 천국이든 사후의 삶이 있다고 믿는데 자기가 지옥에 갈 거라고 믿는 사람은 4%에 불과하다고 한다. 오히려 반 정도(46%)는 자신이 천국에 갈 거라고 믿고 있다는 것이다. 또 55%는 사탄의 존재를 믿고 있다고 한다. James Patterson and Peter Kim, *The Day America Told the Truth* (New York: Prentice Hall, 1991), 204.

7. 물론 우리는 사람들이 남한테는 정의를 엄격히 적용해도 자신한테는 관대하다는 사실을 잘 알고 있다. 자기 수입을 속여 세금을 물다가 들켜 벌금이라도 물라치면 실컷 불평을 하는 사람이 장사하는 사람한테 속았다 싶으면 그 사람을 엄히 처벌해야 한다고 주장하는 식이다.

8. Spurgeon이 스물셋에 한 설교를 들어 보자. "그대의 심장이 열에 들떠 헐떡이고, 맥박이 극심한 고통에 겨워 미친듯이 뛰며, 일찍이 순교자들이 당했던 것처럼 사지는 불길에 마구 갈라지건만 정작 타 없어지지는 않고, 뜨거운 기름 가마에 던지운 그대의 혈관은 뜨거운 고통이 전신을 타고 도는 통로 구실을 하고, 신경의 모든 관은 악마가 영원히 끝나지 않는 지옥의 애가를 연주하는 줄 구실을 하는 동안에도 그대는 죽어 없어질 수가 없습니다. 영혼이 영원히 고통을 받는 동안 몸도 그 영혼과 한가지

로 몸부림을 치게 되는 것입니다"(*The New Park Street Pulpit*, vol. 2, 105). 쉰 세 살이 되어 Spurgeon은 이렇게 설교한다. "당신은 지옥 아구의 한 가닥 줄에 매달려 있는데 그 줄마저도 조금씩 끊어져 갑니다. 그러다 마침내 헐떡이던 숨이 턱 막히고 심장이 덜컥 가라앉는 한순간에 당신은 그 영원한 세계로 떨어지고 맙니다. 하나님 없이, 희망도 없이 용서받지 못한 채로 말입니다. 아, 그런 순간을 어떻게 맞이하렵니까?"(*Metropolitan Tabernacle Pulpit*, vol. 37, 527.) "Sinners in the Hands of an Angry God"라는 유명한 설교에서 Jonathan Edwards는 이렇게 묘사한다. "당신은 하나님의 진노의 불길이 넘실거리는 속을 그저 가느다란 줄 한 가닥에 의지해 매달려 있습니다. 언제고 줄이 그슬려 끊어지고 말 순간이 올 텐데 말입니다." 같은 설교에 또 이런 표현이 나온다. "사악함이 묵직하게 당신을 내려앉혀 엄청난 무게와 압력으로 지옥을 향해 떨어지게 하는데, 만약 하나님께서 이를 내버려 두신다면 당신은 빠른 속도로 끝없는 심연 속을 추락하고 말 것입니다." John Gerstner, *Jonathan Edwards on Heaven and Hell* (Grand Rapids: Baker, 1980)을 보라. Spurgeon이나 Edwards가 오늘날에 살아 있었다 해도 줄곧 지옥의 영벌에 대해 설교했을 테지만, 아마도 지옥의 무서움을 감소시키지 않으면서도 좀 다른 접근 방법을 생각했음직하다.

9. Lewis, *Problem of Pain*, 115.

10. 이 구절은 RSV,NEB 및 PH가 한 식으로 '그가 나에게 맡긴 것을 지킬 수 있는'의 뜻으로 번역할 수 있다. 하지만 개인적으로는 NIV, NRSV, NKJV와 NASB의 번역을 더 좋아한다. 즉 친구에게 귀중한 보물을 맡기고 여행을 떠나는 사람의 이미지인 것이다. 바울은 이제 막 '떠나려' 하는데 자신의 구원 및 사역의 열매가 그를 부르신 주님의 손 안에서 안전히 있음을 확신하고 있다. 이 '맡긴 것'의 주제는 바울이 디모데에게 쓴 서신에서 아주 중요한 역할을 하고 있다(딤전 6:20; 딤후 1:12,14; 2:2; 4:7).

11. *Authorized Version*을 사용하는 사람들은 여기 단어가 strait이지 straight이 아님을 주의해야 한다. strait은 '좁다, 가로막히다'는 뜻이다. '묶다'는

뜻의 라틴어 스트릭투스(Strictus)에서 온 말이다. Lloyd-Jones가 이 이미지를 잘 설명해 주고 있다. "이 세상의 지혜와 속된 동기가 전도 활동에 끼여든다면 '좁은 문' 이라 할 게 없다. 도대체 그리스도인이 된다고 하는 것이 비그리스도인과 별다른 차이가 없다는 인상을 주는 경우가 너무 많다. 즉 그리스도인이 된다고 해서 좁은 길을 가는 인생이라고 생각할 게 아니라 뭔가 매력있고 신나고 재미있는, 그래서 사람들도 많이 꼬이는 길로 보자는 것이다… 그러나 참된 그리스도인의 길은 사람들한테 인기가 별로 없다. 사실 예전에도, 오늘날도 인기가 없는 것이 그 길이다."(Martyn Lloyd-Jones, *Studies in the Sermon on the Mount* (Grand Rapids: Eerdmans, 1960), 2:220-21).

16장

1. 창의성을 주제로 다룬 책은 많이 있고 내용의 질도 가지각색이다. 깊이있는 심리학 저술에서부터 대중 문화적인 이렇게 저렇게 하라 식의 책까지 분야도 다양하다. 다음의 책들이 한번 읽어 볼 만하다. James I. Adams, *Conceptual Blockbusting: A Guide to Better Ideas* (Reading, Mass.: Addison-Wesley, 1986); Silvano Areti, *Creativity: The Magic Synthesis* (New York: Basic Books, 1976); Henri Bergson, *The Creative Mind* (New York: Philosophical Library, 1946); Robert Fritz, *Creating* (New York: Fawcett Columbine, 1991); Brewster Ghiselin, ed., *The Creative Process* (Berkeley: Univ. of California Press, 1985); Robert Gruden, *The Grace of Great Things: Creativity and Innovation* (New York: Ticknor and Fields, 1990); Robert B. Heywood, ed., *The Works of the Mind* (Chicago: Univ. of Chicago Press, 1966); Vera John-Steiner, *Notebooks of the Mind* (New York: Harper and Row, 1985); Rollo May, *The Courage to Create* (New York: W.W. Norton, 1975); Alex F. Osborn, *Applied Imagination* (New York: Charles Scribner's Sons, 1953); Denise

Shekerjian, *Uncommon Genius: How Great Ideas Are Born* (New York: Viking, 1990); Jerome L. Singer and Ellen Switzer, *Mind-Play: The Creative Uses of Fantasy* (Englewood Cliffs, N.J.: Prentice-Hall, 1980); Anthony Storr, *The Dynamics of Creation* (New York: Atheneum, 1985); John Wonder and Priscilla Donovan, *Whole-Brain Thinking* (New York: Morrow, 1984).

    2. 전문가들이 말하는 창의적 인물의 특성은 다음과 같다. 혼자서 갈 수 있는 용기, 위험과 실패마저도 기꺼이 감수하겠다는 태도, 유머 감각, 호기심, 육감과 직관에 대한 확신, 끈기, 그리고 변화를 반기는 긍정적인 태도. 대개 창의적 인물들은 자기 분야를 잘 알고 또 계속 배우는 사람들이긴 하지만, 교육 정도나 아이큐는 그리 중요하지 않다. 그런데 소위 '영감'이라는 것이 창의적이 되는 데는 별로 중요한 역할을 하지 않는다는 것이다. 창의력이란 한 가지 단일한 능력이라기보다는 여러 능력이 종합적으로 작용하는 것이자 사물을 대하는 '사고 방식'인 것으로 보인다.

    3. 이 중요한 주제를 다룬 깊이 있는 내용을 보려면 Willam Temple이 쓴 *Mens Creatrix* (London: Macmillan, 1917)의 3장을 보라. 이 책 자체가 '창의적 정신'에서 나온, 생각을 자극하는 글이거니와, 설령 Temple 대주교의 플라톤 철학에 동의하지 않더라도 그가 펼치는 창의적 사고를 접하는 것만으로도 유익할 것이다. 그런데 Temple은 그의 사고에 영향을 준 인물을 셋 꼽았는데 바로 플라톤, 성 요한, 그리고 Robert Browning이다. Temple은 자기 결혼식 전날밤에도 *Mens Creatrix*를 탈고하기 위해 늦게까지 일했다 한다! F.A. Iremonger, *William Temple: Archbishop of Canterbury* (London: Geoffrey Cumberlege, 1948)를 보라. 그런데 이 책 28장의 "The Philosopher"는 Dorothy Emmet이 쓴 것이다. Temple의 신학 및 철학의 대략을 이해하려면 A.E. Baker, ed., *William Temple's Teaching* (London: James Clarke, n.d.).

    4. Eudora Welty, *One Writer's Beginnings* (New York: Warner, 1985), 83. 이 책이야말로 다른 사람들이 아주 어려운 장애라고 여길 만한 것들에도

불구하고 한 사람이 창의적 재능을 발휘하게 되는지에 대한 산 기록으로 추천할 수 있겠다.

5. Ciardi의 말인즉, "시인의 일이란 체험을 얘기하려는 것이 아니라 체험이 발생하게 하는 것"이라 했다. 그가 쓴 글 "The Art of Language," Thruelson과 Kobler의 공저 *Adventures of the Mind*, 587을 보라. Thoreau가 일기에서 글쓰기에 관해 쓴 내용은 설교에 적용해도 사실이다. "힘있는 작가는 체험을 갖고 자기가 쓴 글 배후에 몸으로 가 서 있는 것이다. 그는 그저 책을 쓰기 위한 책을 내놓는 것이 아니다. 그 자신이 그 글 안에 들어가 거기 있는 것이다" (1852년 2월 3일). "그저 앉아서 글만 쓴다는 것이 일어나 삶을 사는 것이 없이는 얼마나 공허한가!" (1851년 8월 19일) Thoreau의 친구 Emerson도 그 점에 동의한다. "글쓰기를 배우고 싶거든 여기 이 거리에서 배워야 한다… 대학이 아니라 사람들, 사람들이 작가가 사는 집인 것이다." *Society and Solitude* (Boston: Houghton, Mifflin and Co., 1883), 16. 전쟁의 대열 배후에서 편안히 앉아 공부나 한 목회자가 군대에 대해 할 말이 별로 없는 것이나 마찬가지다.

6. "우리 상상력이 이끌어낼 수 있는 풍부한 대비를 접어놓고 말할 수 있는 경험이 무엇인가?" 이것은 Batten, Barton, Durstine and Osborn의 공동 설립자인 Alex Osborn이 자신이 쓴 *Your Creative Power* (New York: Dell, 1961)라는 매력있는 책, 87에서 내놓은 물음이다. 일독을 권하는 바다.

7. Gary Jackson Oliver, *Real Men Have Feelings Too* (Chicago: Moody, 1993)를 보라.

8. William Wordsworth의 시 "Lines Composed A Few Miles Above Tintern Abbey"는 바로 유쾌했던 기억을 떠올리면서 어떻게 아름다운 체험을 재창조해 낼 수 있을지 하는 문제와 씨름한 시라고 할 수 있다. 독자들도 한번 이 시를 읽어 보되 특히 듣고 보고 주목하는 등의 감각적인 언어 표현에 유의해 보라. 자연을 누리는 체험을 노래하는 이 시는 이렇게 나간다.

도시 한복판에서 나는 그들에게 빚을 졌다네.
고독한 방안에서 혹은 소음의 와중에서
피로가 몰리는 시간, 감각들은 달콤하게
핏속에서 또 심장 박동을 따라 느껴지는데
잊었던 기쁨의 감정들이 조용히 되살아나네

9. "소설 쓰기에는 이상한 역설이 있다. 말인즉, 이 우주에 그렇게 고독한 직업도 없으면서 동시에 인간 세상 및 문단에 그렇게 의지하는 직업도 없는 것이다." Walker Percy, *Sign-Posts in a Strange Land* (New York: Farrar, Strauss and Giroux, 1991), 199.

10. 잡지 *New Yorker* (1959년 3월 7일)에 실린 한 보고에 의하면, 세계의 뛰어난 지성인 예순여섯 명을 조사해 보니까 이들 대부분이 잠자리에 들기 직전이나 잠에서 막 깨어난 직후에 좋은 아이디어가 떠오르는 경우가 많다고 말하더라는 것이다. 내가 고등학교에 다닐 때도 밤새 기하학 문제와 씨름하다 잠이 들었는데 아침에 깰 때 답이 생각나서 그저 적어 놓기만 하면 되는 경우가 종종 있었다. 설교 준비를 할 때도 비슷한 경험을 할 때가 있는데 잠들기 직전에 설교 본문을 묵상하면 다음날 좋은 설교가 떠오르는 것이다. 생각이란 씨앗과도 같다. 일단 심고 나서는 자라는 데 시간이 걸리는 것이다. "시에 있어 천재성이란 한 사람 안에 잠재해 있다가 마치 자신을 구원해 내듯 솟구치는 것을 말한다"고 영국의 시인 John Keats는 말했다. "무슨 법칙이나 규칙을 통해 배울 수 있는 것도 아니고 그저 본래적 감각과 방심하지 않는 세심함을 통해서 나올 뿐이다 - 창조적인 것은 스스로 자신을 창조해 낸다"(1818년 10월 8일, *Letters*, 1:374). 대학생 200명을 조사해 보니까 가장 창의력이 높은 학생 중 86 퍼센트는 밤에 잘 때 20분 이내에 잠이 드는 타입이었고 창의력이 별로 높지 않은 학생들은 30분 이상을 뒤척거려야 잠을 잘 수 있는 사람들이었다고 한다 (*USA Today*, 1985년 9월 26일자). 만약 그게 사실이라면, 창의적인 사람들일수록 좋은 아이디어를 떠올릴 시간도 많지 않은 셈이다!

11. Albert Einstein이 Princeton의 한 친구에게 이렇게 물었다 한다. "난 왜 아침에 면도할 때 제일 좋은 생각이 떠오르는 걸까?" Rollo May의 답인즉슨 "통찰력은 일과 휴식이 교차하는 순간에 일어난다"는 것이다. Rollo May, *The Courage to Create*, 66-67을 보라.

12. Robert L. Short의 *The Gospel According to Peanuts* (Richmond, Va.: John Knox, 1965)와 *The Parables of peanuts* (New York: Harper and Row, 1968)을 보라. 내가 틀린 생각을 하는지는 모르지만 "good ol' Charlie Brown"이 요즘은 훨씬 천방지축인 "Calvin and Hobbes"의 Calvin으로 대체된 느낌이다. 어쨌거나 "Calvin and Hobbes"는 근년에 선풍적인 인기를 끈 만화다. 아마도 Charlie와 Calvin이 드러내는 차이는 그간 미국 아동들의 변화를 반영하는 것일 게다. 그 분석이야 사회학자와 심리학자들의 몫이겠지만.

13. James Elphinston이 Samuel Johnson에게 당시 인기를 끌던 어떤 책을 읽어 봤느냐고 물었더니 Johnson이 그저 "읽어 봤다"고 대답했다. 그러자 Elphinston이 "아니 그 책을 철저히 정독하지는 않고 그저 읽기만 했느냐"고 다그쳤다. 그러자 Johnson이 대답하기를, "선생님은 어떤 책이고 다 정독하십니까?" 했다 한다. (Boswell, *Life of Johnson*, 1:463.) 나도 읽고 있는 책이 별로 도움이 된다고 느끼지 않을 때는 남들이 아무리 그 책이 좋다고 해도 읽다만 데다 표시를 해 두고 나머지는 대충 훑어 본 다음 나중에 읽자고 치워 둔다. 나는 책을 읽을 때 중요하다고 생각하는 대목에는 밑줄을 긋고 책 뒤에 내 나름으로 색인을 만들기도 한다. 또 자서전 같은 걸 읽을 땐 그 사람의 연대기를 만들기도 하고 (물론 책에 이미 들어 있는 경우는 제외하고 말이다) 그의 생애에 중요했던 사람들이나 책, 기타 중요한 자료 목록을 만들어 나중에도 그 책을 이용하기 좋게 만든다. 독서 기술을 발전시키고 싶으면 다음의 책들을 참고하라. Mortimer Adler and Charles Van Doren, *How to Read a Book* (New York: Simon and Schuster, 1972); James Sire, *The Joy of Reading* (Portland, Ore.: Multnomah, 1978); Ben E. Johnson, *Rapid Reading with a Purpose* (Glendale, Ca.: Regal, 1973). 속독에 관한

고전으로는 Norman Lewis, *How to Read Better and Faster*, 3rd ed. (New York: Thomas Y. Crowell, 1959)이 있다.

14. Mark Twain은 고전을 정의하기를, "사람들이 좋은 책이라고 칭찬은 하지만 정작 읽지는 않는" 책이라 했다. 한편 Daniel J. Boorstin은 베스트셀러를 "잘 팔린 책인데 그 이유는 그냥 잘 팔렸기 때문일 뿐인… 그저 잘 알려졌다는 사실 때문에(어떤 때는 순전히 그 한 가지 이유 때문에) 사람들이 알고 있는" 책이라 했다. *Writers on Writing*, comp. Jon Winokur (Philadelphia: Running Press, 1990), 40-41.

15. 목사님들이 내게 어떤 고전을 읽어야 하는지 물을 때마다 나는 Clifton Fadiman, *The Lifetime Reading Plan* (New York: Thomas Y. Crowell, 1978) 개정판을 읽어 보라고 권한다. Fadiman은 오랜 세월을 살아 남은 책 백 권 이상을 소개하면서 어떤 책이며 왜 중요한지를 설명해 준다. Charles Van Doren도 *The Joy of Reading* (New York: Harmony Books, 1985)이라는 책을 썼는데 비슷한 종류이지만 보다 폭넓은 범위의 책을 소개하고 있다. *Classics Revisited*라는 책에서 Kenneth Rexroth는 60명의 고전 작가와 그들의 작품을 소개한다 (New York: New Directions, 1986). 또 *The Harvard Guide to Influential Books*, ed. by Devine, Dissel and Parrish (New York: Harper and Row, 1986)란 책은 하버드 교수 113명이 자신들의 '사고를 빚는 데 영향을 준' 책들을 열거하고 있다. 그리고 Beatrice Batson, *A Reader's Guide to Religious Literature* (Chicago: Moody, 1968)는 중세 시대부터 20세기 중반에 이르기까지 신앙 서적 가운데 최고만을 정선해서 소개하는 책자다. 책 고르기로 말할 것 같으면, 특히나 소위 '위대한 문학' 운운에 이르러는, 공연히 남이 하는 말에 겁먹을 필요가 없다. 어쨌거나 시간을 투자해서 읽는 것도 자신이고 거기서 최고의 유익을 얻어내야 할 사람도 남이 아니라 자신이다. 어떤 '위대한 작품'은 정말 거기 몰입할 필요가 있지만 어떤 것들은 그저 무슨 소릴 하는지 알아 두는 정도이기도 하고 어떤 것은 아예 무시해 버릴 수도 있는 것이다. 그러므로 서둘러 *The Great Books of the Western World*

라든지 *The Harvard Classics* 같은 전집을 구입하거나 낱권으로 책들을 모으기 전에 명작 선집 정도를 우선 읽고 작가와 작품에 대해 어느 정도 알아 두는 것이 바람직하다. W.W. Norton and Company, New York 같은 데서 나온 명작 선집은 여러 대학에서 교과서로 사용되고 있어 학교 서점에서도 구입할 수 있다. 현대 문학 선집으로는 Frye, Baker, Perkins and Perkins, eds., *The Practical Imagination* (Harper and Row)을 보면 좋다. 이렇게 선집을 통하면 많은 작가와 작품을 폭넓게, 빨리, 그리고 값싸게 접할 수 있을 뿐만 아니라 이내 어떤 작가의 작품이 자신에게 와닿는지도 알게 된다. 고전이야 다시 쓸 필요가 없는 책이므로 우리가 살고 있는 시대에도 호소력을 가질 수가 있다. 그래서 고전이기도 한 것이고. 즉 고전이란 시대를 뛰어넘어 본질적인 것을 다루는 책이다. 오늘날 생태학에서 나오고 있는 책 상당수가 이미 Thoreau가 *Walden*이라든지 1849년에 출판된 *Civil Disobedience*에서 이미 예견했던 내용을 다루고 있다. Thoreau의 이 책들은 현대 민권 운동에서도 기초 교재로 사용된다.

16. 나는 그전부터 목사님들에게 고전을 읽는 일이라면 그들이 갖고 있는 성경 지식이 큰 보탬이 되지 않느냐고 말했다. 사람들이 알아차리지 못하는 경우가 많지만 고전 예술, 음악, 문학이 다 성경의 비유와 은유에 직, 간접으로 영향을 받았기 때문이다. 대학생들이 Melville의 *Moby Dick* 첫장 첫문장 "나를 이스마엘이라 부르라"를 읽으면서 그 이름이 그 소설 전개에 있어 얼마나 의미심장한 것인지 아는 학생은 몇이나 될까? 나도 나중에 그 소설을 다시 읽으면서 성서의 은유와 암시가 나오는 곳마다 표시해 본 적이 있다. 그래 보니까 무려 백 군데가 넘었다. 그런데도 그 전에는 그걸 미처 몰랐던 것이다. *A Dictionary of Biblical Tradition in English Literature*, ed. David Lyle Jeffrey (Grand Rapids: Eerdmans, 1992)와 Walter B. Fulghum, Jr., *A Dictionary of Biblical Allusions in English Literature* (New York: Holt, Rinehart and Winston, 1965)를 보라.

17. 인쇄된 글로 설교를 읽을 때 기억해야 할 것은 글이란 어차피 새로 편집하게 마련이고 그러다 보면 정작 설교자의 가슴을 드러낼 문장이나 표현이 사라져 버리

는 경우도 있다는 점이다. "설교를 인쇄하기란 불가능하다"고 Charles E. Jefferson은 썼다. "제아무리 해도 인쇄한 설교란 해골에 불과하다. 설교의 생명은 음의 강약과 말투에 있고 음절을 불사르는 미묘한 불길과 설교자 자신에게서 우러나오는 영적인 가슴에 생명이 있는 것이다." Charles E. Jefferson, *The Minister as Prophet* (New York: Grosset and Dunlap, 1905), 62.

18. 만약 문학에 문외한이라면 Leland Ryken's *The Liberated Imagination* (Wheaton, Ill.: Harold Shaw, 1989)의 3장부터 시작해서 거기 기구 타는 사람을 놓고 저자가 지은 시부터 감상해 보면 좋을 것이다. John Ciardi and Miller Williams, *How Does a Poem Mean* (Boston: Houghton, Mifflin, 1975), Laurence Perrine, *Sound and Sense: An Introduction to Poetry* (New York: Harcourt Brace Jovanovich, 1973), Elizabeth Drew, *Discovering Poetry* (New York: W.W. Norton, 1933) 등이 시를 이해하고 즐기는 데 좋은 입문서 구실을 할 것이다. 집에 어린 자녀가 있다면-혹 없더라도-Lee Bennett Hopkins, *Pass the Poetry, Please!* (New York: Harper and Row, 1987)는 하나 가정에 비치해 둘 필요가 있는 것이 이 책은 어린 아이의 관점에서 시를 바라본 것이기 때문이다. Kathleen E. Morgan, *Christian Themes in Contemporary Poetry* (London: SCM, 1965)는 20세기 현대시 여섯 편을 논한 책이며 Stopford A. Brooke,*Theology in the English Poets* (London: J.M. Dent, in the "Everyman Series")는 Cowper, Coleridge, Wordsworth 및 Burns를 다룬 책인데 특히 Wordsworth를 집중적으로 다룬, 고전적인 책이다. *Four Ways of Modern Poetry*, edited by Nathan A. Scott, Jr. (Richmond, Va.: John Knox, 1965)는 기독교인의 관점에서 Wallace Stevens, Robert Frost, Dylan Thomas, W.H. Auden 등의 시를 간명하게 다룬 입문서적인 책이다. 나 개인적으로는 Richard Hugo, *The Triggering Town* (New York: W.W. Norton, 1979)이 아주 유익하면서도 재미있게 읽은 책이다. Hugo는 시인이면서 '창조적 글쓰기'를 가르치는, 즉 쓰기와 가르치기를 둘 다 상상력과 재능을 갖고 할

줄 아는 사람이다. C.F. Main and Peter J. Seng, eds., *Poems: Wadsworth Handbook and Anthology* (Belmont, Ca.: Wadsworth, 1961)는 누군가 시 읽기를 처음 시작한 사람에게는 아주 이상적이라 할 책이다. 시를 골라 싣는 데도 상당히 균형이 있을 뿐만 아니라 소개하고 설명하는 내용도 지나치게 학문적이지 않으면서 튼실하다. 신앙시 선집으로 고전적인 책은 Donald T. Kauffman, ed., *The Treasury of Religious Verse* (Westwood, N.J.: Revell, 1962)와 James Dalton Morrison, ed., *Masterpieces of Religious Verse* (New York: Harper and Brothers, 1948)가 있다. Merle Meeter, comp., *The Country of the Risen King* (Grand Rapids: Baker, 1978)은 기독교 시선집으로는 아마 최고 중 하나가 아닐까 싶은데, 현대시도 엄선해서 실었거니와 역사적으로 '명작'이라 할 것도 함께 실었다. A.W. Tozer, comp., *The Christian Book of Mystical Verse* (Harrisburg, Pa.: Christian Pub., 1963)는 신비주의자들을 좋아하는 Tozer 박사의 취향이 고스란히 드러나거니와, 이 분야의 기본 교재라 할 D.H.S. Nicholson and A.H.E. Lee, comps., *Oxford Book of English Mystical Verse* (Oxford: Clarendon, 1917), Lord David Cecil, ed., *Oxford Book of Christian Verse* (Oxford: Clarendon, 1940)를 보충해 주는 책으로 읽으면 좋다. 좋은 신앙시 선집으로 또 하나 든다면 Robert Atwan and Laurance Wieder, eds., *Chapter into Verse: Poetry in English Inspired by the Bible* (Oxford: Oxford Univ. Press, 1993)을 꼽을 수 있겠다. 이 책 1권은 구약에 바탕한 시들이 실려 있고 2권에는 신약에서 영감을 얻은 시들이다. 두 권 다 성경의 순서대로 내용을 배열하였다.

    19. Luci Shaw의 말을 들어 보자. "기독교 시인들은 교회가 성경에서 늘상 접하던 내용이지만 평상시에 주의해서 보지 않거나 혹은 잘못 해석해 온 것들을 다룬다. 하나님은 은유적으로 생각하신다. 그러기에 성경은 놀랄 만한 은유로 가득차 있는 것이다. 그렇지만 우리는 그 내용을 늘상 익숙하게 대하다 보니 그 성경의 은유들이 얼마나 생생한 것인지 느끼지 못한다… 그러다가 제대로 어떤 이미지를 얻게 되면 하

나님께서 말씀하시는 바가 무엇인지 보다 잘 이해하게 되는 것이다. 시가 하는 일이란 바로 이와 같은 것이다. 즉 시는 우리에게 그림을 보여 준다. 우리가 흔히 간과하기 쉬운 삶의 소소한 영역들을 신선한 각도에서 볼 수 있게 해 주는 것이다. 이것이 시나 다른 예술이 신앙인들에게도 하나님에 대한 새로운 이해를 얻게 해 주는 까닭이다." Etta Worthington, "Creative Christianity: An Interview with Luci Shaw" *Sunday Digest*, 10 June 1984. Luci Shaw가 쓴 시들은 Harold Shaw Publishers, Wheaton, Ill.에서 주로 출판하였는데 그 제목을 보면 다음과 같다. *Listen to the Green* (1971), *The Secret Trees* (1976), *The sighting* (1981), *A Widening Light: Poems of the Incarnation* (1984), *Postcard from the Shore* (1985). 그리고 *Polishing the Petoskey Stone* (1990)은 *A Widening Light*만 빼고 이전에 출간된 모든 시집을 하나로 묶은 책이다.

20. "Poetry Considered," *Atlantic Monthly*, March 1923.

21. '박식한' (erudite)이란 말과 '교양없는' (rude)이란 말이 원래 어원적으로 사촌지간임을 아시는지? 두 단어 모두 라틴어 루디스 rudis에서 파생되었는데, 이 말은 '아직 형성되지 않은, 거친, 가꾸지 않은, 미숙한' 등을 뜻한다. 그리고 라틴어 동사 에루디오 erudio는 '미숙함에서 벗어나다, 교육하다, 가르치다'는 뜻을 갖고 있다. 사실 박식한 사람이란 자신의 거칠고 조야한 부분을 교육을 통해 갈고 닦은 사람이라고 할 수 있다. 후대 라틴어는 에루데라레 eruderare라는 동사를 썼는데 이는 '쓸데없는 것을 치우다'라는 뜻이다. 우리가 어떤 새로운 생각을 머리에 심으려면 낡고 쓸데없는 것부터 깨끗이 치워야 할 때가 많은 법이다. 얼마나 기막힌 뜻을 가진 단어들인가!

22. 단어 공부가 얼마나 중요한지 모른다. 특히나 히브리어나 헬라어 공부를 해 본 적이 있는 독자라면 훨씬 유리하다. 학교 교육을 받는 동안 혹시 현대어라도 언어 공부를 해 본 사람이라면 단어 공부를 하는 도중에 옛날에 배웠다가 잊어버렸던 것까지도 다시 생각날 때가 많을 것이다. 외국어 공부라곤 해 본 적이 없는 사람도 이제부터 영어의 어원 공부를 해도 늦지 않다. '단어의 추적자'가 되는 첫걸음은 아마

William Safire가 쓴 책, 예를 들면 *Take My Word for It* (New York: Henry Holt, 1984), *What's The Good Word?* (New York: Times Books, 1982), *On Language* (New York: Times Books, 1981), *I Stand Corrected* (New York: Times Books, 1984) 등과 더불어 내디딜 수 있을 것이다. Edward Newman이 쓴 *Strictly Speaking* (New York: Bobbs-Merrill, 1974)과 *A Civil Tongue* (New York: Bobbs-Merrill, 1975)는 읽기도 재미있고 배우는 바도 많다. 시인 John Ciardi는 *A Browser's Dictionary* (New York: Harper and Row, 1980), *A Second Browser's Dictionary* (New York: Harper and Row, 1983), *Good Words to You* (New York: Harper and Row, 1987) 등을 차례로 내 놓았는데 전부 다 어원 전승에 관한 한 보배와도 같은 책들이다. Charles Earle Funk, *Thereby Hangs a Tale* (New York: Harper and Row, 1950)은 단어나 문구의 어원에 관한 재미있는 사실들을 수집한 책이고 *Word Mysteries & Histories*, by the Editors of *The American Heritage Dictionary* (New York: Houghton Mifflin, 1986)도 그 비슷한 책이다. *Owen Barfield, History in English Words* (Grand Rapids: Eerdmans, 1967)는 제한된 단어만을 좀더 학구적으로 깊이있게 다룬 책이지만 단어 연구로서는 한번 읽어 볼 만한 책이다. 특히 11장에서 '상상'에 대해 다룬 부분은 이 책값을 아까워하지 않게 만드는 귀한 내용이다. 물론 독서를 진지하게 하는 사람들 치고 신화나 여타 다른 문학에서 영어에 끼어든 단어와 관련된 인명이나 지명, 사건, 사상 등을 알아보기 위해서 Brewer's *Dictionary of Phrase and Fable* 을 한 권씩 안 갖고 있는 사람이 드물 것이다. 내가 갖고 있는 것은 Ivor H. Evans가 개정해서 1970년에 Harper and Row에서 내놓은 것이다. 한편 Raymond Williams, *Keywords: A Vocabulary of Culture and Society* (New York: Oxford Univ. Press, 1983)은 오늘날 생각하고 말하는 데 중요하게 쓰이는 155 단어를 골라 다룬 아주 좋은 책이다. 그리고 William Lutz, *Double-Speak* (New York: Harper and Row, 1989)은 오늘날 미국에서 일어나고 있는 심각한 '언어 공해'를 알리고 또 분

석한 책이다.

23. Gerald Kennedy, *For Preachers and Other Sinners* (New York: Harper and Row, 1964), 91.

17장

1. Bliss Perry, *The Heart of Emerson's Journals* (Boston: Houghton Mifflin Co., 1926), 150. 1838년 4월 1일, 하버드 신학생 몇몇과 심방을 하고 난 후 Emerson은 일기에 이렇게 썼다. "요즘 목회자는 산문 치고도 아주 따분하기 이를 데 없는 산문과도 같다. 잠자리를 따뜻하게 데우는 기구 같고 침실용 변기 같으며 류마티즘에 걸린 영혼들이랄 밖에 없다. 그들에게서 음유 시인의 불타는 눈빛과 생기가 살아 넘치는 말은 사라졌고 그저 캠브리지 류의 딱딱하고 사납기만 한 어투나 성경을 흉내 낸 어투만이 나올 뿐이다" (p. 126). 한번은 그가 어떤 설교를 들었는데 그의 귀에는 설교가 아니라 연설로 들렸으며 "기하학적인 문제를 안고 있는 스타일로 도무지 다듬어지지도 않았고 열정도 들어 있지 않은" 것이었다고 혹평했다 (p. 91). Emerson이 성경의 신학도 거부하고 제도 교회를 별로 좋아하지 않긴 했지만, 그가 당시의 설교를 비평한 말은 지금도 들어 둘 만하다.

2. Charles H. Spurgeon, *Lectures to My Students*, 308, 310.

3. Lloyd-Jones, *Preaching and Preachers*, 97.

4. Boswell, *Life of Johnson*, 2:27.

5. Samuel Johnson, *Lives of the Poets* (London: Oxford Univ. Press, 1977), 1:117.

6. Samuel Butler (1902년 사망)는 "정의를 내린다는 것이 보통 상처난 데를 긁는 일과 같아서 공연히 쓰린 데를 더 쓰리게 만들기 일쑤다"는 말을 했다. 그럴지는 몰라도 누군가 더 나은 방법을 찾아내기 전까지는 할 수 없이 그 긁는 일을 계속할 수밖에 없다.

7. Martyn Lloyd-Jones가 이렇게 경고했다. "옛날 청교도들이 쓰던 말이나

정의, 분류 방식이나 설교 방식을 그대로 반복해서는 현대의 전투를 성공적으로 치러 낼 수가 없다. 그리고 아무 유익도 없다. 우리가 옛날의 원리를 고수해야 하는 것은 사실이지만 문제는 그것을 어떻게 오늘날의 방식으로 적용하고 활용하느냐 하는 것이다… 우리가 일단 어떤 제도의 노예가 되고 보면, 당대에는 제아무리 유용했던 것이라도 우리는 이미 실패하고 있는 것이라고 봐야 한다. 왜냐하면 처음부터 적용의 원리를 놓쳤기 때문이다." The Christian Soldier (Grand Rapids: Baker, 1978), 290-91.

8. Donald Coggan은 성경에 나오는 농촌적 이미지들은 오늘날의 산업화, 현대화된 사회의 이미지들과는 아주 딴판이어서 설교자는 그 옛 이미지들을 오늘날의 사고 형태로 번역하는 일을 해야만 사람들이 알아들을 수 있다는 주장을 했다. 어떤 성경 이미지들은 오늘날의 어떤 것으로 대체할 수도 있겠지만, 대개는 시간을 뛰어넘는 것이어서 오늘날에도 사람들이 충분히 이해할 수 있다. 예를 들면 사람이 태어나고 죽는 일이라든지 빵, 질병, 무거운 짐, 결박, 죄책과 징벌, 전쟁, 익사 등등이 오늘날이라고 해서 크게 다를 건 없는 것이다. 그리고 유대적 이미지들도 쉽게 설명해 줄 수 있다(예컨대 문둥이, 목자, 포도원, 결혼 풍습 같은). 오히려 문제는 애초의 계시를 희석시킬 수 있는 위험이 있다는 점이며 Coggan도 이를 모르지 않는다. Donald Coggan, Preaching: The Sacrament of the Word (New York: Crossroads, 1988), 113-14, 152-55. Henry J.M. Nouwen은 이 문제에 관해서 상당히 도움이 될 만한 통찰력을 제시하고 있는데 The Wounded Healer (Garden City, N.Y.: Doubleday "Image Books," 1979)의 1장을 보면 된다. 39쪽에서 Nouwen은 "설교란 단순히 전통을 전해 주는 행위로 그치는 것이 아니다. 오히려 현재 공동체 안에서 벌어지고 있는 일을 주의깊고 세심하게 명료화시켜서 듣는 사람으로 하여금 '아, 설교자가 내가 막연히 느껴 왔던 바를 분명하게 말해 주는구나, 내가 생각 한켠으로 밀어 놨던 것을 전면에 등장시키는구나, 우리가 누구며 어떤 처지에 있는지를 밝히 드러내 주는구나' 하고 느낄 수 있도록 해 주는 것이 설교다"라고 말한다. 이미지란 결국 그림이며(우리는 인생을 살펴보고) 그 그림들을 거울 삼고

(그래서 우리 자신을 보고) 또 창으로 삼는다(이를 통해 하나님을 본다). 사람들을 신앙에 이르게 하려면 설교는 그 사람들이 하나님을 개인적으로 만날 수 있도록 하는 문이 돼 주어야 한다.

9. 그 유명하다는 설교자가 누구였는지는 잊어버렸지만, 어떤 사람이 그 설교자의 설교를 듣고 "설교가 그냥 머리를 넘어 지나가고 말았습니다!" 했더니 설교자가 "다음부턴 머리를 꼿꼿이 드시오!" 하더란다. 설교란 정말 어려운 것이 사람들이 그 설교를 듣고 고양, 즉 올라가도록 하려면 내려가는 작업을 해야 하기 때문이다. 게다가 주의하지 않으면 선포해야 할 때 가서 그저 적응해 버리고 그치는 바람에 막상 아무것도 이루지 못할 위험마저 있는 것이다.

10. Brooks, *Lectures on Preaching*, 46-47.

11. Atkinson, *Ralph Waldo Emerson*, 77.

12. F.W. Dillistone in Donald Coggan, *Stewards of Grace* (London: Hodder and Stoughton, 1958), 120.

참고 문헌

Achtemeier, Elizabeth. *Creative Preaching*. Nashville: Abingdon, 1980.
_____. *Preaching as Theology and Art*. Nashville: Abingdon, 1984.
Arieti, Silvano. *Creativity: The Magic Synthesis*. New York: Basic Books, 1976.
Atkinson, Brooks. *The Complete Essays and Other Writings of Ralph Waldo Emerson*. New York: The Modern Library, 1950.
Avens, Robert. *Imagination Is Reality*. Dallas, Texas: Spring Publications, 1980.
Barr, James. *The Semantics of Biblical Language*. London: SCM, 1983.
Beecher, Henry Ward. *Yale Lectures on Preaching: First, Second and Third Series*. New York: Fords, Howard and Hulbert, 1881.
Bellah, Robert N. *The Broken Covenant*. New York: Seabury, 1975.
Boswell, James. *The Life of Samuel Johnson*. 2 vols. London: James M. Dent and Sons, 1906.
Bowen, Catherine Drinker. *Biography: The Craft and the Calling*. Boston: Little, Brown and Co., 1969.
Brooks, Phillips. *Lectures on Preaching*. Grand Rapids: Baker, 1969.
Brueggmann, Walter. *Finally Comes the Poet: Daring Speech for Proclamation*. Minneapolis: Fortress, 1989.
_____. *The Prophetic Imagination*. Philadelphia: Fortress, 1978.

Buechner, Frederick. *The Clown in the Belfry.* San Francisco: Harper/Collins, 1992.
_____. *Peculiar Treasures.* San Francisco: Harper and Row, 1979.
_____. *Telling the Truth: The Gospel as Tragedy, Comedy & Fairy Tale.* San Francisco: Harper and Row, 1977.
_____. *Whistling in the Dark: An ABC Theologized.* San Francisco: Harper and Row, 1988.
_____. *Wishful Thinking: A Theological ABC.* New York: Harper and Row, 1973.
Bullinger, E.W. *Figures of Speech Used in the Bible.* Grand Rapids: Baker, 1968.
Bullock, C. Hassell. *An Introduction to the Old Testament Poetical Books.* Chicago: Moody, 1988.
Buttrick, David. *Homiletic: Moves and Structures.* Philadelphia: Fortress, 1987.
Caird, G.B. *The Language and Imagery of the Bible.* Philadelphia: Westminster, 1980.
Cherry, Conrad. *Nature and Religious Imagination.* Philadelphia: Fortress, 1980.
Ciardi, John, and Miller Williams. *How Does a Poem Mean?* Boston: Houghton, Mifflin Co., 1975.
Coulson, John. *Religion and Imagination.* Oxford: The Clarendon, 1981.
Crabtree, Harriet. *The Christian Life.* Minneapolis: Fortress, 1991.
Dale, Robert W. *Nine Lectures on Preaching.* London: Hodder and Stoughton, 1877.
Davis, H. Grady. *Design for Preaching.* Philadelphia: Fortress, 1958.
Dixon, John W., Jr. *Art and the Theological Imagination.* New York: Seabury, 1978.
Egan, Kieran. *Imagination in Teaching and Learning.* Chicago: Univ. of Chicago, 1992.
Egan, Kieran, and Dan Nadaner, eds. *Imagination and Education.* New York: Teachers College Press, Columbia Univ., 1988.
Ellul, Jacques. *The Humiliation of the Word.* Grand Rapids: Eerdmans, 1985.

참고 문헌

Elwell, Walter A. *Topical Analysis of the Bible.* Grand Rapids: Baker, 1991.

Emerson, Ralph Waldo. *Nature.* Boston: Beacon, 1985.

Farra, Harry. *The Sermon Doctor.* Grand Rapids: Baker, 1989.

Frye, Northrop. *The Educated Imagination.* Bloomington, Ind.: Indiana Univ., 1964.

―――. *The Great Code: The Bible and Literature.* New York: Harcourt Brace Jovanovich, 1982.

―――. *Myth and Metaphor: Selected Essays 1974–1988.* Edited by Robert D. Denham. Charlottesville, Va.: Univ. of Virginia, 1990.

―――. *Words with Power.* New York: Harcourt Brace Jovanovich, 1990.

Gale, Herbert M. *The Use of Analogy in the Letters of Paul.* Philadelphia: Westminster, 1964.

Ghiselin, Brewster, ed. *The Creative Process.* Berkeley: Univ. of California, 1985.

Goldberg, Michael. *Theology and Narrative: A Critical Introduction.* Nashville: Abingdon, 1982.

Greidanus, Sidney. *The Modern Preacher and the Ancient Text.* Grand Rapids: Eerdmans, 1988.

Gruden, Robert. *The Grace of Great Things: Creativity and Innovation.* New York: Ticknor and Fields, 1990.

Hale, Nancy. "The Two-Way Imagination." In *Adventures of the Mind: Second Series*, edited by Richard Thruelson and John Kobler. New York: Alfred A. Knopf, 1961.

Hawkes, Terence. *Metaphor.* London: Methuen, 1972.

Hendriksen, William. *More Than Conquerors.* Grand Rapids: Baker, 1940.

Heywood, Robert B., ed. *The Works of the Mind.* Chicago: Univ. of Chicago, 1966.

Holmes, Urban T., III. *Ministry and Imagination.* New York: Seabury, 1976.

Howson, John S. *The Metaphors of St. Paul.* London: Hodder and Stoughton, 1883.

Huttar, Charles, ed. *Imagination and the Spirit.* Grand Rapids: Eerdmans, 1971.

Jeffrey, David Lyle, ed. *A Dictionary of Biblical Tradition in*

English Literature. Grand Rapids: Eerdmans, 1992.
Johnson, Mark. *Moral Imagination: Implications of Cognitive Science for Ethics*. Chicago: Univ. of Chicago, 1993.
Johnson, Samuel. *Lives of the English Poets*. 2 vols. Oxford: Oxford Univ., 1977.
John-Steiner, Vera. *Notebooks of the Mind*. New York: Harper and Row, 1985.
Keane, Philip. *Christian Ethics and Imagination*. New York: Paulist, 1984.
Kearney, Richard. *The Wake of Imagination*. Minneapolis: Univ. of Minnesota, 1988.
Keel, Othmar. *The Symbolism of the Biblical World*. New York: Seabury, 1978.
Kilby, Clyde S. *Christianity and Aesthetics*. Chicago: Inter-Varsity, 1961.
Kittay, Eva Feder. *Metaphor: Its Cognitive Force and Linguistic Structure*. Oxford: Clarendon, 1987.
Kuhlman, Edward. *The Master Teacher*. Old Tappan, N.J.: Revell, 1987.
Lakoff, George. *Women, Fire and Dangerous Things*. Chicago: Univ. of Chicago, 1987.
Lakoff, George, and Mark Johnson. *Metaphors We Live By*. Chicago: Univ. of Chicago, 1980.
_____. *More Than Cool Reason: A Field Guide to Poetic Metaphor*. Chicago: Univ. of Chicago, 1989.
Luccock, Halford. *In the Minister's Workshop*. New York: Abingdon, 1944.
McFague, Sallie. *Metaphorical Theology*. London: SCM, 1983.
Maier, John, and Vincent Tollers, eds. *The Bible in Its Literary Milieu*. Grand Rapids: Eerdmans, 1979.
Mander, Jerry. *Four Arguments for the Elimination of Television*. New York: Quill, 1978.
May, Rollo. *The Courage to Create*. New York: W.W. Norton, 1975.
_____. *The Cry for Myth*. New York: W.W. Norton, 1991.
Minear, Paul S. *Images of the Church in the New Testament*. Philadelphia: Westminster, 1977.
Moore, Thomas. *Care of the Soul*. New York: Harper-Collins, 1992.

참고 문헌

Muggeridge, Malcolm. *Christ and the Media.* Grand Rapids: Eerdmans, 1977.
Ortony, Andrew, ed. *Metaphor and Thought.* Cambridge: Cambridge Univ., 1979.
Osborn, Alex. *Applied Imagination.* New York: Charles Scribner's Sons, 1953.
_____. *Your Creative Power.* New York: Dell, 1961.
Ozick, Cynthia. "The Moral Necessity of Metaphor." *Harper's,* May 1986.
Payne, Robert. *The Roman Triumph.* London: Abelard-Schuman, 1962.
Percy, Walker. *Signposts in a Strange Land.* New York: Farrar, Straus and Giroux, 1991.
_____. *The Message in the Bottle.* New York: Farrar, Straus and Giroux, 1990.
Peterson, Eugene H. *Answering God.* San Francisco: Harper and Row, 1989.
_____. *Reversed Thunder.* San Francisco: Harper and Row, 1988.
Postman, Neil. *Amusing Ourselves to Death.* New York: Viking, 1985.
Radmacher, Earl D. *What the Church Is All About.* Chicago: Moody, 1972.
Reddy, Michael J. "The Conduit Metaphor—A Case of Frame Conflict in Our Language about Language." In *Metaphor and Thought,* edited by Andrew Ortony. Cambridge: Cambridge Univ., 1979.
Rice, Charles L. *Interpretation and Imagination.* Philadelphia: Fortress, 1970.
Ryken, Leland, ed. *The Christian Imagination.* Grand Rapids: Baker, 1981.
_____. *How to Read the Bible as Literature.* Grand Rapids: Zondervan, 1984.
_____. *The Liberated Imagination.* Wheaton, Ill.: Harold Shaw, 1989.
_____. *The Literature of the Bible.* Grand Rapids: Zondervan, 1974.
_____. *Triumphs of the Imagination.* Downers Grove, Ill.: InterVarsity, 1979.

Sacks, Sheldon, ed. *On Metaphor*. Chicago: Univ. of Chicago, 1979.
Sayers, Dorothy. *Christian Letters to a Post-Christian World*. Grand Rapids: Eerdmans, 1969.
_____. *The Mind of the Maker*. San Francisco: Harper and Row, 1987.
Schultze, Quentin J. *Redeeming Television*. Downers Grove, Ill.: InterVarsity, 1992.
Schlesinger, Arthur M., Jr. "The Decline of Heroes." In *Adventures of the Mind*, edited by Richard Thruelson and John Kobler. New York: Alfred A. Knopf, 1960.
Shekerjian, Denise. *Uncommon Genius: How Great Ideas Are Born*. New York: Viking, 1990.
Siegelman, Ellen Y. *Metaphor and Meaning in Psychotherapy*. New York: Guildford, 1990.
Soskice, Janet Martin. *Metaphor and Religious Language*. Oxford: Clarendon, 1985.
Spurgeon, Charles Haddon. *Lectures to My Students*. London: Marshall, Morgan, and Scott, 1954.
_____. *The Metropolitan Tabernacle Pulpit*. 63 vols. Pasadena, Texas: Pilgrim Publications, 1981.
Stevenson, Dwight E. *In the Biblical Preacher's Workshop*. Nashville: Abingdon, 1967.
_____. *Faith Takes a Name*. New York: Harper, 1954.
Sternberg, Meir. *The Poetics of Biblical Narrative*. Bloomington, Ind.: Indiana Univ., 1987.
Storr, Anthony. *The Dynamics of Creation*. New York: Atheneum, 1985.
Stott, John R.W. *Between Two Worlds*. Grand Rapids: Eerdmans, 1982.
Temple, William. *Mens Creatrix*. London: Macmillan, 1917.
Tenney, Merrill C. *Interpreting Revelation*. Grand Rapids: Eerdmans, 1957.
Thruelson, Richard, and John Kobler, eds. *Adventures of the Mind: Second Series*. New York: Alfred A. Knopf, 1961.
Tozer, A.W. *Of God and Man*. Harrisburg, Pa.: Christian Publications, 1960.
Troeger, Thomas H. *Imagining a Sermon*. Nashville: Abingdon, 1990.

Trueblood, Elton. *The Humor of Christ.* New York: Harper and Row, 1964.

Wangerin, Walter, Jr. *Ragman and Other Cries of Faith.* San Francisco: Harper and Row, 1984.

Warnock, Mary. *Imagination.* London: Faber and Faber, 1976.

Welty, Eudora. *One Writer's Beginnings.* New York: Warner, 1985.

Wheelwright, Philip. *Metaphor and Reality.* Bloomington, Ind.: Indiana Univ., 1975.

Whyte, Alexander. *Biblical Characters from the Old and New Testaments.* Grand Rapids: Kregel, 1990.

Wilson, Paul Scott. *Imagination of the Heart.* Nashville: Abingdon, 1988.

Wuellner, Wilhelm H. *The Meaning of "Fishers of Men."* Philadelphia: Westminster, 1967.

Young, Robert D. *Religious Imagination: God's Gift to Prophets and Preachers.* Philadelphia: Westminster, 1979.

Zuck, Roy B. *Basic Bible Interpretation.* Wheaton, Ill.: Victor, 1991.

Zuck, Roy B., ed. *Sitting with Job.* Grand Rapids: Baker, 1992.

요단 사역정신

"그러므로 너희는 가서 모든 민족을 제자로 삼아 아버지와 아들과 성령의 이름으로
침(세)례를 베풀고 내가 너희에게 분부한 모든 것을 가르쳐 지키게 하라
볼지어다 내가 세상 끝날까지 너희와 항상 함께 있으리라 하시니라"

1. For God and Church
   하나님의 영광과 그의 몸 된 교회의 영적 성장과 성숙을 위한 도서를 엄선하여 출판한다.

2. Prayer-focused Ministry
   기획·편집·제작·보급의 전 과정을 기도 가운데 진행한다.

3. Path to Church Growth
   건강한 교회를 세우는 축복의 통로로 섬긴다.

4. Good Stewardship and Professionalism
   선한 청지기와 프로정신으로 문서 사역에 임한다.

5. Creating a Culture of Christianity by Developing Contents
   각종 문화 컨텐츠를 개발함으로 기독교 문화 창달에 기여한다.